구술사
아카이브 구축 길라잡이 I :
기획과 수집

■ 저자소개

정혜경_ 역사학 박사, 한국근대사 및 기록관리학 전공.
전 국무총리 소속 대일항쟁기 강제동원피해조사 및 국외
강제동원희생자등 지원위원회 조사과장.
일제강제동원&평화연구회 대표

김선정_ 한국외국어대학교 역사학 박사. 한국학중앙연구원
현대한국구술자료관 고도화 연구단 수집관리실장

이호신_ 한성대학교 크리에이티브 인문학부 교수

김지수_ 서울고등검찰청 기록연구사

조용성_ 한국외국어대학교 역사관 기록연구사

한국구술사연구회총서 2
구술사 아카이브 구축 길라잡이 Ⅰ : 기획과 수집

초판 1쇄 발행 2014년 12월 30일
초판 2쇄 발행 2020년 9월 30일

편저자 ㅣ 한국구술사연구회
발행인 ㅣ 윤관백
발행처 ㅣ 도서출판선인

등록 ㅣ 제5-77호(1998.11.4)
주소 ㅣ 서울시 마포구 마포동 324-1 곳마루 B/D 1층
전화 ㅣ 02)718-6252 / 6257   팩스 ㅣ 02)718-6253
E-mail ㅣ sunin72@chol.com
Homepage ㅣ www.suninbook.co.kr

정가 20,000원
ISBN 978-89-5933-705-7 94900
     978-89-5933-704-0 (세트)

· 잘못된 책은 바꿔 드립니다.

한국구술사연구회총서 2

구술사
아카이브 구축 길라잡이 I :
기획과 수집

한국구술사연구회 편

도서출판 선인

책 만든 이야기 – 두 번째

1. 첫 번째 책 이야기

9년 만이다. 2005년에 『구술사 : 방법과 사례』를 발간할 때 '책 만든 이야기'를 쓰고 이제 두 번째로 다시 '책 만든 이야기'를 쓰는 영광을 얻었다.

9년 만에 얻은 기회다 보니 옛 이야기를 아니 할 수가 없다.

구술사에서 구술기록(녹음, 녹화 파일)은 곁가지가 아닌 '몸통'이다. '어떻게 수집하고, 파일을 관리해야 하는가'는 구술텍스트 분석과 비할 수 없을 정도로 중요하다. 면담자의 머리만이 아니라 몸을 움직여야 하고 구술자의 마음을 열어야 한다. 인터뷰를 한 후 소중한 파일을 정리하고 훼손되지 않게 대비도 해야 한다. 상세목록이나 녹취록을 만들어야 한다. 이렇게 누군가의 수고로움이 있은 후 비로소 텍스트 분석이 가능하다. 상식이다.

그러나 이 같은 상식이 필요 없던 시절도 있었다. '내가 인터뷰한 테이프는 내 것'이라는 생각이 강해 공유될 수 있다는 인식도 별로 없었다. 어떤 과정을 거쳐 생산되었는지 알 수 없는 자료라도 텍스트 분석만 잘하면 된다는 생각이 통용되던 시절이기도 했다. 어떤 저자가 자신이 인터뷰한 내용을 녹취록 형식으로 편집하여 마치 녹취록인양 형식을 갖추어 발간하기도 했다. '내용이 민감해 녹음하지 못하고 수첩에 받아 적었다'는 그 저자의 방송 인터뷰가 없었다면 몰랐을 일이었다. 이런 시절에 구술기록수집 자체에 대한 고민은 불필요한 것으로 여겨지게 마련이다.

"구술은 어떻게 수집하나요?"라는 초보자의 질문에 "그냥 녹음기만 들고 나가면 다 돼"와 같은 무책임한 답변을 당당함으로 받아들이던 시절이었다.

자칭 구술사가들이 수년간 축적해 온 자신들의 필드 경험을 공유하려 하지 않던 엄혹한(?) 시절이었다. 구술기록을 수집하려는 사람들이 '각자 맨땅에 구르고, 걸음마 하면서' 시행착오를 거듭하는 것을 당연하게 여기던 시절. 이 얼마나 구술사 본연의 목적과 거리가 먼 일인가. 구술자가 시행착오의 대상이란 말인가. 무책임하고도 오만한 자세였다. 상식과 거리가 멀어 보였다.

구술사의 선진국이라는 외국의 지침서에 고개를 돌려보았다. 그런데 문화가 다른 탓에 한국인을 대상으로 한 구술기록수집에는 도움이 되지 않았다. 외국 지침서대로 하니 상황은 어긋나기만 했다. 그저 남의 다리 긁는 격이었다.

그래서 만들었다.

2002년부터 3년간 모여 '함께 맨땅에 구르고, 걸음마 하던' 이들이 자신들의 경험을 모아 공유하기로 했다. "구술은 어떻게 수집하나요?"라는 초보자의 질문에 '친절히, 꼼꼼히' 알려주는 지침서(매뉴얼)를 만들기로 했다.

회원들이 '함께'하는 헤딩이라도 쉬운 것만은 아니었다. 각자의 헤딩 실력을 모아 팀플레이가 가능하게 하려면 조율해야 할 점이 한두 가지가 아니기 때문이다. 다만 함께 이야기하는 장이 있다는 것이 큰 장점이다. 힘들게 얻은 노하우이므로 우리끼리만 소곤거리고 싶은 마음도 없지 않았다. 그러나 '공부해서 남 주면, 내 것은 두 배로 돌아온다'는 엄청난 비밀을 알고 있기에 모두 퍼 주기로 했다.

2004년 말부터 각자 역할을 나누어 원고를 쓰고, 2005년 4월에는 용인의 콘도에 모여 윤독회를 했다. 12시간 이상 꼼짝도 안하고 필자가 자신의 원고를 읽으면 참석자들의 의견을 반영해 고쳤다. 이렇게 만든 책이기에 공동 작업이라 생각하고 필자 개인의 이름도 박지 않았다. 『구술사 : 방법과 사례』의 탄생 비화(?)이다.

자화자찬이 아니다. 사실이다. 책이 발간되자, 찾는 이가 적지 않았고 크게 도움이 되었다는 이들도 생겼다. 여기저기에서 각자 '맨땅에 헤딩하던

시절'에 나온『구술사 : 방법과 사례』였기에 더욱 그랬을 것이다. 전주문화
재단도 그랬다고 한다. 지방에서 누구의 조언도 구하기 어려운 상황에서 담
당자는『구술사 : 방법과 사례』가 꼬깃꼬깃하게 되도록 읽고 프로젝트를 추
진해서 두 권의 책을 냈단다.『전주근대생활조명 100년 제1권 : 일제의 전주
침탈과 식민시대 구술실록』과『전주근대생활조명 100년 제2권 : 전주의
8·15해방과 6·25전쟁』이 그렇게 나온 귀한 결실이다.

2. '구술사 아카이브 구축 길라잡이' 만들기

　2005년 가을『구술사 : 방법과 사례』를 발간하고 출판기념회를 통해 한국
구술사연구회(www.oralhistory.org, 회장 김선정 박사)라는 새로운 구술사연
구의 장을 펼쳤다.

　매달 모여 열심히 읽고 보고 나누었다. 구술사에 관심을 가진 이들을 위
해 이틀간의 일정으로 워크숍(2008년)도 개최했다. 그 사이에 많은 이들이
들고 났다.『구술사 : 방법과 사례』필자들 가운데에도 연구회에서 얼굴 보
기 어렵게 된 사람들이 생겼다. 남은 이들과 새로 참여한 이들의 고민은 깊
어졌고 관심 범위도 다양해졌다.

　사람들만 들고 난 것이 아니다. 아날로그 시대가 막을 내리고 디지털 시
대가 대세가 되었다. 아날로그 녹음기를 들고 다니는 면담자들은 찾을 수
없게 되었다. 녹화기가 없는 구술 현장은 상상하기 어렵게 되었다. 수집한
기록물이 쌓이니 다음 단계는 당연히 '아카이빙'이다. 이렇게 구술 환경은
달라지고 있었다.

　『구술사 : 방법과 사례』는 여전히 유일한 매뉴얼이다. 찾는 이들이 늘었
으나 아쉽게도 이를 능가하는 지침서도 나오지 않았다. 'ㅇㅇㅇㅇ 연구 방법론'
은 더러 발간되었으나 '친절하고, 꼼꼼한' 매뉴얼은 여전히『구술사 : 방법

과 사례』뿐이었다. 달라진 구술환경을 반영한 매뉴얼이 시급했다. 누군가 다른 이들이 새로운 작업을 해주길 바랐지만 그저 바람일 뿐이었다. 구술사 연구 성과는 늘어났고 관련 연구소나 학회도 발족되고 학회지도 발간되었으나 '연구'에만 매진하고 있다. 게다가 출판사에서는『구술사 : 방법과 사례』가 품절되었음에도 독자들이 찾고 있으니 개정판을 내야 한다고 졸라댔다. 개정판이든 전면 개작이든 무엇이든 해야 할 상황이었다.

2011년 초에 다시 기획안을 들고 머리를 맞댔다. 달라진 구술환경을 반영하기 위해, 그간 축적된 다양한 정보를 풍부히 넣어 실무 활용이 가능하도록 하기 위해『구술사 : 방법과 사례』를 해체하여 내용을 전면 수정하기로 하고 두 권의 책으로 기획했다.『구술사 아카이브 구축 길라잡이 Ⅰ : 기획과 수집』(한국구술사연구회 총서2)과『구술사 아카이브 구축 길라잡이 Ⅱ : 관리와 활용』(한국구술사연구회 총서3)이 그 주인공이다.

두 권의 책에 9년간의 고민과 노하우가 총체적으로 담겼음은 물론이다. 두 권 가운데 첫 번째 책인『구술사 아카이브 구축 길라잡이 Ⅰ : 기획과 수집』은 구술사 프로젝트 기획에서 수집, 활용 방안을 종합적으로 보여주는 책이다.

제1부 '구술사 아카이브의 시작과 끝 : 기획'은 기획 방안과 실제 사례(김대중도서관, 국사편찬위원회, 한국학중앙연구원, 국립예술자료원)를, 제2부 '디지털 아카이빙 : 수집하기'에서는 수집 노하우와 함께 촬영 기법을 별도로 구성했고, 제3부 '기획·수집 : 따라하기'는 앞의 두 과정(기획, 수집)을 거쳐 완료된 프로젝트의 실제 사례를 보여주었다. 부록에는 각종 양식 및 기획안, 종합계획서 등을 담았다. 구술기록수집 프로젝트를 구상하는 이라면 누구라도 이 책 한 권을 손에 쥐면 어려움이 없도록 챙겨보았다.

구술사 아카이브의 시작과 끝 : 기획	구술사 프로젝트 기획 : 왜, 어떻게	정혜경
	구술기록 수집기관별 기획 및 수집	김지수
디지털 아카이빙 : 수집하기	구술기록 수집 방안 : 달걀 바구니 만들기	정혜경
	구술영상기록 만들기	조용성
기획, 수집 : 따라하기	재미한인역사 만들기	김선정
	예술사구술채록사업 이야기	이호신
부록	체크 리스트	김지수 편집
	각종 관련 양식, 기획안, 종합계획서	

3. 담임선생님에서 어깨동무로

　연구회 세미나는 자유롭다. 지나치다시피 솔직하다. 회원들도 매사에 그
닥 욕심이 없어 보인다. 그러다보니 가시적인 성과에는 소홀한 편이다. 그
러나 각자 전문분야에 종사하면서 연구자로 저술가로 활동한다는 점을 감
안하면 다들 욕심꾸러기이다. 이 책에는 그런 열정이 녹아 있다. 9년간 모여
서 즐겁고도 살벌하게 떠든 이야기를 필자의 손으로 옮겨 담았다. 첫 번째
책처럼 별도로 모여 윤독회를 하지는 않았지만 주제별로 전담 논평자를 두
고 수정 작업을 했다. 그러므로 이 책도 연구회 회원들의 공동작업 결과물
이다.

　국내에서 나온 대표적인 구술사 관련 자료집과 연구서로서 선인출판사의
손을 빌리지 않은 책은 찾기 어렵다. 『구술사 : 방법과 사례』의 후속판을 진
득하게 기다려 준 도서출판 선인 식구들에게 필자들을 대신하여 감사의 마
음을 전한다.

한국구술사연구회의 두 번째 책 『구술사 아카이브 구축 길라잡이 Ⅰ : 기획과 수집』은 첫 번째 책이 맡았던 '담임선생님'의 역할을 내려놓고 독자들과 함께 어깨를 겯는 동무가 되었으면 싶다.

9년 전 첫 번째 책의 '책 만든 이야기' 말미에 다음과 같은 잔소리를 남겼다.

"물론 이 연구 마당이 펼쳐진다 해서 구술사연구의 지형이 획기적으로 달라지지는 못할 것이다. 아마도 당분간 이 연구의 장을 찾는 사람들은 여전히 '구술사가 무엇인가'하는 근원적인 물음에서 자유로울 수 없을지 모른다. 여전히 문헌사적인 독해방식을 구술사료에 적용하면서도 자신은 '새로운 역사 쓰기'를 하고 있다고 주장할지 모른다. 더 많은 자료를 획득하고, 훌륭한 연구 성과를 얻는다는 명목 아래 계속하고 있는 약탈적 수집방법을 포기하지 않으려 할지 모른다. 그러나 그 과정에서 현재 자신이 하는 방법에 대해 잠시라도 되돌아본다면, 조금이라도 함께 고민한다면, 그래서 구술자가 귀하게 여겨지고, 연구 성과보다 인간이 먼저 떠오른다면, 우리는 새로운 역사 쓰기라는 귀중한 열매를 얻게 될 것"이라고.

유감스럽게도 이 주절거림은 여전히 유효해 보인다. 덕분에 두 번째 책에서는 새로운 잔소리 소재를 걱정할 필요가 없다. 그저 '꼿꼿이' 그간 우리가 걸어온 길이 어떤 길이었는지, 행여 구술자들 마음에 상처를 준 것은 아닌지 되돌아볼 뿐이다.

2014년 12월
5명의 필자(김선정 · 김지수, 이호신, 조용성, 정혜경)를 대신하여
정혜경이 쓰다.

목 차

책 만든 이야기   5

제1부 구술사 아카이브의 시작과 끝 : 기획

◆구술사 프로젝트 기획 : 왜, 어떻게 _정혜경
  1. 구술사 프로젝트 기획의 방향   17
  2. 구술사 프로젝트 기획, 어떻게 할 것인가   22
     1) 구술기록관리의 단계별 프로세스   22
     2) 단계별 이해   24

◆구술기록 수집기관별 기획 및 수집 _김지수
  1. 들어가며   47
  2. 기관별 구술사 프로젝트   49
     1) 국사편찬위원회   49
     2) 연세대학교 김대중도서관   56
     3) 국립예술자료원   66
     4) 한국학중앙연구원 현대한국구술자료관   76
  3. 기관별 사례를 통한 제언   87

제2부 디지털 아카이빙 : 수집하기

◆구술기록 수집방안 : 달걀 바구니 만들기 _정혜경

1. 구술기록관리 단계별 프로세스   99

2. 수집 단계별 이해   101

　　1) 심층면담(인터뷰) 전 준비   101

　　2) 심층면담(인터뷰) 진행   120

　　3) 심층면담(인터뷰) 직후   145

◆구술 영상 기록 만들기 _조용성

1. 기술의 발전과 디지털 구술 영상의 등장   175

2. 구술기록 생산 장비   178

　　1) 영상촬영 장비(캠코더)   178

　　2) 영상촬영 보조 장비   180

　　3) 음성채록 장비   181

　　4) 장비의 관리   184

3. 구술 영상촬영의 실제   185

　　1) 구술 영상 생산의 특성   185

　　2) 구술 영상촬영 절차   186

제3부 기획 · 수집 : 따라하기

◆재미한인 역사 만들기 _김선정

1. 재미한인 역사 만들기를 시작하며 205

2. 첫 번째로 한 일: 개설적인 글쓰기 - 기초 조사 연구 209

3. 두 번째로 한 일: 구술사 연구 실행계획안 만들기 210

   1) 연구주제 확정하기 211

   2) 연구방법 정하기 212

   3) 전략계획 수립하기 213

   4) 연구내용 정리하기 214

   5) 구술자 선정하기 215

   6) 인터뷰 준비하기 217

   7) 인터뷰 후 할 일 점검하기 219

4. 세 번째로 한 일: 인터뷰하기 220

5. 네 번째로 한 일: 구술사 인터뷰 실행보고서 만들기 220

   1) 면담일지 221

   2) 녹음, 녹화 자료 224

   3) 구술자 신상기록카드 224

   4) 녹취문과 상세목록 224

   5) 자료 공개 및 이용허가서 226

   6) 시행착오에 대한 자기 성찰 227

6. 재미한인 역사 만들기를 마치며 231

◆예술사 구술채록 사업 이야기 _이호신

  1. 여는 말　233

  2. 예술사구술채록사업의 추진 배경과 목적　235

  3. 기획과 추진 방법의 변천과정　239

    1) 기초설계의 기획과 추진 과정　240

    2) 제1단계 사업의 기획과 추진　247

    3) 제2단계 사업의 기획과 추진　255

    4) 사업 성과물에 대한 평가　267

  4. 결과물의 활용　274

  5. 닫는 말　280

제4부 부　록

부록 1 : 구술자료 양식　285

부록 2 : 사업진행 서류 양식　317

부록 3 : 체크 리스트　325

찾아보기　332

제 1 부

구술사 아카이브의 시작과 끝

: 기획

구술사 프로젝트 기획 : 왜, 어떻게 _정혜경

1. 구술사 프로젝트 기획의 방향
2. 구술사 프로젝트 기획, 어떻게 할 것인가
　　1) 구술기록관리의 단계별 프로세스
　　2) 단계별 이해
참고자료

1. 구술사 프로젝트 기획의 방향

'시작이 반'이라는 속담이 무조건 시작만 하면 된다는 의미는 아닐 것이다. 시작을 하기 위해 많은 준비가 있었음을 감안한 이야기라고 생각한다. 사실, 세상 모든 일이 다 사전준비에 의해 결판이 난다고 해도 지나치지 않다. 50을 들이면 50이, 100을 들이면 100을 얻게 되는 것이 세상 이치이고, 그렇게 되어야 공평한 세상 아닌가.

구술사 아카이브 구축이나 구술사 프로젝트 수행에서도 마찬가지이다. 사전준비가 되는 기획은 선택사항이 아니라 필수요건이다. 기획이 수집과 활용 등 모든 단계의 핵심이기 때문이다. 기획을 통해 비로소 구술사 아카이브를, 그리고 프로젝트를 '무엇을 왜, 어떻게 할 것인가'가 수립된다.

기획은 단순히 사전계획의 수립으로 끝나는 것이 아니라 모든 과정의 근간이자 출발점이다. 수집정책이라는 측면에서 기획은, 중복 수집을 피하고 자료의 질을 높일 수 있는 방법이다. 기획에 쏟는 노력과 적정한 방향에 따라 아카이빙은 시행착오를 줄일 수 있고 공공의 목적을 달성할 수 있다. 그러므로 프로젝트를 수행하는 기관은 물론, 개인 연구자에게도 기획은 필수

과정이자 아무리 강조해도 부족함이 없는 단계이다. 이 점은 여성사, 정치사 등 모든 분야 연구에 공통사항이다.

기획의 중요성과 필요성을 굳이 강조하지 않더라도 지극히 상식적이건만, 그간 기획은 그다지 대접받지 못했다. 대부분의 관련자들은 기획을 건너 뛰어 '수집'을 가장 중요한 단계로 생각한다. 인터뷰를 어떻게 할 것인가, 어떻게 잘 할 것인가, 어떻게 해야 잘 하는가, 어렵게 구술허가를 받은 구술자가 우리가 원하는 구술을 풀어줄 것인가.

그러다보니 기획단계가 소홀해진다. 개인이든 기관이든 상존하는 여러 현실적인 어려움이 기획단계를 건너뛰게 만들기도 한다. 어려움은 '예산과 인력' 그리고 '시간과의 싸움'이다. '얼마 남지 않은 기간 중에 한정된 예산으로 많은 성과를 거두어야 하는' 어려움은 곧바로 인터뷰로 돌진하게 만든다.

무엇보다 중요한 것은 '과연 기획이 그렇게 중요한가'라는 문제의식이다. 좋은 자료가 생산되는 것이 '구술자를 잘 만나서, 혹은 유능한 면담자가 있어서'라는 생각이 강한 상태에서는, 여건이 아무리 달라져도 상황은 달라지지 않는다.

물론 이런 틀을 깬 사례가 있다. 2003년도에 한국문화예술위원회 아르코예술정보관(2003년 당시 한국문화예술진흥원)이 한국예술종합학교 한국예술연구소에 위탁하여 3년 예정으로 시작했던 '한국근현대 예술사 증언채록사업'이 여기에 해당된다. 연구수행기관인 한국예술연구소는 수집에 앞서 별도의 기획프로젝트(3개월)를 운영하면서 자료 수집을 위한 1차 작업을 수행했다. 예술사 관련 분야 연구자 및 구술사 전문가로 공동연구팀(총 12명)을 구성하여 3개월 동안 세 차례의 워크숍과 공개심포지엄을 통해 예상 구술자·면담자를 선정했고, 질문지 및 각종 양식을 마련했으며, 1개월 동안 시범작업을 수행하여 문제점을 추출했다. 이를 위해 전국 각지에 흩어져 있던 수십 명의 면담자와 기획자, 외부 연구자들이 수시로 모여서 고민을 나누었다. 그 결과 전체 사업비 가운데 기획단계에 투여된 비율은 높아져서 예산이라는 현실적 어려움을 더욱 압박하기도 했지만 이런 과정을 통해 나온 기획 프로젝트의 결과 보고서는 바로 '100인의 증언사업'을 위한 토대가 되었다.

이들도 '얼마 남지 않은 기간 중에 한정된 예산으로 많은 성과를 거두어야 하는' 현실을 맞고 있었다. 그럼에도 현실의 벽을 넘어서 한국예술연구소가 기획단계를 소화한 이유는 무엇일까. 예술계에서 얻기 드문 기회를 충실히 진행해보자는 의지가 있었기 때문이다. 예술계로서 처음으로 하는 대규모 구술기록수집사업이라는 점이 가져다주는, 암담하고 막막한 그런 상황이 도리어 기획을 충실히 하는 방법을 취하도록 했다. 어떻게 해야 좋을지 모르는 막막한 상황에서, 누구를 대상으로 누가 가서 어떤 자료를 생산해올 것인가라는 문제의 해결책은 다른데 있는 것이 아니었다. 기본에 맞게 원론대로 하는 것이다. 단순하면서도 원칙적인 해결방안인데도 대부분은 지름길만 찾을 뿐, 가려고 하지 않는 길이었다. 한국예술연구소는 그 길을 택했다.

그리고 2011년 미술사학계에서는 '한국근현대미술사학회 여름 정기 학술대회 - 화가의 기억 · 문헌의 기록(2011.6.18)'을 통해 김철효, 김경연, 신수경, 박계리 등의 연구자들이 학문적 글쓰기 성과를 거두기 시작했다. 튼튼한 기획이 가져온 성과이다.

성공적인 구술기록 수집 및 관리를 위해 고민해야 할 기획단계의 방향은 크게 세 가지이다.

첫째, 구술사의 정의와 지향에 어긋나지 않는 기획이다. 구술사는 구술기록을 활용한 역사쓰기이다. 자신의 역사를 스스로 쓸 수 없는 사람들이나 너무도 평범한 이야기여서 굳이 쓸 생각이 없었던, 기억 자체가 너무 고통스러워서 회상의 과정을 거칠 수 없었던, 중요성은 알고 있으나 굳이 드러내고 싶지 않았던, 그런 이들이 자신의 이야기를 구술한 기록(음성이나 영상 파일)이 주인공이다. 그러므로 각각의 구술기록에는 드러내지 않았던(못했던), 드러내고 싶지 않은 사연과 이유가 있다. 그러므로 구술사는 fact보다 '왜 발화하는가' '왜 이렇게 발화하는가' '왜 지금 이런 내용을 발화하는가'가 중요하다.

그런데 일부 기획자나 연구자들은 구술사란 무엇인가를 생각하지 않고 사실(事實, fact) 수집에 가장 큰 비중을 둔다. 구술사 프로젝트를 문헌기록물을 복사해오는 것과 별반 차이가 없는 프로젝트라 여기는 경우도 있다. "성과가 별로 없다" "새로운 사실이 별로 없다"는 평가가 바로 그들이 fact라 여기는 부분을 얼마나 중요하게 여기는가를 통해 나올 수 있는 평가이다. 그러한 인식의 결과로 구술자와 면담자는 회고록과 전혀 차이 없는 기록을 생산해내거나 fact를 짜내기 위해 고통스러운 과정을 거쳐야 한다.

물론 그 책임은 이들에게 있지 않다. 역사에 대한 환상과 공적 정당성을 부여해준 사회에 있다. 역사의 어원(Historia)이 '과거를 이야기하다'인 것에서 알 수 있듯이 역사쓰기란 역사가의 과거 이야기이다. 그런데 정사(正史)라는 틀을 만들어두고 화석화하고자 한다. 특히 동양에서 역사를 정치적으로 이용해 온 기간이 수천 년에 이른 결과, 정사에 대한 공신력은 크게 줄어들지 않았다. 여전히 '대가(大家)의 말씀'은 금과옥조로 새길 정도는 아니지만, 무시해서도 안 되는 분위기가 남아 있다.

이러한 문헌기록에 대한 오랜 의존도와 신뢰감이 연구자들에게 구술기록을 문헌기록의 보완재로서 받아들이도록 한 점 또한 사실 수집에 비중을 두게 되는 하나의 배경이다. 문헌기록의 생산과정이 그 사회의 이데올로기와 시대성, 생산자의 의도가 반영되어 있다는 점을 인정하면서, 구술사가라 자칭하면서도 구술기록이 주 사료로 활용하기에 부족하다는 아쉬운 현실 또한 냉철히 바라보는 시각이 필요하다.

둘째, 종합적인 기획이다. 기획의 방향은 수집과 정리 및 분류는 물론, 활용 방향에 이르기까지 구술기록관리의 모든 단계에 직접적인 영향을 미친다. 그러므로 실행과 정리 및 분류를 통해 활용에 이르는 기록관리의 전 과정을 균형적으로 고려한 기획이 이루어져야 한다.

기관의 경우에는, 구체적으로는 기증과 생산 등 수집경로에 따른 차이를 고려한 기획도 필요하다. 수집경로는 전체 기록관리 진행 과정에 영향을 미친다. 향후 지식사회 전반의 변화와 환경을 전망하여, 기관 소장 기록물은 물론 타 기관 소장 기록물과 호환 가능하면서 이용자 분석 등 구체성에 근거한 활용방안을 전제로 한 기획이 필요하다.

기록 관리의 기능적인 추세도 반영되어야 한다. 수년 전에만 해도 기록관리에서 구술기록은 '비문헌매체'로 구분되어 '별도관리' 대상이었다. 그에 따라 분류, 기술(記述), 보존방법이 모두 별도 관리대상이었다. 그러나 디지털아카이브 시대에 문헌과 비문헌의 매체별 특성은 의미가 없다. 이러한 점도 기획단계에서 고려되어야 할 사항이다.

개인의 경우에도, 이를 통해 무엇을 할 것인가 하는 목표의식을 명확히 해야 한다. 연구를 할 것인가, 연구지원을 할 것인가, 만화나 다큐 등 작품 활동을 할 것인가, 아니면 모든 것을 다 포함하는가. 그리고 단독으로 할 것인가 공동으로 할 것인가 등등, 이에 따른 기획이 필요하다.

셋째, 현실성을 전제로 한 기획이다. 해당 기관의 성격과 사업목표 등은 물론, 조직구성도·기관 내 다른 사업과의 관련성·예산 전망·인원 구성 상황 등을 고려한 기획이 필요하다. 현실성을 수반하지 않는 프로젝트는 수행되기 어렵다. 따라서, 업무분장을 무시한 업무 수행이란 실행될 수 없지만 규모가 큰 기관의 경우에는 업무분장이 도리어 업무 혼선을 불러일으키기도 한다. 국가기록원의 경우에도 업무분장에 의하면, 기획부서와 수집·정리부서, 활용부서가 다르고, 동일한 매체라 하더라도 여러 부서에서 담당하도록 되어 있다.[1] 이를 고려해야 한다.

그러나 현실성이란 고정적이지 않으므로 환경 변화에 따라 달라질 수 있

---

[1] 국가기록원 조직구성도 및 업무분장에 대해서는 국가기록원 누리집 참조. http://www.archives.go.kr/teamAddr.do?depth1_code=1&depth2_code=4&depth3_code=1

다. 기관의 전체 사업 내용과 조직의 상호 관계 속에서 효율적이고 바람직
한 목표치를 설정하는 것이 필요하다.

　개인의 경우에는 비용과 시간을 고려하지 않을 수 없다. 개인이 투여할
수 있는 비용과 시간을 적정하게 산출한다. 아울러 현재 하고 있는 다른 연
구 작업과의 관계도 고려할 필요가 있다.

2. 구술사 프로젝트 기획, 어떻게 할 것인가

1) 구술기록관리의 단계별 프로세스

§구술기록관리 단계별 프로세스

• **기획단계** : 입장 및 범위 설정 → 분석 → 설계 → 평가
• **실행(수집)단계** : 심층면담(인터뷰) 전 준비 → 면담 진행 → 면담 직후
• **정리 및 분류 단계** : 등록, 평가, 분류, 기술 → 보존 및 매체변환 조치
• **활용단계** : 웹서비스 제공/ 도구서 작성·제공/ 간행물 발간/ 연구사업/ 교육 및 문
화콘텐츠

　기획과 수집정책은 간혹 같은 개념으로 사용되기도 하며, 최근에는 몇몇
논문을 통해 구술기록의 수집정책이 소개되었다.[2]

　수집정책이란 '특정 보존소가 수집범위를 설정하고 수집해야 할 자료의
주제와 형식을 구체화하기 위해 준비한 서면진술'[3]로서, 기관의 소장물을

---

[2] 김지수, 「대통령 구술기록 수집 방안 - 김대중 대통령 구술 수집을 중심으로」, 명
지대 기록관리학과 석사학위논문, 2007; 조용성, 「구술기록의 수집정책에 관한 연
구 - 과거사 진상규명 관련 위원회의 면담조사기록을 중심으로」, 한국외국어대학
교 정보·기록관리학과 석사학위논문, 2009.

효과적으로 개발하고 활용하는 데 일정한 틀을 제시해준다. 수집정책의 핵심은 수집의 우선순위를 정하는 일이며[4] 이와 같은 기록물의 수집정책은 기록관리나 평가 이론에서 흔히 접할 수 있는 내용이다. 기존의 연구 성과에 의하면 Faye Phillips, Anne-Marie Schwirlich, Barbara Reed, Gerald Ham 등이 다양한 구성요소를 구체적으로 제시하고 있다.[5]

그러나 수집정책과 기획이 동일한 개념은 아니다. 수집정책은 수집을 중심으로 기록관리(보존 및 활용)를 지향하는 개념에 가깝다. 그러므로 이들 수집정책의 구성요소는 기록관리의 전체 과정을 포괄적으로 반영한 것이라기보다 '수집단계'에 치중하고 있다. 이는 실제로 기록관의 업무분장이 구분되어 있다는 현실이 잘 반영된 구성요소이기도 하다. 또한 기록물 매체를 문서 위주로 설정하고 있다. 디지털 시대이기는 하지만, 구술기록과 문헌기록은 기록 관리의 각 단계마다 차이가 있으므로 수집정책의 내용을 구술사 프로젝트의 기획 내용으로 바로 적용하기가 쉽지 않다. 그러므로 지향점과 개념에서 볼 때 수집정책보다 '기획'이 더 적절하다.

Stielow는 구술음향기록보존소를 대상으로 한 운용 방안을 제시하는 가운데 '프로젝트 계획을 위한 시스템 분석 단계'로 5단계(입장 및 범위 설정, 분석, 설계, 실행, 평가)를 언급하고 있다. Stielow의 5단계는 구술(음향)기록을 중심으로 한 것이고, 다른 수집정책 구성요소에 비해 내용이 구체적이면서도 기록 관리의 전체 과정을 전제로 했다는 점에서 거시적이다. 프로젝트의 설계에서 참여자(연구단, 기록관리 전문가, 구술자, 면담자 등)의 역할에 비중을 둔 점이나 아날로그 기준이지만 검색도구, 분류와 기술의 고민을 담은 점도 주목된다. 그러나 3단계까지는 명확히 기획단계인데 비해, 그 이후의

---

3) Helen Willa Samuels, "Who controls the past", *American Archivist* 49, 1986(오항녕 역, 『기록학의 평가론』, 진리탐구, 2005, 233쪽).
4) 김지수, 「대통령 구술기록 수집 방안 - 김대중 대통령 구술 수집을 중심으로」, 70쪽.
5) 수집정책의 구성요소는 조용성(2009)이 상세히 소개한 바 있다.

실행과 평가는 '면담실행과 이후 평가과정에서 기록관이 해야 할 역할'이어서 앞의 단계와 중복되는 내용도 포함되어 있다.

필자가 제시하는 기획단계는 Stielow의 5단계를 참고로, 1979년 구술사협회(Oral History Association; OHA)에 의해 공표된 지침(guidelines)을 추가하여 재구성한 4단계이다.[6] 물론 이 4단계도 현재의 국내 기록관이나 기관의 업무분장에서 볼 때 절차가 복잡하거나 맞지 않는 점이 있을 것이므로 참고자료일 뿐이다. 이를 어떻게 기관과 개인의 사정에 맞추어 적용하는가 하는 것은 이용자의 몫이다.

2) 단계별 이해

(1) 입장 및 범위 설정

- 주제와 프로젝트의 임무에 대한 명확한 기준을 설정하는 단계이자 실행계획안 작성을 위한 첫 준비 단계.
- 정보 수집 및 분석, 수집 주제 및 대상 선정, 자문위원회 설치

① 정보수집과 분석 : 많은 관련 정보를 수집하고 분석하는 과정이다. 이 과정을 통해 취득한 정보는 이후 단계인 예비 구술자·면담자 명단과 관련 연표, 기금을 조성하기 위한 자료, 예산, 설비 및 참고문헌 정리의 토대가 된다.

- 참고문헌, 관련 연표(인물 및 사건) 작성, 관련 사진자료 수합, 관련 영상물 수합, 선행연구 성과 분석 등 수집 주제 및 대상을 선정하기

---

[6] Frederick J. Stielow, *The Management of Oral History Sound Archives*, NY: Greenwood Press 1986, pp.36~39. 4단계 기획은 『구술사 : 방법과 사례』(한국구술사연구회, 2005)에서 제시한 바 있는데, 이 글에서는 중복되거나 실제 적용과정에서 불필요하다고 생각되는 내용을 수정했다.

위해 실무적으로 필요한 작업이다.

- 각종 양식 수집 및 작성 : 구술기록이용허가서를 비롯해 의뢰에서 수 집, 보존, 활용까지에 관한 양식이 필요하다. 독창적으로 만드는 것 보다는 타 기관의 자료를 수집하여 기관 특성에 맞추는 방법이 효율 적이다.[7]

- 기록수집기금을 조성하기 위한 자료, 예산 내역, 설비 마련 : 수집을 위 해 필요한 자원의 마련을 위한 단계이다. 필요한 장비 구입 등 수집 과 보존, 활용에 관한 모든 예산을 확보할 방안을 마련한다.

② 주제 선정

- 큰 범주의 주제 설정 : 중장기 및 단기 주제로 세분하기 이전의 단계 이다. 기관(및 개인)의 사업 방향 및 활용 방향에 맞추어 설정한다.

- 주제선정의 제1차 전제는 구술자가 스스로 역사 쓰기가 가능한가 여 부이다.

  · 구술사가 그동안 스스로 자신의 역사 쓰기가 가능했던 계층보다는 그렇지 못한 사람들, 자신의 소리를 내지 못하던 사람들의 역사를 구성해내는데 특성이 있다는 점을 감안할 때, 글로써 자신의 경험 을 표현할 수 없는 사람들은 물론이고 '차마 말할 수 없는 경험'이 나 '너무 사소한 것이어서 굳이 이야기할 필요 없는 경험'이라고 여기는 주제를 우선시할 필요가 있다.

  · 구술사의 특성을 가장 잘 살릴 수 있는 주제이면서, 지역별 특성 · 학문적 필요성 등을 고려한 주제를 선정한다.
  예) 다양한 민중이나 여성, 사회적 소수자와 피해의 역사 쓰기, 지 역사의 복원을 위한 지역별 · 주제별 자료수집 등.

---

[7] 해당하는 양식은 한국구술사연구회 누리집(www.oralhistory.or.kr)에서 찾을 수 있다.

- 고려해야 할 점 :
첫째, 자신의 역사를 쓸 수 있고, 써온 사람들(명망가)의 이야기를
주제로 할 경우, 나타날 수 있는 문제에 대한 준비가 필요하다.
둘째, 주제선정의 주체를 어디에 둘 것인가. 주제와 구술자는 선정
될 뿐임에도 '역사의 민주화'가 주는 허상을 어느 정도 지양할 것인
가 하는 고민이다.

③ 대상 선정
- 예비 구술자 · 면담자 명단 작성 : 구술자는 2배수로 준비한다. 사전 동
의를 받는 과정에서 변수가 발생할 가능성도 많기 때문이다.

④ 자문위원회(또는 연구단) 구성 : 수집을 위한 법률적, 기술적 전문지식
을 얻는 목적을 가지고 있다. 기획자가 모든 분야를 섭렵할 수는 없
다. 그러므로 자료 수집 과정에서 다른 기관과의 협조 및 연계활동
의 필요성을 경험하게 된다. 이를 해결하는데 필요한 요소이다. 개인
의 경우에는 멘토를 활용한다.

➡ **개인작업 사례** : 조선에 거주했던 일본인 소녀들 구술기록수집 사례
- 계기 및 **문제의식** : 필자는 조선거주 일본인 연구를 하면서 읽었던
『엄마의 게이죠, 나의 서울』(사와이 리에 지음, 김행원 옮김, 신서
원, 2000)의 내용이 매우 중요함에도 구성과 번역 상 문제가 있음을
알게 되었다. 필자의 후배이자 민속학자가 이 책의 문제점을 서점
블로그에 올렸는데, 이를 통해 집필자(사와이 리에) 및 이 책의 주
인공이자 집필자의 어머니인 요시오카 마리코(吉岡万里子) 할머니
와 만나게 되고, 개정작업에 합의하게 되었다. 개정작업이 결정됨
에 따라 내용을 보완할 필요성이 있어서 마리코 할머니는 물론, 같

은 시기에 같은 학교에 재학했던 다른 할머니를 추가로 인터뷰하기
로 했다.
- **활용 예상** : 민속학자 2인은 집필자(사와이 리에) 및 마리코 할머니
의 동의를 얻은 후 마리코 할머니에 대한 저서를 출간하고, 필자는
구술기록내용을 현재 연구 중인 논문에 반영

• 정보 수집 및 분석
- 구술기록수집 참여자를 2인(민속학자)으로 결정하고 역할을 분담 :
2인은 구술사가는 아니지만 민속학자로서 이미 강경과 김천에서 1
년여 현지조사를 한 경험을 가지고 있으며, 현지민을 대상으로 다
수의 인터뷰 경험이 있으며, 식민지 시기 조선 거주 일본인에 대한
연구 성과를 냈음
- 먼저 2인이 『엄마의 게이죠, 나의 서울』을 분석하여 이 책의 내용상
문제점을 추출
- 필자는 멘토로 참여하기로 하고 조선거주 일본인 연구성과와 구술
기록 사례를 수집, 제공

• 수집 주제 및 대상 선정
- 『엄마의 게이죠, 나의 서울』에서 추출한 문제점(마리코 할머니와 사
와이 리에 이야기가 혼용되는 부분, 사실의 오류)을 대상으로 추가
인터뷰 필요 사항을 제시
- 마리코 할머니의 가족사항 및 조선에 오게 된 배경, 부친의 경력 및
저작목록, 연보 등 조사

조사 내용

1. 가족사항(吉岡万里子)

할아버지 마토노 치몬(的野 左門, 1865~1939)：1908년(明治 41) 오사카에서 조선
으로 이주. 원래 사가겐(佐賀縣)에 있던 신사(神社)의 대를 이을 아들이
었는데, 대를 잇는 것이 싫어서, 당시 딸 하나 있던 부인에게 반해서
결혼. 이후 규슈지방의 하카다[博多]에서 외국에서 들여온 양품점을 경
영하고 있었는데, 친척의 보증을 서 주었다가 그 빚을 떠안게 되어 파
산. 가게도 그만두고 쫓겨나듯이 오사카로 이주해 살면서 시작한 장사
도 잘 되지 않아, 결국은 신천지를 찾아 조선으로 건너왔다고 함. 와카
구사마치(若草町: 지금의 을지로 3가 남쪽)에 살았고, 마토노 아키라는
야마토마치(지금의 필동)의 심상소학교 5학년으로 전학. 취미는 활쏘
기를 좋아해서, 메이지마치(지금의 명동)에 있던 프랑스교회(지금의
명동성당) 근처의 궁도장을 드나듦.

할머니 : 1865~1940.

아버지 마토노 아카라(的野 彰, 1897~1994)：총독부 관리. 3형제 중 차남.

큰아버지 마토노 츠네타로(的野 恒太郎)：경성 혼마치(本町) 3정목에서 '的野寫
眞館' 경영. 장남. 결혼식 사진을 잘 찍었다는 평판. 사진관은 2층짜리
건물로서 1층에는 넓은 대기실과 현상실이 있었고, 살림집도 함께 있
었음. 2층에는 촬영실(스튜디오)과, 같이 사는 제자들의 방이 있었음.
40대에 사진관을 제자에게 맡기고, 부모가 사망하여 빈집이 된 이즈미
초의 집으로 이사.

고모 마토노 스가(的野 すが)：경성중학교 사무원.

딸 사와이 리에(澤井理惠)：1954년 히로시마 출생. 와세다대학 문학부 졸업 후
출판편집프로덕션을 거쳐 현재 프리랜서 편집인으로 한일교류지
STESSA 편집장. 1997년부터 1년간 서울에 거주. 『엄마의 게이죠[京城]
나의 서울』, 사와이 리에 지음, 김행원 옮김, 신서원, 2000(『母の「京城」
私のソウル』, 東京: 草風館, 1996).

2. 마토노 아카라(的野 彰)의 학력 및 경력

○ 출전 :『조선총독부시정25주년기념표창자명감』, 12쪽 및 『엄마의 게이죠 나의
　　　　서울』

○ 출신지 - 원적 : 福岡縣 福岡市 上洲崎町

○ 현주소 : 京城府

○ 경력 및 활동

　　1897년　일본에서 출생.

　　1908년(11세)　오사카에서 부모를 따라 경성 와카구사마치(若草町)로 이주. 히
　　　　　　　노데심상소학교 5학년으로 전학하였음. 이후 종로고등소학교 졸업.

　　1911.07.31(14세)　朝鮮總督府 給仕.

　　1911.11.26(14세)　朝鮮總督府 雇員 採用試驗 合格.

　　1914.06.10(17세)　雇員 總督官房總務局 會計課 勤務.

　　1915년(18세)　선린상업고등학교 졸업. 소학교 졸업 후 낮에는 조선총독부에서
　　　　　　　직원으로 일하면서 야간으로 선린상업고등학교를 다님.

　　1919.08.20(22세)　總督官房庶務部 勤務.

　　1920.08.31　普通文官試驗 合格.

　　1921.01.25　任 朝鮮總督府 屬 總督官房庶務部 勤務.

　　1921.09.30　朝鮮語奬勵乙種試驗 合格 二等.

　　1922(25세)　정식 판임관이 됨.

　　1923.01.22(26세)　財務局 司計課 勤務.

　　1923(26세)　결혼(경기고녀 13회 졸업생?)

　　1925(大正 14, 28세)　7월 京城의 헤이도우초(平洞町)에 있는 적십자병원(지금의
　　　　　　　서울 적십자병원)에서 장녀 마리코 출생. 당시 아내는 21세로, 시부모
　　　　　　　와 동거하는 5인 가족. 이 때 살던 집은 여학교에 이웃한 곳으로 고가
　　　　　　　네마치(黃金町) 4가, 즉 지금의 을지로 3가의 셋집이고, 집주인은 일
　　　　　　　본인. 이후 후나바시초(舟橋町: 지금의 주교동)에 2천 엔짜리 집 한 채
　　　　　　　를 구입해 이사.

　　1927(30세)　장남 출생.

　　1930(33세, 5세)　차녀 출생. 7인 가족(조부모, 부모, 3남매)이 되어, 집을 세 주

고 이즈미초(和泉町, 순화동) 7번지에 있는 관사로 이사.

1931(34세, 6세)　장녀 마리코가 조선철도에서 경영하는 유치원에 입학.

1932(35세, 7세)　2월 부인이 막내(네 번째 아이)를 출산한 뒤 산후회복이 잘
되지 않아 28세로 사망. 부인이 죽자, 아기인 넷째는 부인의 오빠 부부
에게 입양시킴. 4월 장녀 마리코 남대문 소학교 입학.

1933(36세, 8세)　봄 경성신사에서 재혼. 경성제대부속대학병원에서 산부인과
과장을 하던 의사(당시 만 38세)와 재혼. 부인은 히로시마에서 태어나
교토여학교를 나온 뒤, 조선에 와 있던 여동생 부부(여동생 남편이 경
성일보 기자)를 믿고, 조선에 왔음. 쇼와시대 초만 해도 대학병원에서
간호부를 했음. 결혼식은 경성신사에서 함. 재혼을 계기로 가족들(4
인)은 서소문 관사로 옮겼고, 이 때 부모는 이즈미초의 셋집으로 옮기
고, 차녀는 형님 댁에 양녀로 보냄.

1936(39세)　부모님의 금혼식. 고가네마치 2가(지금의 소공동)의 가죠엔(雅鈰園 :
조선호텔 근처)에 가 중화요리 먹음.

1937(40세)　경기도청 내무부 회계과장으로 발령받고, 서소문에서 태평로의 독
채형 관사로 이사.

1938(41세, 13세)　장녀 마리코가 제일고녀(第一高女 : 경성제일고등공립여학교,
6년제, 한 학년 2백 명·매란국죽 네 반) 입학. 입학 기념으로 반도호
텔에 있는 프랑스 레스토랑에 감. 마리코는 1학년 때 테니스 학교 대
표 선수로 대회 참가한 적 있음.

1939(42세, 14세)　3월 총독부 농림국 토지개량과로 발령. 관사 나와서 신교초
(新橋町: 지금의 청운동)의 셋집(임대료 37엔)으로 이사. 아버지 사망.

1940(43세, 15세)　가을 전차 감전사고로 적십자병원에서 어머니 사망. 부모와
부인 모두 화장하여 정토종의 절인 혼마치에 있는 개교원(開敎院)에
맡김. 장남이 경성중학교 입학.

1941(44세, 16세)　여학교 4학년인 마리코가 폐결핵 진단을 받고, 4~5월 두 달간
의학전문학교 부속병원에서 입원 생활.

1943(46세, 18세)　정년이 남았으나 총독부를 그만 두고, 조선농지개발 단체의
회계과장이 됨. 장녀 마리코가 3월 제일고녀 졸업(35회 졸업생 : 제일
고녀 동창회 명부『자양회명부』, 1985년 3월 발행)하고, 1년제 청화여
숙에 입학.

1944(47세) 3월. 경성중학 4학년에 재학 중이던 장남이 육군예과사관학교에 합
          격해 입학했고, 장녀 마리코는 청화여숙 졸업. 5월부터 마리코가 조
          선총독부의 인사과 서무계에서 일하기 시작해 해방 때까지 근무.

1945(48세) 11월 마리코와 같이 아내 친정이 있는 히로시마켄의 기사초(吉舍
          町)로 귀환.

1979(82세) 장녀 마리코는 가족들과 함께 한국 방문하면서, 혼자 파고다공원 감.

1992(95세) 9월 장녀 마리코와 손녀 리에가 부산을 거쳐 서울 방문. 경기여고
          방문.

1994(97세) 사망

3. 마토노의 저작목록

1939.09, 「會計實務講座」, 『朝鮮行政』

1939.10, 「會計實務講座」, 『朝鮮行政』

1939.11, 「會計實務講座」, 『朝鮮行政』

1939.12, 「會計實務講座」, 『朝鮮行政』

1940.02, 「會計實務講座」, 『朝鮮行政』

1940.03, 「會計實務講座」, 『朝鮮行政』

1940.04, 「會計實務講座」, 『朝鮮行政』

1940.05, 「會計實務講座」, 『朝鮮行政』

1940.05, 「會計實務講座」, 『朝鮮行政』

1940.07, 「會計實務講座」, 『朝鮮行政』

1940.08, 「會計實務講座」, 『朝鮮行政』

1940.11, 「會計實務講座」, 『朝鮮行政』

1940.12, 「會計實務講座」, 『朝鮮行政』

- 추가 구술 후보자를 선정 : 도쿄에 거주하는 A할머니로 선정
- A할머니 약력 조사 : 가족사항 및 저명한 교수였던 부친의 저작목록
  조사
  ※ 마리코 할머니와 동일한 방식 및 내용으로 준비

- 인터뷰를 통해 무엇을 할 것인가를 토론하여, 책을 개정이 아닌 새로 집필하는 것이 바람직하다고 판단하고 원 집필자와 협의한 결과 3인의 공동집필(원집필자, 민속학자 2인) 형태로 출간하기로 합의
- 원집필자가 한국의 출판사를 방문하여 출판저작권 및 번역저작권 등 법적 문제를 검토하고, 새로운 출판사를 선정하기로 합의
- 구술자들의 조선 거주와 관련한 사진자료 및 지도 수집 : 기 간행된 사진 자료집과 인터넷을 통해 수집

• 자문위원회 설치
- 필자가 멘토로 참여하고 통역자를 물색하여 보완하기로 함

• 관련 양식 확보
- 한국구술사연구회 홈페이지 수록 자료 확보

• 시간, 예산, 인력 확보 방안
- 구술 대상자들이 일본에 거주하고 있으므로 이에 따른 실행 가능성을 협의
- 예산문제 : 소요예산을 선정하고, 예산항목별 해결 방안 검토
    인터뷰 실시를 위한 여행비 - 필자가 도쿄조사단이 개최하는 국제 심포지엄에 발표자로 참석하므로 3인의 숙박비는 해결이 가능하고, 항공료는 각자 준비. 항공 마일리지를 활용할 예정
    구술자 사례비 - 필자가 참여하고 있는 연구프로젝트와 연계하여 확보
- 인터뷰 기간 : 국제심포지엄 개최 기간 중으로 결정
- 인터뷰 횟수 : 1회 인터뷰, 기타 추가로 필요한 내용은 사와이 리에를 통해 서면으로 확인하기로 함

- 공동 집필자 대상으로 구술사 학습
  - 일본에 거주 중인 사와이 리에를 제외한 2인에 대해 구술사 전반에 대한 교육을 실시 : 필자가 구술사의 정의, 기획에서 활용까지 전체 단계에 대해 특강 실시

(2) 분석

- 시간, 예산, 인력, 제도상 현실적인 면에서 성취 가능한 목표를 향하는 단계
- 전 단계(입장 및 범위 설정)에서 설정한 내용이 실제로 가능한지 여부에 대해 고민하는 단계
  - '가까운 장래에 이러한 현실적인 문제들을 모두 만족시킬 수 있는가' '예상 결과는 노력할만한 가치가 있는 것인가' '올해 남은 기간 동안에 질 좋은 자료가 생산될 수 있을 것인가' 등등을 고려한 분석이 이루어지는 단계이다. 긍정적인 답변이 나올 때 비로소, 다음 단계인 실제 프로젝트 설계로 진행할 수 있다.

➡ **개인작업 사례** : 조선에 거주했던 일본인 소녀들 구술기록수집 사례
- 예상되는 결과물 추출
  - 인터뷰 성과 외에 이들이 소장하고 있는 문헌 및 사진 자료 확인 가능
  - 구술자들과 책 발간 방향에 대한 협의 가능

- 예상되는 문제점 추출
  - 비용 문제로 인해 인터뷰 횟수가 최소화에 그칠 수 있는 점
  - A할머니와는 면식이 없으므로 라포(Rapport : 친화감) 형성의 어려

움이 있을 수 있음. 마리코 할머니와 달리 전후 사회 활동이 매우
활발했고, 일본인으로서는 드물게 남녀별성(男女別姓 : 결혼 후 남
편의 성을 따르지 않음)을 유지하고 있는 점, 공산당에서 활동한 점,
작가 경력 등을 볼 때, 마리코 할머니와 다른 인터뷰 전략이 필요할
것으로 판단

- 통역자 필요 : 한국어 통역이 가능한 사와이 리에가 담당할 수 있는지
여부를 확인하고 불가능하다면 도쿄조사단의 협조를 얻어 확보하는
방안. 이에 따른 통역료는 필자가 담당
- 구술기록수집 전담 2인이 인터뷰 경험이 전무하다는 점 : 사전 교육을
실시해야 하며, 주 면담자를 필자가 담당하는 방안이 필요
- 발간작업을 위한 필자 3인의 역할 분담 및 집필 방향이 미정인 점 :
이번 일본방문 기간 중 사와이 리에를 만날 수 없으므로 추가 협의
기회 마련이 시급

• 시간, 예산, 인력 문제 검토
  - 예산문제 : 구술자 사례비 확보(현금 지급이 아닌 통장 입금방식)
  - 인터뷰 기간 : 국제심포지엄 개최 이틀 전에 도쿄에 도착하여 인터
  뷰를 실시
  - 통역 문제 : 사와이 리에가 와병으로 인터뷰 현장에 참석할 수 없어
  별도 통역자를 확보
  - 이동 방법 : 시간 절약을 위해 도쿄조사단의 협조를 얻어 차량을 제공
  받고, 이에 대한 사례비는 필자가 담당

• 기타
  - 원 집필자인 사와이 리에의 의견(마리코 할머니 보다는 A할머니를
  중심으로 인터뷰했으면 좋겠다)을 어느 정도 반영할 것인가

(3) 설계

• 종합 예정표(또는 실행계획안 초안) 작성 단계

• 관련자료 집성 시나리오 설정, 중장기 계획 수립, 예상구술자 · 면담자
명단 구비, 면담주제목록(질문목록) 작성, 구술자 활동지역 현지답사,
각종 양식[8] 작성 등 구체적인 준비를 하는 작업이다.
  - 면담주제목록은 면담을 통해 알아내고 싶은 내용을 미리 질문 형식
  으로 작성한 것이다. 양적 연구(quantitative research)와 달리 구술기
  록수집과 같은 심층면접인 질적 연구(qualitative research)에서는 다
  양한 변수들이 삶의 맥락 속에서 하나의 관계로 결합되는 모습에
  주목하며 귀납적인 태도를 유지한다. 면담주제목록은 특정 사실에
  대한 뚜렷한 쟁점과 그에 따른 질문전략, 그리고 적절한 질문구사
  법을 토대로 작성한다.
  - 목록은 중심 질문이 설정된 이후 하위 질문 항목을 구성한다. 구술
  자의 배경(가정 및 교육환경), 당시 교육경험, 시대적 상황, 사건 당
  시의 활동 등을 큰 항목으로 하고, 각 항목에 세부 주제들을 설정한
  다. 면담의 세부 주제들을 정함으로써 면담자가 인터뷰 전체 과정
  의 핵심을 잃지 않고, 일관성 있는 인터뷰를 할 수 있다는 장점이
  있다.

• 목록 작성을 위한 준비
  - 구술자에 관한 자료를 학습한다. 구술자의 인물연보는 물론, 학문
  적 · 정치적 지향성, 구술자에 대한 또 다른 면담기록, 문헌기록 등

---

8) 각종 양식 자료는 이 책의 부록 및 한국구술사연구회 누리집(www.oralhistory.or.kr)
참조.

이 해당된다. 출신지역 및 거주지역, 활동지역에 대한 사전 정보도 필요하다. 회고록을 남긴 구술자라면, 더욱 심도 있는 학습이 필요하다.

- 구술증언사의 경우, 해당되는 사건에 대한 역사적 사실을 학습한다. 사건연표·공적 기록 등 자료와 관련 연구를 비롯하여 수기·회고록·소설, 이와 관련한 다큐멘터리나 상업영화도 사전에 시청한다. 신문자료를 검색하여 최근의 경향성을 파악하는 것도 필요하다.
- 구술생애사의 경우, 동일한 유형이나 계층의 면담기록을 학습한다.

• 목록 작성의 tip

첫째, 초반에는 탄생과 성장과정 등 생애사에 대한 일반적인 질문을 배치한다. 이 방법은 라포 형성 및 구술자의 기억 재생에 도움을 준다. 대개의 노인들은 어린 시절을 이야기할 때, 비록 고통스럽고 힘든 시절이었더라도 만면에 미소를 띠며 즐거워한다. 젊고 건강했던 시절은 누구나 되돌아가고 싶은 시기이다. 다시 돌아갈 수 없는 시절이지만 되돌아보는 것으로도 이들에게는 기쁨이 될 수 있다.

둘째, 구술자가 정치적·심리적으로 부담을 느낄 수 있는 질문은 초반에 배치하지 않는다. 이러한 질문은 구술자에게 정치적인 방어를 일으키게 하고, 면담 자체에 대한 거부감을 줄 수 있기 때문이다.

셋째, 일반적인 수준에서 시작해 구체적인 질문으로 들어간다. 처음부터 구체적인 질문을 시작하면, 심문을 당하는 듯한 느낌을 받을 수 있다.

넷째, 면담자(연구자)의 확고한 가설이나 개인적인 관심과 의문점을 풀기 위한 확인용 질문보다는 구술자가 자신에게 의미 있고, 중대한 경험이라고 해석한 부분에 대해 충분히 이야기할 수 있도록 열린 질문을 구성한다.

구술생애사의 경우 면담주제목록의 예

1) 출생시의 상황(연도, 거주지, 가족, 친족관계, 생계방식, 계층, 사회적 지위)
2) 사회화 과정(유년기, 청소년기의 가정교육 · 제도권 교육, 지역사회 교육, 학교생활)
3) 직업(최초의 직업과 직장에서 시작하여 직업변화과정, 군대 생활 포함)
4) 결혼(연애 · 중매 결혼 여부, 결혼 동기, 결혼생활 내용, 부부관계, 임신 및 출산 등)
5) 가족생활(부모-자식관계, 친족관계, 육아와 자녀 교육, 가사노동, 취미, 여가생활 등)
6) 일상생활(주거지, 식생활, 의생활, 활동반경, 하루 일과)
7) 구술자의 연령에 따라 중년의 삶, 또는 노년의 삶에 대한 질문)
8) 구술자의 자신의 삶에 대한 의미 부여
9) 기타 특정한 구술자의 경험 등

한국예술종합학교 한국예술연구소가 진행한 시범작업의 면담주제목록 가운데 세부주제목록의 일부

1. 1930년대 일본에서 활동한 공연관련 한국예술인의 활동에 대한 개관
   1) 한국에서 온 '조선인 동포 위안' 공연?
   2) 배구자와 덴카츠 공연이 악극과 연결되는 지점?
   3) 그외 대중음악, 대중예술계에서 활동한 한국인 중 기억하는 사람이 있다면?
   4) 축지소극장-안영일, 김일영, 전일검, 최병한, 조우적(허달), 김파우

2. 동경학생예술좌
   1) 동경학생예술좌의 단원 중 기억나는 분들?
      『막』에 글쓴이들-이철혁, 이해랑, 임호권, 장계원, 최규석, 홍성인, 江口隆哉 박노경 이외의 여자 단원?
   2) 동경학생예술좌는 연기, 무대장치, 조명 등에 대한 논의를 적극적으로 개진하게 된 배경.
   3) 동경학생예술좌는 한국 연극계와 어떤 연줄을 갖고 있었나?
   4) 동경학생예술좌가 해체된 뒤 일본 잔류파들이 영상좌를 만듦. 이에 대한 기억?
   5) 『막』 3(1939. 6)에 실린 「서론적인 음악극론」에서, 가극이라는 용어를 사용. 「서론적인 음악극론」(박용구)은 우리나라 최초의 음악극론. (이전에 박영근의 「가극건설사견-세계가극의 발전상에 관련하야」, 동아일보, 1937.8.27)

- 이상의 작업을 통해 나온 결과물을 바탕으로 프로젝트의 주관자가 단독으로 또는 참여자들이 공동으로 주요사건, 쟁점 및 인물 비평의 윤곽을 잡고, 시나리오를 설정하며, 완성을 위한 종합 예정표를 작성한다. 여기에는 구체적인 예산내역과 수집 일정이 포함된다.
- 수집작업은 연간 계획을 설정하는데 그치지 않고 3개년, 혹은 5개년 정도의 중장기 계획을 수립하는 것이 필요하다. 이때 관련 문서기록과 적당한 설비, 양식, 절차를 위한 각종 참고문헌 등이 안내자 역할을 담당할 수 있다.

➡ 개인작업 사례 : 조선에 거주했던 일본인 소녀들 구술기록수집 사례
- 주요 사건 등 인터뷰 방향
  - 기존 책에서는 전시체제기에 대한 내용이 매우 소략하므로 비중을 높임
  - 두 할머니 가운데 A할머니는 패전 이전에 일본으로 돌아갔으므로 전시체제기 조선에서 삶에 대한 질문은 마리코 할머니에게, 일본의 상황은 A할머니에게 하도록 함

- 인터뷰 방법
  - 주 면담자는 필자가 담당하고, 녹음과 영상촬영은 보조 면담자(2인)가 담당
  - 주 면담자의 질문이 끝난 후 보조 면담자의 인터뷰 기회를 부여

- 인터뷰 일정 및 방일 일정 확정
  - 방문 일정 확정 통보
  - 인터뷰 장소가 구술자의 집이므로, 숙소를 근처에 마련

• 질문항목 작성

1) 어떻게 조선에서 태어나게 되었는지
2) 조선사회에 대해 부친이 표현한 기억이 있는지
3) 유년시절을 경성에서 보냈는데, 조선인에 대한 인상은 당시 어떠했는지
4) 경성에서 생활에 대한 회고
5) 여학교 시절 이야기 : 두 할머니에 대한 공통 질문
   - 입학하게 된 과정
   - 학창 시절 이야기
   - 1938년~1943년 여학교 재학 시기는 전쟁이 한창인 시절이었으므로 학교 교육에서도 전쟁과 관련한 내용이 있었을 것으로 추정됨
   - 농촌진흥이나 농촌갱생에 관한 교육이 있었는지
   - 전쟁과 관련한 후방의 역할에 대한 교육은 어떠하였는지
   - 전쟁 및 농촌진흥 관련 교육에 대한 학생들의 반응은 어떠하였는지
   - 학도근로 활동의 경험
   - 본인의 전쟁에 대한 인식 및 반응
   - 친구들의 전쟁에 대한 인식 및 반응
   - 전쟁에 대한 전망 : 본인, 친구
   - 조선인들이 대규모로 동원된다는 것을 알고 있었는지
   - 알고 있었다면, 그에 대한 인식 및 평가는?
   - 당시 전황에 대해 어떤 방식으로 알고 있었는지
   - 당시 전황에 대해서는 관심이 있었는지
   - 당시 미군 비행기의 공습을 알고 있었는지. 경험한 적이 있는지
6) 부친
   - (교수 및 연구자)인 부친의 역할에 대한 평가
   - 부친의 생활모습
   - 부친과 친분이 있던 인물들

7) 일본의 패전 : 두 할머니가 같이 구술을 해도 좋음
- 일본의 패전을 어떻게 알게 되었는지
- 당시 경성의 분위기는 어떠했는지 : 조선인의 반응, 사회적 분위기 등
- 일본인들의 상황은 어떠했는지
- 귀국 과정
8) 귀국 이후 생활 : 두 할머니가 같이 구술을 해도 좋음
- 귀환지역
- 패전 직후 일본의 분위기
- 귀국 이후 경성에 대한 인상
- 재조일본인으로서 삶이 이후 일본에서 생활에 미친 영향이 있는가
- 일본사회가 바라보는 외지거주 일본인

• 구술자의 거주지 답사
- 보조면담자이자 공동 집필자 1인이 구술자들의 거주지역을 답사

• 필요한 양식 확보
- 한국구술사연구회 홈페이지에서 제공받은 양식을 실정에 맞게 수정

(4) 평가
• 선행 단계를 분석하고 적절성과 가능성을 평가하는 단계이자 수집을 위한 기획 완성 단계
• 구술자 및 면담자 선정, 프로젝트 기획 확정, 실행계획안 완성

'앞에서 수행한 3단계의 과정이 적절했는가, 구술자 및 면담자·조사자 선정이 적절한가, 수집할 자료의 유용성은 높은가, 수집할 자료의 검색도구는 적절한가, 수집 후 관리방법은 적합한가, 예측한 활용도는 적절한가, 이들

자료수집사업을 주관할 기록관리전문가의 자격은 적절한가' 등을 평가한다. 이 평가를 통해 실행계획안이 완성된다. 이러한 평가를 점검하기 위해 이 책 44쪽 및 〈부록 3〉에 제시한 '기획자 및 면담자 체크 리스트'를 활용해보길 권한다.

기획의 최종단계(제4단계)에서 가장 고려해야 할 점은 구술자와 면담자 선정이다. 구술자와 면담자의 확정은 구술자의 동의를 얻은 이후에 가능해지므로 실행단계에서 확정되지만, 구술자와 면담자의 선정 작업은 기획단계에 해당된다. 구술기록은 구술자와 면담자간의 공동작업이며, 이미 오래전에 생산된 자료를 복사하는 것이 아니라 직접 자료를 생산하는 과정을 담은 결과물이므로 면담자 선정은 중요하다. 면담자의 수준과 능력에 따라 구술기록의 질이 결정되기 때문이다.

면담자의 선정 방법은 담당자가 직접 수집하는 방법 외에 공모, 의뢰 등 세 가지가 있다고 볼 수 있다.

첫 번째 방법을 보자. 기관이 수집을 주관할 때, 필수적으로 권장하는 면담자는 바로 업무 담당자이다. 실제로 자료수집의 경험을 갖지 않은 기록관리전문가(Archivist; 아키비스트)나 주관처 담당 연구자가 자료에 대해 정확한 평가나 관리를 하기란 매우 어렵다.

두 번째 방법인 공모에서 면담자 선정 근거는 제출한 서류의 내용이 된다. 주관처에서는 면담자의 경험과 연구 경력, 연구계획서를 근거로 면담자를 결정하는 방법이다. 그러나 실행과정에서 연구계획서와 달리 추후에 수집한 자료의 내용이 수준에 미치지 못하거나 당초의 방향과 차이를 보이는 경우가 다수를 차지한다. 의외의 난관에 부딪혀 사료수집사업 자체가 원활히 진행되지 못해 중간에 중단된 경우, 면담자 스스로가 포기한 경우도 발생한다. 이는 면담자의 경험 부족이나 수집에 대한 준비가 충분하지 않아서 나온 결과이자 발주기관에서 서류에 의존하는 공모를 꺼리는 이유이기도 하다.

세 번째 방법인 의뢰는 장단점을 가지고 있다. 먼저 장점을 보면, 풍부한 자료수집경험과 전문적 학식을 갖춘 면담자에게 의뢰를 하면, 사료의 질을 걱정하지 않아도 되고 별도의 검증작업을 거칠 필요가 없고, 면담자를 위한 별도의 교육 프로그램도 형식적으로 간단히 운영해도 된다는 점이다.

그러나 가장 큰 단점은 현실적으로 추가조사나 보완을 요구하기 곤란하다는 것이다. '풍부한 자료수집경험과 전문적 학식을 갖춘 면담자 선생님'이라도, 발주처의 입장이나 방향과 다른 작업 결과물이 제출될 가능성이 있다.

의뢰 시의 면담자 선정 기준은 관련 연구자(관련 연구 성과 소지자), 구술기록수집 경험자(3회 이상 수집 경험)를 필수조건으로 해서, 구술기록 수집 이론방법에 대한 연수교육과정을 거치거나 예정된 자를 권장사항으로 제안하고 싶다. 이를 보완하기 위한 방안으로는 주관 기관이 전문가를 초빙하여 최소한 2회 정도(6시간 이상)의 연수 기회를 갖는 방법도 있다. 그러나 가장 바람직한 면담자의 요건은 **진정성**이다. 구술자의 인생 경험을 소중히 여기고, 삶에 대한 성찰적 자세를 갖고 있는 면담자가 가장 바람직한 면담자이다.

그래서 데일 트릴레븐(Dale Treleven)은 다음과 같이 충고한다. "아무렇게나 한 인터뷰는 역사 기록에는 위험천만한 것이고, 기록관의 아키비스트들에게는 고통이며, 연구자들에게는 민폐를 끼치는 것이다. 그러한 인터뷰는 무엇보다도 후손을 위해 기꺼이 자신의 기억을 공유하고자 하는 구술자를 모욕하는 것이다."

또한, 구술자에는 자격이 존재하는가. 구술자의 자격이라 하면, 주관성을 줄이기 위해 자신을 반추할 수 있는 상황에 놓인 구술자(연령, 은퇴 여부 등 고려)라고 생각된다. 신체연령에 관계없이 여전히 형형한 눈빛을 빛내고 있는 구술자는 면담자와 기록관 담당자에게 오히려 불편을 끼치고, 자료 이용자에게는 혼란을 줄 수 있다. 스스로 자신의 역사를 기록할 수 있으면서도 그렇게 하지 않고, 구술기록의 효과를 노리고 구술을 통해 개인의 목적을 이루고자 하는 구술자도 마찬가지이다. 아무리 많은 사실(Fact)을 풀어낸다 해도,

구술자로서 자격을 부여하기를 거부해야 할 존재이다.

　구술자와 면담자의 친분 관계도 멀리해야 할 Tip 가운데 하나이다. 장점 (라포 형성)보다는 위험성(일방성과 주관성이 높아짐)이 높기 때문이다. 스승과 제자 사이는 낭만적일 수도 있다. 그러나 한국정치계에서 영향력 있는 인물 가운데 열 손가락 안에 꼽히는 거물을 비서관 출신이 면담하곤 한다. 더구나 면담자가 가신(家臣) 그룹의 일원으로써 현직 정치가이거나 정치 지망생이라면… 이렇게 생산한 구술기록이 구술사에서 무슨 의미가 있겠는지, 한국정치사를 이해하는데 어떤 도움이 될 것인지? 생각해볼 일이다.

➡ **개인작업 사례** : 조선에 거주했던 일본인 소녀들 구술기록수집 사례
- 인터뷰 준비 총 점검
  - 면담자 교육 : 보조 면담자 2인이 인터뷰 경험이 없지만 이전에 했던 구술사에 대한 학습에 인터뷰 수집 방법이 포함되어 있으므로 별도 교육은 실시하지 않기로 함
  - 출발 일정 점검 : 보조 면담자 2인이 필자에 앞서 1일 먼저 출발하여 사전 준비를 하기로 함
  - 준비해야 할 기자재 점검 : 캠코더 1개, 부속품 일체, 녹음 장비 2개, 디지털 사진기 1대
  - 촬영방법 등 점검

- 관리방안 점검
  - 녹취록은 작성하지 않고, 상세목록을 작성. 상세목록 작성자 결정

- 활용방안 점검
  - 저서 출간에 그치지 않고, 문화콘텐츠 등 활용방안을 고민

기획자 및 면담자 체크 리스트

〈 기획 단계 : 기획자 〉

1. (주제 설정과 프로젝트의 임무에 대한 명확한 기준을 설정하기 위해) 사전에 관련 정보를 수집하고 분석하는 작업을 충실히 했는가?

2. (수집 주제 및 대상을 선정하기 위해) 참고문헌, 관련 연표(인물 및 사건) 작성, 사진자료 및 영상물 수합, 선행연구 성과 분석 등 사전준비 작업을 수행했는가?

3. 자문단(또는 연구단)이나 전문가를 통해 프로젝트 관련 법률적, 기술적 전문지식을 얻었는가?

4. 구술사 프로젝트 수행을 위한 내부규정을 검토하고 보완하였는가?

5. 구술사료이용허가서를 비롯해 의뢰, 수집, 보존, 활용에 관한 각종 양식을 구비했는가?

6. 시간, 예산, 인력, 제도상 현실적인 면에서 성취 가능한 사업목표를 설정했는가?

7. 구술사의 특성을 가장 잘 살릴 수 있는 주제이면서, 지역별 특성, 학문적 필요성 등을 고려한 주제를 선정했는가?

8. (선행 단계를 분석하고 적절성과 가능성을 평가하여) 현실성 있는 실행 계획안을 작성했는가?

9. 사업목표에 적합한 구술자 및 면담자를 선정했는가?

10. 면담자를 교육하고 인터뷰에 필요한 매뉴얼을 사전에 제공했는가?

〈 면담 전 단계 : 면담자 〉

 1. 면담자 교육의 내용을 이해하였는가?

 2. 사전에 제공받은 매뉴얼 내용을 정확히 숙지하였는가?

 3. 구술자에게 인터뷰의 취지 및 이용범위를 설명하고 사전 동의를 얻었는가?

 4. 면담주제목록(질문목록)을 적절히 설정했는가?

 5. 구술자의 경력과 활동내용에 대한 사전 학습은 충실히 했는가?

 6. 인터뷰 일정을 구술자와 상의하고 결정하였는가?

 7. 인터뷰 3일전에 구술자와 인터뷰 약속을 미리 확인했는가?

 8. 인터뷰 전에 구술자에 대한 면담자 자신의 선입관을 검토하고, 자세를 점검하는 자기 성찰 과정을 거쳤는가?

 9. 장비를 알맞게 준비·점검하고 사용방법을 익혔는가?

10. 사전에 관련자(기획자, 보조면담자, 촬영 담당자, 녹취자)와 충분히 협의했는가?

※ 항목별 10점씩

※ 위 항목은 사용자에 따라 항목 내용을 변경할 수 있음

(작성 : 정혜경

한국구술사연구회 www.oralhistory.or.kr)

참고자료

김지수,「대통령 구술기록 수집 방안 - 김대중 대통령 구술 수집을 중심으로」, 명
         지대 기록관리학과 석사학위논문, 2007.

김혜숙,「정보 제공자의 약력과 질문지」, 비공개, 2010년 2월 작성.

조용성,「구술기록의 수집정책에 관한 연구 - 과거사 진상규명 관련 위원회의 면
         담조사기록을 중심으로」, 한국외국어대학교 정보·기록관리학과 석사학
         위논문, 2009.

한국구술사연구회, 『구술사 : 방법과 사례』, 선인, 2005.

Frederick J. Stielow, *The Management of Oral History Sound Archives*, NY : Greenwood
         Press 1986.

Helen Willa Samuels, "Who controls the past", *American Archivist 49*, 1986(오항녕 역,
         『기록학의 평가론』, 진리탐구, 2005).

한국구술사연구회 누리집(www.oralhistory.or.kr)

구술기록 수집기관별 기획 및 수집 _김지수

1. 들어가며
2. 기관별 구술사 프로젝트
    1) 국사편찬위원회
    2) 연세대학교 김대중도서관
    3) 국립예술자료원
    4) 한국학중앙연구원 현대한국구술자료관
3. 기관별 사례를 통한 제언
참고자료

1. 들어가며

　최근 몇 년 사이 구술사 연구는 크게 성장하였다. 국가적인 사업은 물론 다양한 기관과 개인 연구자들 사이에서도 '구술을 이용한 역사쓰기'가 한창이다. 구술사학회가 설립되어 학술지가 발간되는가 하면, 다양한 단체에서 워크숍을 비롯하여 전문가 양성과정, 시민강좌 등이 개설 되고 있다.

　하지만 여전히 다양한 기관에서 그리고 많은 연구자들이 어떻게 하면 만족할 만한 구술사 프로젝트를 수행하고 그 결과를 얻을 수 있는가에 대해 고민하고 있다. '하라는 대로 했는데 만족스럽지 못하다'든가, '내가 하고 있는 방법이 맞는지'에 대한 의문이 생긴다면, 방법은 한가지다. 남들은 어떻게 하고 있는지 살펴보고, 우리식대로 적용하는 것. 즉, '벤치마킹'(benchmarking)하는 것이다.

　다음에서는 국사편찬위원회, 김대중도서관, 국립예술자료원, 한국학중앙연구원 현대한국구술자료관의 구술사 프로젝트 사례를 살펴 볼 것이다. 각

기관별 수집 프로세스와 그 안에서 파생된 이슈거리 그리고 해결방법을 짚어봄으로써 벤치마킹의 가장 주의할 점인 '돌다리도 두드려보고 건너기'를 실천하고자 한다.

돋보기를 갖다 대고자 하는 기관들이 대표적인 구술자료 수집기관이라거나 구술자료 수집에 있어 독보적이라거나 혹은 모범사례로 제시하고자 하는 것은 아니다. 오히려 국사편찬위원회를 제외한 나머지 기관들이 명망가 중심의 구술자료 수집에 치우친 경향이 농후하다. 그럼에도 불구하고 지면을 할애하고자 하는 것은, 구술자료 수집 절차에 대한 '보편적인 적용'과 '생각거리 잡아내기'가 가능하기 때문이다.

우선 국사편찬위원회는 대표적인 구술자료 수집기관이라 할 수 있다. 다루는 주제와 시기, 인물이 가장 광범위하다. 국사편찬위원회의 사례는 구술자료 수집에 있어 국내에서 오랜 역사를 가진 대표적 기관이라는 측면에서 살펴볼 가치가 있다. 김대중도서관은 우리나라의 대표적인 개별 대통령기록관이다. 대통령의 가족, 측근, 관련 정치인은 물론이고, 김대중 대통령을 직접 인터뷰하여 출생에서 재임기간 60%까지 40여 차례의 인터뷰를 실시하였다. 이렇게 축적된 아카이브를 토대로 그의 사후 다양한 방송 영상물이 즉시 제작될 수 있었다. 김대중도서관의 사례에서는 명망가 구술자료 수집에 있어 주의점을 살펴보고자 한다. 국립예술자료원은 다양한 예술분야에 걸쳐 예술사 구술채록사업을 진행한 대표적인 기관이다. 한국문화예술위원회 자료실이었던 아르코(Arco) 시절까지 합치면 약 10년간 이 사업을 진행한 것이다. 국립예술자료원의 구체적인 사례를 통해 구술생애사와 주제사와의 관계를 검토하는 한편, 구술자료 활용에 있어 법적·윤리적 문제에 대해 다루고자 한다. 마지막으로 한국학중앙연구원의 현대한국구술자료관은 다수의 기관이 공동으로 참여한 프로젝트를 수행하는 특징을 갖고 있다. 따라서 기관 간 소통과 함께 산출물의 일관성 유지라는 측면에 주목하고, 구술자료 아카이브 구축에 대한 이야기로 마무리하고자 한다. 아카이브 구축과 자료의 관리는 수집단계의 업무는 아니지만, 기획에서 충분히 논의되어야 하는 만큼 사례에 일부내용을 포함하였다.

　이상의 기관들 외에도 국가적 차원에서, 대학 부설 연구소 및 민간단체 등에서 자체적으로 혹은 공모 등의 형태로 구술자료 수집이 이루어지고 있다. 특히 한국근현대사와 관련된 연구가 주를 이루고, 과거사 진상규명의 성격을 띠는 기관들도 상당수 존재한다. 공공기관으로는 국가기록원, 대통령기록관, 국가보훈처 등이 있으며, 개별법에 의한 민주화운동기념사업회, 대일항쟁기 강제동원 피해조사 및 국외강제동원희생자등지원위원회, 진실화해를위한과 거사정리위원회(2010년 6월 종료)가 있다. 대학 부설 연구소로는 영남대 20세 기민중생활사연구단, 성공회대 사회문화연구소, 서울대 한국교육사고, 전남 대학교 5·18연구소 등이 있다. 사립기관으로는 한국정신대연구소, 제주4·3 연구소, 전태일기념사업회 등에서 구술자료 수집 작업에 참여하고 있다. 이 밖에도 크고 작은 기관과 연구자들이 구술자료 수집에 열의를 갖고 있다.

2. 기관별 구술사 프로젝트

1) 국사편찬위원회

(1) 구술자료 수집 현황

　국사편찬위원회는 1946년 창설된 국립 사료편찬기관이자 연구기관이다. 「사료의 수집 및 보존 등에 관한 법률」에 의거 국내외에 흩어져 있는 한국사 관련 자료를 체계적으로 조사·수집하고 디지털화 및 복원을 통하여 사료의 영구보존을 기하고, 미개척분야의 자료를 주제별·분야별로 정리하여 사료집 으로 편찬·제공한다. 특히 조선왕조실록 등 한국사관련 중요 사료와 한국사 연구성과를 연구자와 국민에게 인터넷으로 서비스하고, 한국사관련 사료를 소장하고 있는 국내 19개 기관을 연결하는 통합시스템을 구축하고 있다.[1]

구술사 프로젝트는 사료수집사업의 일환으로 진행 중이다. 사업의 목표는 다양한 인물의 경험과 기억을 채록2)·정리하여 문헌사료의 한계와 공백을 보완하기 위함이다. 구술자료 수집사업은 2003년 1월 주요사업으로 추진이 결정되었다. 구술사 워크숍 및 세미나를 개최하고, 「한국근현대사관련 구술자료 조사·수집을 위한 현황조사연구」 프로젝트를 진행하면서 본격적인 구술자료 수집 사업에 근간을 마련하였다.

2004년부터 2010년까지 정치, 외교, 교육, 지역사, 여성사 등 다양한 주제에 걸쳐 구술자 1,346명, 3,443시간을 채록하였으며 2005년부터 2010년까지는 구술사료선집 8권을 간행하였다. 구(舊) 홈페이지에서 주제, 구술자, 생산연도, 분량이 포함된 2004년부터 2006년까지의 구술자료 목록을 확인할 수 있으며, 구술자 131명과 각각의 면담자, 구술시간, 녹취록 분량, 상세목록 등도 공개되어 있다.3)

표 1. 국사편찬위원회 주제별 수집기록4)

주제		건수	주제	건수
정치	정치외교	11	여성	11
	정책	9	재외동포	12
	군사	3	민중사기술사	5
학술		3	일제하 전시체제	4
경제노동		4	북한사	3
교육		1	다문화	4
지역사		17	개인생애사	7

---

1) 국사편찬위원회 홈페이지 참고(http://www.history.go.kr).
2) 구술자료 수집은 크게 구술 인터뷰를 직접 수행하여 구술자료를 생산하는 것과 이미 생산된 구술자료를 획득하는 방법 모두를 아우르는 표현으로 사용된다. 채록은 구술자료를 생산하는 구체적인 행위자체에 중점을 둔 표현으로 엄밀히 구술 생산만을 의미하고 있지만, 기관마다 구술자료 수집과 채록을 같은 의미로 사용하고 있음에 본고에서도 구술생산, 수집, 채록을 동일한 의미로 사용하겠다.
3) http://old.history.go.kr/front/inform/oral_data/listCollectData.jsp
4) 김은영, 「보존과 활용을 위한 구술기록의 정리방안 연구-국사편찬위원회 사례를 중심으로」, 명지대학교 석사학위논문, 2009, 21쪽.

(2) 구술자료 수집 프로세스

국사편찬위원회에서는 기획에서 면담 후 작업까지 다음과 같은 절차를 거친다.[5]

그림 1. 국사편찬위원회의 구술자료 수집 프로세스

기획	면담준비	면담실행	면담 후 작업
-주제와 범위 설정 -상세설계 -계획의 평가와 보완, 실행계획 확정 -면담자 선정 및 교육	-구술자 결정 -구술동의 획득 -선행연구 검토 및 세부주제 확정 -예비질문지 작성 -구술자 예비접촉 -구술면담일정계획 -시간과 장소결정 -장비준비와 점검	-면담분위기 조성 -장비설치 -면담 전 기본정보 녹음 -구술자료 공개·이용허가서 작성	-면담후기 작성 -녹화·녹음자료 정리 -녹취문작성 -신상카드 작성 -면담일지작성 -보고서작성 및 자료정리 -CD 및 DVD제작

가) 기획

기획단계에서는 구체적인 사업진행 방식에 대한 방향을 설정하고, 합의를 도출하는 것이 목적이다. 사업형식에 있어서는 공모로 할 것인지, 발주로 할 것인지 아니면 자체 진행으로 할 것인지에 대해 결정한다. 국사편찬위원회의 경우 주제공모, 연구자 공모(의뢰), 직접수집, 기증 등의 방식으로 구술자료 수집이 진행된다. 이 중 공모를 통한 수집의 비중이 가장 크다. 공모는 연구자가 자유롭게 주제 및 구술자를 정하여 연구의 지원을 요청하는 주제공모의 경우가 대부분이며, 국사편찬위원회에서 주제를 주고 이에

---

[5] 「구술자료 수집의 기획과 실행」(허영란·장용경, 『현황과 방법, 구술·구술자료·구술사』, 국사편찬위원회, 2004) 상세내용 참고.

맞는 연구자를 공모하는 연구자공모도 이루어진다.

표 2. 국사편찬위원회 구술기록 수집현황[6]

연도	구술자수(명)	자체(건)	공모(건)	분량(시간)	기증자료	
					구술자(명)	분량(시간)
2004	59	2	17	318시간 33분	34	457
2005	116	8	16	435시간	-	-
2006	140	7	17	436시간28분	294	320
2007	98	3	16	349시간 39분	-	-
2008	201	2	30	526시간	-	-
계	614	22	96	2,065시간 40분	328	777

　　무엇보다 기획단계에서는 주제와 범위를 설정하고 결정된 주제와 범위에 부합하는 구술자와 면담자 후보군을 결정하는 것이 주가 된다. 국사편찬위원회의 2004년부터 2006년까지의 주제를 보면, 정치, 학술, 경제, 교육, 지역사, 여성, 재외동포, 민중사/기술사, 북한사, 특수분야, 개인구술생애사로 구분하고 있다. 또한 세부주제를 보면, 시기별로 주제를 미리 세분화 하여 수집에 착수한 것이 아님을 알 수 있다. 다시 말해, 큰 분류를 대, 중, 소로 구분하고 그 안에서 시기별, 사건별 범위를 설정하여 수집이 이루어 졌다기보다, 개개의 주제가 주제공모에 의해 이루어지고 이렇게 모인 주제들을 재분류했다는 것이 더욱 정확할 것이다. 단적으로 '국편 60주년 기념 구술'과 '해방이후 대학교육과 사회과학의 제도화'가 〈학술〉이라는 동일한 분류하에 있는 것을 보면 알 수 있다.

---

6) 김은영, 앞의 논문, 2009, 21쪽.

표 3. 구술자료 목록 일부 발췌[7]

분류	소분류	주제
정치	정치 외교	10·26과 박정희 정권
		1994년 북핵위기
		남북분단과 한국전쟁기 정치활동과 대구형무소 수감생활
		이승만체제와 지방경찰의 활동
		죽산조봉암과 HID(대북첩보기관)
		해방후 천도교의 정치노선
		상해인성학교의 경험
		신천사건
	정책	1950-60년대 원자력사업과 과학기술정책
		1970년대 노사관계와 노사정책
		1980년 전후 경제 안정화 정책
		박정희 정권기 문화재 복원 과정의 추이와 성격
		새마을운동 정책 집행과 새마을지도자 교육
		해방 이후 한센병 정책과 질병경험
	군사	한국군 및 현대정치와 백선엽
		한국전쟁기 미극동사령부주한연락처의 창설과 활동 내막에 대한 생존자들의 구술조사
		한국전쟁기 한국 공군의 전쟁수행과 전후 공군력 증강
학술		국편 60주년 기념 구술
		해방 이후 대학교육과 사회과학의 제도화

구술기록 수집기관별 기획 및 수집

사업의 진행방식과 주제가 선정되면, 예산을 배분하고 장비와 인력을 배치하는 한편, 생산된 구술자료의 관리규정과 각종 서류양식을 결정한다. 더불어 자문단을 구성하고 전체적인 계획에 대해 평가와 보완을 거듭하면서 최종적으로 실행계획을 확정한다.

나) 면담준비

기획단계의 예비 구술자 후보군은 세부 주제에 맞게 우선순위를 정한다. 실제 면담이 가능한지 파악하여 구술동의를 획득한다. 구술자가 확정되면

---

7) http://old.history.go.kr/front/inform/oral_data/listCollectData.jsp 수집자료목록 일부.

예비질문지를 작성한다. 예비질문지를 작성하기 위해서는 구술자와 관련된 세부자료를 철저히 검토하는 등 선행연구가 필수적이다. 면담일정을 세울 때에는 면담의 목적, 주제, 의의, 활용 방안 등을 고려하고, 구술자의 건강상태 및 장소 등을 감안하여 예상 소요시간 등을 포함한다. 예상치 못한 문제들의 발생에 대비하여 백업 플랜(back-up plan)을 준비하는 것도 유용하다.

다) 면담실행

면담은 편안한 분위기 속에서 진행하는 것이 좋다. 분위기는 장소 자체에서 느껴지는 부분이 상당하고, 면담자의 태도에서도 결정된다. 또한 영상촬영과 음성 녹음을 위한 장비들이 미치는 분위기도 있다. 구술자가 어느 하나에도 신경이 거슬리지 않도록 장소선택, 면담자의 태도, 장비 설치에 유의하여야 한다.

면담을 시작하면서 일시, 장소, 구술자, 면담자 등의 기본정보를 녹음한다. 본격적인 면담에 들어가서는 메모하며 경청한다. 질문은 간결하고 명료하게 한 번에 하나씩만 하며, 구술자에 대한 반감 혹은 의심 등 면담자의 감정이 어투나 표정에 드러나지 않도록 한다. 면담을 마치면서 구술자로부터 〈구술자료 공개·이용 허가서〉를 받는다.

라) 면담 후 작업

면담 후의 작업은 면담자가 주관기관에 결과물을 제출하기 이전에 자료를 정리하고 보고서를 작성하는 단계이다. 더불어 결과물이 주관기관에서 잘 관리되고 활용될 수 있도록 정리를 시작하는 단계이기도 하다. 면담결과 생산된 영상·음성 자료를 라벨링하고 녹취문을 작성하는가 하면, 구술자의 인적사항 등 주요사항을 정리한 신상카드도 작성한다. 또한 면담일지와 면담후기를 작성하고, 전체적인 최종 보고서를 작성한다.

(3) 생각거리 : 주제 공모와 연구자 공모의 장단점

구술사 프로젝트를 진행하는 데에는 여러 가지 방법이 있다. 우선 기관 자체 인력을 이용하여 프로젝트를 진행하는 방법이 있다. 김대중도서관의 경우 도서관 소속 연구자를 면담자로 활용하는 사례가 빈번하다. 반면 국사 편찬위원회의 경우 상당수 주제공모의 방법을 택하고 있다. 주제공모는 주 관기관의 기획 부담을 줄이고, 해당 분야의 전문가 섭외의 수고를 생략할 수 있는 효과가 있다. 뿐만 아니라 다양하고 기발한 주제의 공모가 가능하 다. 무엇보다 연구자의 전문성과 자발성을 발휘할 수 있다는 점이 최대 장 점이다. 하지만 주제선정에 있어 일부 중복되는 부분이 발생하고 또 어느 부분에서는 어디에도 포함되지 못한 자투리 주제도 불가피하다. 응모한 주 제들의 분야와 내용이 다양해지면 주관기관으로서 구술자료 컬렉션의 깊이 를 기대하기 힘들다는 단점도 있다.

한편 많은 수의 기관들은 연구자 공모(의뢰)의 방법을 취하고 있다. 연구 자 공모는 주관기관에서 주제를 세분화하여 담당 연구자 혹은 연구단을 모 집하는 방법이다. 주관기관의 목표와 사업 성격을 잘 이해한 연구자(단)를 선정하는 것은 쉽지 않다. 뿐만 아니라 구술자 섭외, 면담 후 후속사업 등 주관기관의 역할이 늘어난다. 하지만 연구 공모의 최대 장점은 일관성과 체 계성이다. 주제를 대, 중, 소로 그 범위를 단계화·세분화하고 구체적으로 기획하여 연구자를 공모하는 방법은 장기적인 안목에서 유용하다.

주제공모와 연구자 공모의 방법은 일장일단이 있다. 주제공모만 혹은 연 구자 공모만을 고집하는 것은 바람직하지 않다. 다만 주제공모와 연구자 공 모가 필요한 시점 혹은 단계가 다를 것이다. 이를테면 대주제, 중주제 단계 에서는 연구자 공모의 방법을 이용하고, 소주제 단계에서는 주제공모를 하 는 등 연구자 공모와 주제공모의 비율을 적절히 조정하는 내용을 기획단계 에서 심도 있게 논의되어야 한다.

2) 연세대학교 김대중도서관

(1) 구술자료 수집 현황

김대중도서관은 2003년 아시아 최초 대통령기념도서관으로 설립되었다. 김대중 전대통령이 기증한 국내정치 관련 자료, 국내외에서의 민주화와 평화통일 활동 자료, 대통령 재임기 국정수행 관련 자료, 국제 외교 자료 등을 정리, 연구함으로써 김대중 전 대통령의 업적을 기리는 한편 김대중평화연구소, 국제협력센터, 사료센터, 전시열람센터를 운영하고 있다.

김대중도서관에서는 김대중 전 대통령을 비롯하여 민주화와 평화통일 및 야당사의 주요 증인들, 해외 인사들의 구술 인터뷰를 동영상으로 제작하여 디지털 아카이브를 구축하고 있다. 구술자료 수집계획은 2005년 2월 전직대통령 예우에 관한 법률 제5조 2항에 의거, 김대중 전대통령 기념사업과 관련한 국고 지원으로 착수에 들어갔다. 2005년 6월 1차 구술사 워크숍을 개최하였으며, 7월 "구술면담자 교육과 영상팀을 위한 컨설팅"을 거쳐 김옥두 전국회의원 인터뷰를 시작으로 구술사 수집이 본격적으로 이루어졌다.

김대중도서관은 유사기관과의 중복수집을 피하고 한국 민주주의 정착의 헌신자로서의 김대중에 초점을 두기 위하여 재임기보다는 재임 전 활동에

표 4. 구술사 구축 현황[8]

사업연도	총구술자	구술횟수	구술시간	수집기간
2005년	34명	60회	120시간	2005. 7. 11. ～ 2006. 2. 25.
2006년	17명	57회	86시간	2006. 3. 4. ～ 2007. 2. 27.
2007년	13명	42회	61시간	2007. 3. 6. ～ 2007. 11. 17.
2008년	11명	32회	45시간	2008. 7. 20. ～ 현재
계	75명	191회	312시간	

[8] 장신기, 「구술아카이브 구축 방법론-김대중도서관의 사례」, 대통령기록관 세미나 자료, 2010, 46쪽(http://www.pa.go.kr/PRC/data/data03/1312414_1485.html).

집중하고 있다. 탄생에서 재임 이전까지 1회에 1시간~1시간 30분 정도로 총 40회의 구술사 인터뷰를 마쳤다. 뿐만 아니라 가족, 고향친구, 관료, 재야인사, 측근정치인, 해외민주인사, 해외학자를 대상으로 한 컬렉션을 보유하고 있다. 현재 75명을 191회에 걸쳐서 312시간의 구술영상채록물을 확보해 놓은 상황이다. 주요 구술 영상은 김대중 도서관 홈페이지에서 일부 미리보기만 확인할 수 있다.

(2) 구술자료 수집 프로세스

　김대중도서관의 구술자료 수집 프로세스는 다음과 같이 준비, 실행, 정리의 3단계로 진행된다.

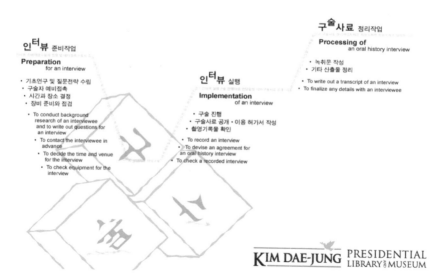

그림 2. 김대중도서관 구술자료 수집 프로세스[9]

---

9) 김지수, 「대통령 구술기록 수집방안 - 김대중 대통령 구술자료 수집을 중심으로」, 명지대학교 석사학위논문, 2007, 62쪽.

가) 인터뷰 준비

① 목표 및 방향선정

본격적인 기획에 앞서 구술자료 수집의 목표와 방향을 설정하는 것이 중요하다. 목표와 방향은 수집정책이나 사명문을 통해 확인할 수 있다. 김대중도서관에는 구술자료 수집만을 위한 구체적인 수집정책이 존재하지는 않지만 사명을 표현한 취지문이 있어 목적, 목표 등을 파악할 수 있다.

김대중도서관은 문헌사료를 수집할 뿐만 아니라 많은 증인들과의 인터뷰(대부분 영상인터뷰)를 통해서 구술사(Oral History) 자료를 생산하고 있다. 구술 영상 자료는 문헌사료에 드러나지 않은 사실들을 밝혀주고 과거의 체험을 생생하게 전해준다. 김대중 대통령은 젊은 시절에 정치에 입문하여 오랫동안 정치적 탄압을 받았다. 따라서 문헌사료가 존재하지 않는 경우가 많으며 구술사료는 이러한 공백을 메워주는 중요한 역할을 수행하게 될 것이다.

김대중도서관의 구술사는 다음과 같은 세 가지 방향을 중시함으로써 국내외 다른 연구기관의 구술사 자료들과 그 내용 및 가치에서 뚜렷한 차별성을 유지해 나갈 것이다.

1) 한국의 민주화를 위한 사회운동사를 중시하지만, 정치인과 관료들에 의하여 만들어진 한국의 정치사와 주요 정책사를 보다 강조하고자 한다.
2) 대통령도서관으로서 김대중 대통령의 생애, 사상, 활동, 그리고 김대중 대통령과 직접/간접적으로 연관이 되는 한국현대사의 주요 사건과 인물에 집중해 나갈 것이다.
3) 인터뷰대상자의 범위를 국내에 국한하지 않고, 미국과 일본/유럽 등 해외의 각계 주요 인사들로 확대하여 아직 알려지지 않은 귀중한 역사를 보다 많이 복원할 것이다.

그림 3. 김대중도서관 구술사 프로젝트 취지문[10]

---

[10] 김지수, 위의 논문, 2007, 80쪽.

취지문에서 보는 바와 같이 김대중도서관의 구술자료 수집 목적은 문헌자료에 대한 보완과 함께 다양한 콘텐츠로 이용 가능한 음성, 영상채록물을 확보하기 위함이다. 구술채록을 통해 김대중의 정치철학, 주요 사건 배경에 대한 이해, 관련 인물들의 탐구 등 학문적 목적을 달성함과 동시에 이를 활용한 문화콘텐츠 구축을 지향한다.

주로 김대중의 재임 전 활동에 초점을 두고 있으며, 정치가로서의 삶 및 개인으로서의 삶과 관련된 인물과 한국현대사의 주요 사건을 프로젝트의 대상으로 삼는다. 이를 위해 국내뿐 아니라 국외의 인물 및 단체들을 인터뷰한다.

② 주제 선정

인터뷰 준비는 구술채록에 대한 전체적인 기획단계로 주제선정과 기초연구, 전략수립, 구술자 및 면담자 선정, 질문지 작성, 인터뷰 수행을 위한 제반사항과 준비의 과정들을 포함한다.

기획단계에서 핵심은 누가, 누구와 함께 무엇에 관해 이야기 할 것인지 결정하는 것이다. 다시 말해 구술자, 면담자, 주제선정은 인터뷰의 질을 결정하는 3대 요소라 해도 과언이 아니다. 김대중도서관에서는 이러한 목적에 부합하는 구술채록을 위하여 다음과 같이 6가지 주제로 구분하여 인터뷰를 수행하고 있다.[11]

---

11) 장신기, 「구술아카이브 구축 방법론-김대중도서관의 사례」, 대통령기록관 세미나 자료, 2010, 41쪽~43쪽(http://www.pa.go.kr/PRC/data/data03/1312414_1485.html).

표 5. 주제구분[12]

	주제	목표
1	김대중 전 대통령 개인사	문헌기록으로 확인하기 어려운 개인사를 가족과 측근을 중심으로 파악
2	해외 한인 민주화 운동사	김대중의 해외 망명활동을 조명함과 함께 해외 교포 민주화 운동의 양상과 그에 대한 김대중의 인식파악
3	재야 운동사	민주화운동을 전개하는 과정에서 연을 맺은 재야인사들의 운동사 파악
4	외국인 한국 민주화 운동 지원	김대중과 연계된 해외 인사를 통해 당시해외에서 한국을 인식한 정도를 파악하는 한편 당시의 상황을 외부의 시선으로 객관화
5	한국 야당사	기득권 중심의 문헌기록에서 왜곡되고 은폐된 야당의 이야기를 담고자 함
6	대통령 재임 시기 정책사	문헌자료에 나타나지 않는 정책결정과정의 배경과 비화를 파악

③ 구술자 선정

어떤 주제 더 나아가 어떤 사건 혹은 사안별로 인터뷰를 수행할 것인지 전체적인 그림이 그려졌다면 그림의 주된 색을 내어줄 구술자가 필요하다. 같은 밑그림이라 할지라도 어떤 색을 배합하느냐에 따라 작품의 분위기가 달라지는 것처럼 어떤 구술자를 선정하느냐에 따라 결과물의 질도 달라진다.

김대중도서관에서는 구술자 선정에 있어 특정 사안의 가장 핵심적인 역할을 한 인물을 중심으로 예비구술자를 선별한다. 더불어 특정 주제에 대해서 포괄적으로 증언할 수 있는 인물을 선정의 중요한 요소로 뽑는다. 아무리 핵심적인 역할을 하고 그 사안에 포괄적이고 깊게 관련된 인물이라 할지라도 간과할 수 없는 것이 구술자의 연령이다. 따라서 고연령대의 구술자를 우선 인터뷰한다. 중요한 인물이 사망한 경우에는 해당 인물을 가장 잘 아는 인사의 인터뷰를 통해 간접적으로 파악하는 방법을 취하고 있다.

---

12) 이충은, 「연세대학교 김대중도서관의 구술자료 수집 및 관리현황」, 『구술아카이브 구축 방안과 운영』, 민주화운동기념사업회 구술워크숍, 2008.

표 6. 주요 인터뷰 대상자 목록 : 사안별 분류 (2005 프로젝트 기획안)[13]

연번	사안별 분류	인터뷰 대상자
1	해상방위대 활동	오종현, 김성은
2	민주당, 민중당, 신민당 등 야당의 재편과정	권노갑, 김상현, 정대철, 윤보선·박순천 일가
3	한일협정과 베트남 파병 등 중요 정책관련	김상현
4	한국내외문제연구소 활동	김옥두
5	6~70년대 야당 관련	권노갑, 김옥두, 정대철, 예춘호, 김상현, 조세형
6	납치사건	김경인, 김군부, 곽동의, 김종충, 김강수, 하라다 시게오(原田重雄)등
7	76년 3.1 민주구국선언	문동환, 정대철, 박용길, 함세웅, 이해동, 김옥두, 곽동의, 김경재, 이상철
8	80년 내란음모사건	한승헌, 박용길, 권노갑, 김옥두, 곽동의, 문동한, 김군부, 김종충, 조활준, 이문영, 예춘호, 정대철, 문성근, 한화갑, 이해찬, 허경만
9	70년대 재야관련	문동환, 정대철, 박용길, 함세웅, 이해동, 임채정, 예춘호, 김상현, 강원룡
10	80년 광주항쟁 관련	정동년, 정상용
11	전두환정권의 김대중에 대한 태도	이한동
12	민추협 등 80년대 야당관련	김상현, 예춘호, 권노갑, 김옥두, 정대철, 남궁진, 한화갑
13	80년대 재야와 87년 대선논쟁	김경재, 김상현, 이해찬, 이부영, 김근태, 장기표, 백기완, 한화갑, 이창복
14	평민당-신민-민주-국민회의 창당과정	권노갑, 임채정, 김상현, 정대철, 김옥두, 조세형, 한화갑
15	90년대 재야	김근태, 이창복
16	노태우정권의 김대중에 대한 태도	박철언
17	김영삼정권의 김대중에 대한 태도	신상우, 서석재
18	92년, 97년 대선	이해찬, 이영작
19	남북정상회담 관련	임동원, 박지원
20	IMF 극복관련	임창열, 이헌재, 정덕구, 진념, 이규성, 강봉균
21	한일연대운동 등	소가 아키코 등
22	해외민주화운동 관련	울리히 알브레히트 등

13) 류상영, 「김대중도서관 소장 기록물 현황 - 김대중도서관의 개념과 소장 기록물을 중심으로 - 」, 대통령기록관 세미나 자료, 2009, 98쪽(http://www.pa.go.kr/PRC/data/data03/1312547_1485.html)

〈표 6〉과 같이 22개의 사안을 정하여 인터뷰 대상자를 분류하고 있다. 더불어 15개의 구분별 분류로 인터뷰 대상자를 선정하기도 하였다. 15개 구분은 다음과 같다.

a) 가족친지   b) 측근비서
c) 야당관련   d) 일본 민주화운동 관련
e) 천주교와의 관계   f) 기독교계와의 관계
g) 재야관련   h) 미국 민주화운동 관련
I) 미국 한인단체 등과의 관계   j) 대중경제론 관련
k) 김영삼과의 관계   l) 아태재단 관련
m) 학계   n) 박정희 정권과 김대중과의 관계
o) 언론계[14)]

④ 면담자 선정

면담자는 인터뷰 진행의 길잡이 역할을 한다. 구술자와 해당 주제 그리고 구술자료 수집에 관한 이해 정도에 따라 유능한 면담자인지 아닌지가 판단된다. 김대중도서관에서는 구술자에 대한 전문적인 이해와 사적인 관련이 있는 면담자를 우선시 한다. 특정 사안에 대해 해박한 지식을 지닌 전문가 위주로 면담자를 선별하되 진정성이 있는 면담자를 선택하고자 노력한다.

대부분 해당 주제와 관련하여 명망있는 학자들이 주를 이루고, 도서관 내부 연구진에서도 상당 부분을 담당하고 있다. 명문화된 필요 요건 등은 따로 없으며, 교육은 도서관 측에서 작성한 매뉴얼을 가지고 1회 정도 진행한다.

---

14) 이충은, 「연세대학교 김대중도서관의 구술자료 수집 및 관리현황」, 『구술아카이브 구축 방안과 운영』, 민주화운동기념사업회 구술워크숍, 2008, 24쪽.

⑤ 질문지 작성

6가지 큰 주제가 특정 사안으로 세분화 되고 그에 맞는 구술자와 면담자가 정해지면 인터뷰의 방향과 함께 구체적인 질문지를 작성해야 한다. 김대중도서관에서는 특정 주제와 관련하여 관련자들을 섭외하고 역할에 따른 질문지 작성을 통해서 전체적인 상을 그려낼 수 있도록 한다. 구체적인 질문은 물론이거니와, 문헌자료로 파악할 수 없는 부분이나 다른 인물이 남긴 기록과 충돌되는 사안에 대해 구체적으로 질문지를 작성한다. 또한 문헌자료로 확인이 가능한 사안이라 할지라도 영상채록물 확보를 위하여 중요한 부분은 질문지에 반영하여 구술자의 음성으로 재확인하고자 한다.

질문지는 유동적으로 인터뷰의 상황을 반영해야 한다. 관련된 사건이 많거나 활동 시기가 길어서 장기간에 걸쳐 구술을 하게 되는 경우나 구술자의 건강상태와 같은 문제가 발생하면 인터뷰 방식을 고려하여 회당 질문지 양을 조절한다. 모든 질문을 질문지에 담기 어려운 경우, 별도의 추가 질문을 정리해 두고 질문의 우선순위를 고려하여 보충 질문지를 만들어 두는 것이다. 질문의 양을 조절하더라도 한 회 인터뷰 자체에 전체적인 통일성을 유지할 수 있는 증언을 받을 수 있도록 유의한다.

⑥ 촬영주체 및 산출물 관리

촬영과 관련해서는 외주 인력이 진행하고 있다. 촬영 후 발생한 원본 테이프에 대해서 변환작업만 도서관 측에서 진행한다. 인터뷰 결과 질문지, 녹취문, 번역문, 구술동의서, 구술자료 이용공개허가서, 구술자 신상카드, 면담일지 및 각종 음성파일, 영상파일이 생산된다. 모든 인터뷰마다 동일하게 발생하는 것은 아니지만 모든 인터뷰에 대해 녹취문을 작성하는 것을 원칙으로 하고 있다. 현재 웹에서 이용은 불가능한 상태로 도서관 내부 연구자료로 우선적으로 활용된 후 향후 공개를 고려하고 있다.

나) 인터뷰 실행

면담자는 구술자가 구술기획의도에 적합한 증언을 할 수 있도록 유도하는 능력이 필요하다. 때때로 구술자에 따라서 구술대상자의 기억을 되살리기 위해 질문지 상에 배경설명을 한 후 구체적인 질문 내용을 적시해야 하는 상황이 있을 수 있다.

뿐만 아니라 동일 사안에 대한 같은 질문이라 하더라도 구술자의 입장, 위치, 지위를 고려하여 질문의 깊이를 달리하여야 한다. 대부분의 구술자들은 명망가들이고 정치, 종교 등 한국사회와 깊은 관련이 있는 인물이므로, 그들의 특수성을 고려하지 않고 구술자마다 동일한 질문을 반복한다면 구술자에게 불쾌감을 주어 더 이상 인터뷰를 진행하지 못하는 상황이 발생하기 때문이다.

다) 구술사료 정리작업

① 산출물 정리 및 녹취문 작성

인터뷰 결과 질문지, 녹취문, 번역문, 구술동의서, 구술자료 이용공개허가서, 구술자신상카드, 면담일지, 각종 음성파일 및 영상파일이 생산된다. 모든 인터뷰마다 동일하게 발생하는 것은 아니지만 모든 인터뷰에 대해 녹취문을 작성하는 것을 원칙으로 하고 있다. 현재 웹에서 이용은 불가능한 상태로 도서관 내부 연구 자료로 우선적으로 활용된 후 향후 공개를 고려하고 있다.

② 평가

작성된 녹취문에 대하여 내용을 검토하고 구술자료의 사료적 가치에 대해 분석한다. 이 과정을 통해서 해당 구술자에 대한 추가 질문을 검토할 수 있으며 다른 구술자 선정 및 질문지 작성에 반영할 수 있다.

(3) 생각거리 : 명망가 면담의 특징과 극복방법

김대중도서관의 구술자료 수집은 명망가 구술의 대표적인 사례라 할 수 있다. 대통령 자신을 포함하여 주변의 참모들, 동료 정치가들이 주를 이룬다. 대부분의 구술자가 여전히 정치활동 중이다. 그런 이유로 그들은 정치적 논란의 대상이 될 것을 두려워하여 '스스로의 검열'을 통해 일정 부분에 대한 이야기만을 되풀이 하는 경향이 있다. 그리고 '現정치계에 불러일으킬 파장을 고려하여 지금으로선 그 부분에 대해 말할 때가 아니다'라는 말로 구체적 사안에 대한 구술을 유보한다.

인터뷰 대상이 되는 사람들은 회고록, 자서전, 혹은 매스컴을 통해 이미 알려진 이야기를 되풀이하거나, 스스로의 역할이나 활동에 대해 과장하는 경향이 있다. 무엇보다 면담자와 구술자 간에 평등한 관계가 형성되지 못한다. 면담에서 면담자와 구술자 간의 평등한 관계 유지와 쌍방향성을 강조한다. 그럼에도 불구하고 면담자와 구술자 사이에는 일종의 권력관계가 형성되는 것도 사실이다. 면담자가 구술자 보다 우위에 있는 경우가 많아서 '약탈적 면담'을 하지 않도록 주의하는 것이 보통이다. 하지만 명망가 면담에서 만큼은 반대의 양상이 나타난다. 구술자는 면담자의 통제 밖에 존재하는 경우가 대부분이며, 구술내용을 조절하거나 의도적으로 축소·왜곡하는 경우가 비일비재하다. 자칫 면담이 아닌 청취, '한 말씀만 하소서'가 되어버릴 수도 있다.

구술사의 취지에 맞는 면담을 할 것인지, 그야말로 인사들의 영상만을 담아 자서전의 재탕, 삼탕을 할 것인지에 대한 문제 해결은 면담자의 몫이다. 우선 구술자에 대한 충분한 사전 연구와 주제선정 및 질문지 작성은 기본이다. 특히 질문지는 두 가지 버전으로 준비하는 것이 좋다. 많은 구술자들이 질문지를 요구하기 때문에 사전에 배포할 질문지를 작성한다. 이때 배포 질문지는 대략적인 내용을 포함하고, 본 면담에서 사용할 질문지는 좀 더 세부적으로 작성하여 이미 알려진 이야기가 중복되지 않도록 한다. 이렇게 함으로써 면담의 즉흥성과 자연스러움을 잃지 않는 효과를 자아낸다.

구술자와 면담자 사이의 신뢰와 친밀감을 높이는 것도 중요하다. 명망가 면담에서는 평소 면식이 있는 면담자가 유리할 수 있다. 면담자와 구술자 간 신뢰와 친밀감이 형성되면 명망가는 한결 자신의 이야기를 풀어내기 쉬워진다. 면담자는 계속해서 명망가의 구술이 연구에 얼마나 큰 도움이 되고, 후대에 얼마나 중요한 자료가 될 것인지에 대해 충분히 이해시키면서, 명망가의 발화를 이끌어내야 한다.

또 한 가지 방법은 비공개기간을 설정하는 것이다. 구술자료가 일정기간 비밀로 보호되다가 특정 시점이 되면 비밀에서 해제되어 공개ㆍ이용할 수 있도록 하는 것이다. 다시 말해, 공개ㆍ이용 동의서 획득 시 구술자료의 이용시점을 구체적으로 설정하는 것이다. 이러한 장치는 구술자의 마음을 움직이는데 도움이 된다.

마지막으로 면담대상을 최측근 인물이나 고위 정치인들로 제한하지 않는다. 정치적으로 노선을 달리했던 정치가, 정치 숙적, 여타 정당의 정치가 등도 면담대상에 포함시킨다. 이렇게 함으로써 자칫 미화될 수 있는 영웅효과를 한번 걸러주는 필터역할을 할 수 있다.

3) 국립예술자료원

(1) 구술자료 수집 현황

국립예술자료원은 1979년 한국문화예술진흥원(현 한국문화예술위원회)에서 예술 관련 자료를 체계적으로 수집ㆍ정리ㆍ보존하여 이를 문화예술인 및 일반에게 제공할 목적으로 설립하여 운영하던 아르코예술정보관을 확대하여 지난 2010년에 설립된 법인이다. 국립예술자료원의 "예술사 구술채록 사업"은 예술사 연구를 위한 기초 자료의 절대적인 부족에서 기인한 것으로 2003년부터 2010년까지 문학, 음악, 조형예술, 연극, 무용까지 5개 분야에서 총 214명의 구술채록을 완료하였다.[15]

구술채록의 대상은 전통적인 예술장르인 문학, 미술, 음악, 연극, 무용은 물론 만화, 가요 등과 같은 대중예술을 포함하여 기존의 예술사 영역에서 다루기 힘들었지만 문화사적으로 중요한 의미를 갖는 출판까지 다양하다.

첫해 사업은 2003년 한국예술종합학교 한국예술연구소에 의뢰하여 〈한국 근현대예술사증언채록사업 기초설계연구〉와 33명의 원로예술인에 대한 생애사 구술채록으로 시작되었다.16) 기초설계연구에서는 구술사 연구 수행 방법에 대한 고민과 더불어 구술자 선정 방법 및 기준, 샘플 채록이 진행되었으며, 그 후속 작업으로 이루어진 본격적인 구술사 작업에서 32명에 대한 생애사 구술사가 이루어졌다. 첫해 사업 결과 영상물의 질적 수준 문제가 제기되었고, 더불어 온라인서비스를 염두에 두고 있던 터라 2004년부터는 영상제작을 전문가에게 의뢰하기 시작했다.

반면 외부연구기관에 의뢰하였던 연구용역을 2008년부터는 예술위원회가 직접 수행하는 방식으로 변경하였다. 초창기 연구용역은 주로 한국예술종합학교 한국예술연구소, 민족문학사연구소, 숙명여대 한국어문화연구소, 유영국미술문화재단에서 수행하였다. 하지만 반복된 채록으로 경험의 축적과 함께 매너리즘에 빠지는 사례가 발견되기도 하였다. 이에 국립예술자료원이 직접 선임한 객원연구원을 중심으로 연구진을 구성하고, 수시로 워크숍을 개최하는 등 구술채록의 성과를 제고하기 위한 노력을 아끼지 않았다.

구술채록 사업방식의 변화와 함께 구술채록의 대상과 내용에도 변화가 있었다. 생애사를 중심으로 진행되었던 구술채록이 주제·사건사에 관한 부분으로 확대된 것이다. 사건사에 대한 구술채록은 유명 인사 중심의 채록 작업에서 생길 수 있는 공백과 한계를 메우기 위한 시도로 기획된 것이다.

---

15) 김철효, 「예술사구술채록사업 및 구술사방법론 소개」, 『한국근현대미술사학회 여름 정기 학술대회-화가의 기억·문헌의 기록』, 한국근현대미술사학회·국립예술자료원, 2011, 1쪽.

16) 이호신, 「한국문화예술위원회 아르코예술정보관의 〈예술사 구술채록사업〉 운영현황」, 『한국무용기록학회지 13권』, 한국무용기록학회, 2007, 114쪽.

(2) 구술자료 수집 프로세스[17]

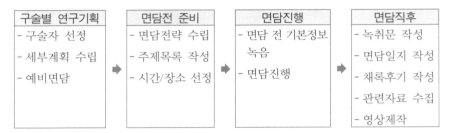

구술별 연구기획	면담전 준비	면담진행	면담직후
- 구술자 선정 - 세부계획 수립 - 예비면담	- 면담전략 수립 - 주제목록 작성 - 시간/장소 선정	- 면담 전 기본정보 녹음 - 면담진행	- 녹취문 작성 - 면담일지 작성 - 채록후기 작성 - 관련자료 수집 - 영상제작

그림 4. 국립예술자료원의 구술자료 수집 프로세스

가) 구술자별 연구기획

① 구술자의 선정

구술자의 선정은 자료수집의 시급성을 감안하여, 예술사적으로 의미 있는 행적을 남긴 원로예술인 가운데 나이와 건강상태를 고려하여 우선순위를 선정한다. 구술자가 선정되면, 구술자의 주요 인적사항, 수련과정, 활동경력, 저작 또는 작품목록, 수상경력 등을 각각 구분하여 구술자 연보를 작성한다. 구술자와 연관 깊은 예술사적 사건을 조사 연구하고, 관련 선행연구의 성과를 분석한다. 더불어 주요 참고문헌 목록을 작성한다. 그러나 구술자가 원로 예술인에 치우쳐 있다는 한계가 있으며, 앞으로 구술대상자를 주요 예술인에서 스태프와 같은 주변인에까지 그 영역을 넓혀갈 예정이다.

② 세부 실행계획

구술대상 예술인을 선정하고 그를 선정한 이유와 함께 구술채록의 구체적인 연구목적과 필요성을 제시한다. 구술자로부터 어떠한 이야기를 담을 것인지 채록하고자 하는 내용도 기술한다. 채록 담당 연구자 및 보조인력

---

17) 『국립예술자료원 예술사 구술채록사업 매뉴얼』에서 발췌.

등 연구진에 대한 인적사항을 포함하여야 하며 예비면담 계획을 세운다. 예비면담은 본격적인 인터뷰에 앞서 구술자와의 라포 형성을 위해 필요한 단계로, 구술자에게 연구의 목적과 방법 등을 설명하고 세부적인 인터뷰 일정 등을 논의하게 된다. 면담주제와 회차별 소주제에 대한 일정을 구체화하고, 월별로 주요 추진일정을 정리한다.

나) 면담 전 준비
① 면담전략 수립

국립예술자료원 예술사 구술채록프로젝트의 목적은 구술자가 근현대예술사의 주요쟁점과 직·간접적으로 어떤 연관성이 있는지 구술자의 경험을 통해 예술사의 조각을 맞추기 위함이다. 더불어 기존의 자료를 바탕으로 밝혀지지 않은 사실을 확인하고자 하는 목적도 있다. 따라서 이러한 방향성이 잘 나타나도록 면담전략을 수립한다.

면담의 질은 면담자에 의해 좌우되는 경우가 많다. 그만큼 면담자의 역량이 중요하다. 예술사와 예술인에 대한 전문지식은 기본이고, 구술사와 구술자료에 대한 이해도 탁월해야 한다. 따라서 면담자는 구술자와의 심층면담을 통해 알아내고자 하는 내용을 개요화하고, 구술자로 하여금 연상 작용을 불러일으킬 수 있는 각종 기재목록을 준비하는 등 치밀한 면담 준비를 마쳐야 한다.

② 면담 주제목록 작성

면담이 전체의 핵심을 잃지 않고, 일관성을 유지하도록 면담주제목록을 작성한다. 목록은 중심 질문항목 1개 설정 이후 3~5개의 하위질문 항목으로 구성한다. 초반에는 생애사 중심으로 지극히 개인사에 관련된 질문을 배치하고 정치적·심리적으로 부담을 느낄 수 있는 질문은 후반에 배치하도록 한다.

질문은 일반적인 수준에서 시작해 구체적인 질문으로 심화해 나가며 확고한 가설이나 개인적인 관심과 의문점을 풀기위한 확인용으로 작성한다. 질문보다는 구술자가 자신에게 의미 있고, 중대한 경험에 대해 충분히 이야기할 수 있도록 질문을 엮어가되, 지나치게 세세한 질문목록으로 인터뷰의 역동성을 저해하지 않도록 유의한다.

구술자의 예술분야뿐만 아니라 구술자의 생애, 동시대에 대한 포괄적인 질문이 이루어 질 수 있도록 철저히 준비한다. 인터뷰 진행 중 면담 주제목록은 과정에 따라 계속적으로 수정·보완한다.

구술자들은 고령이기 때문에 의사전달이나 표현력이 부족하여 말을 잘 못할 경우의 대비책을 강구하여야 하며, 이미 알려진 내용의 반복이나 명백한 거짓 구술의 경우에 대한 타개책 또한 준비한다.

③ 시간 및 약소 장소

면담시간은 야간이나 식후 인터뷰는 피하고 장시간의 인터뷰도 삼간다. 구술자들의 연령과 건강상태, 집중도를 고려하여 1회 2시간을 넘지 않도록 하고, 녹취록 작성, 각주작업을 충분히 할 수 있는 시간적 여유도 확보한다.

장소는 심리적 안정감 확보뿐만 아니라 각종 참고자료를 활용할 수 있는 구술자 자택을 이용하는 것이 유용하다.

다) 면담 진행

본격적인 인터뷰를 진행하기에 앞서 녹음 첫머리에 기본정보를 녹음한다. 과제명, 면담 연월일, 구술자, 면담자, 면담장소를 녹음하여 식별할 수 있도록 하고, 구술자를 만나러 가기 전에 여유 있게 미리 녹음해두는 것이 좋다.

인터뷰 20분 전에 도착하여 장비를 확인한다. 녹음기를 설치할 때에는 구술자와 면담자의 목소리 크기, 주변사물을 고려하여 위치를 잡고, 노트, 재떨이, 물 컵, 간식그릇 등과 거리를 두도록 배치한다. 휴대폰 벨소리, 에어컨 소리 등 예상되는 소음은 사전에 차단한다.

면담에 돌입해서는 구술자가 객관적이고 관조적인 입장에서 구술할 수 있도록 작업을 진행하여야 하며, 구술자가 사용하는 용어에 대한 수용자세가 필요하다. 사진첩, 작품, 가족, 연도나 지역명, 인명 등을 통해 연상 유도를 시도한다.

구술자의 사투리 혹은 일본식 영어발음, 일본어 표기에 대해 재확인하고, 자주 나온 인명, 주요 사간명 등의 주요내용은 메모하여 종료 후 구술자에게 별도 확인하고 녹취문 작성 시 각주에 기술한다. 또한 구술자의 행동이나 표정도 메모한다.

라) 면담 직후

면담이 종료되면 결과물 정리, 자료 집성과 보관을 위한 준비 단계에 들어간다. 구술 결과물은 기본적으로 음성채록물, 영상채록물, 녹취문이 생산된다. 준비과정에서 연구계획서, 정리과정에서 면담일지 및 후기가 발생하며, 부수적으로 구술자의 사진, 일기, 편지 등의 자료를 수집하게 된다. 뿐만 아니라 채록수행과 관련하여 사례비 지급서류나 자료공개허가서 등의 행정 및 이용과 관련된 서류도 간과할 수 없다. 한 가지 특이한 점은 음성 및 영상채록물을 1차 자료 즉 원사료라 하고, 녹취문을 2차 자료라 할 때 온라인 서비스를 위해 편집된 음성, 영상자료가 3차로 제작된다는 것이다.

면담일지는 매 차수 면담 완료 후 연구원이 작성하고, 진행내역은 차수구분, 일시, 장소, 참석자, 면담 주제, 진행상황(주제내용, 구술자의 상황, 연구원의 느낌), 특기사항 순으로 작성한다. 더불어 연구자, 학생 및 기타 이용자들의 이해를 돕기 위한 채록후기를 작성하고, 후기는 웹사이트에 업로드한다.

구술 면담을 통해 부수적으로 얻게 되는 구술자 사진, 작품, 작업일지, 카

구술기록 수집기관별 기획 및 수집

탈로그, 상패, 메모, 신문 기사 자료 등은 국립예술자료원의 담당직원이 수집을 진행한다.

녹취문은 면담 1주일 이내에 작성하는 것을 원칙으로 하고, 그밖에 자세한 사항은 구체적인 방법과 양식, 핵심어 선정, 상세목록 작성, 각주작업요령 등의 원칙을 정해두었다.

녹취문은 구술채록 연구원이 책임을 지고, 음가(音價)가 생생하게 전달될 수 있도록 하여 1차 자료로써의 가치를 유지하는 것에 초점을 맞춘다. 따라서 구술내용의 가독성을 높이기 위한 윤문(潤文)을 엄격하게 금한다.

마지막으로 국립예술자료원에서는 결과물 제출 지침을 두어 제출결과물을 통제하는가 하면, 제출방법 및 제출서류 양식을 지정하여 결과물의 일관성을 높이고 있다. 결과물은 구술자의 확인과 동의 과정을 거쳐 공개 범위를 설정한다. 일반에게 공개하지는 않고, 조사·연구의 목적으로 예술위원회의 사전 승인을 얻은 이용자에게만 온·오프라인에서 제한적으로 공개하는데, 자료의 다운로드는 불가능하며 열람과 페이지 출력만이 가능하다. 결과물이 일반에게 공개된 이후라고 하더라도 구술자의 요청이 있으면 언제든 해당부분은 지체 없이 삭제가 가능하다. 구술내용의 이해를 돕기 위하여 구술자의 연혁, 작품, 저서 등도 함께 제공된다.[18]

(3) 생각거리 1 : 구술생애사와 주제사 수집의 조화

면담진행 방법은 크게 구술자의 생애사 중심으로 면담을 진행하는 방법과 특정 주제를 중심으로 면담을 진행하는 방법이 있다. 국립예술자료원의 예술사 구술채록사업의 경우 한 예술인의 삶과 작품에 주안점을 둔 생애사 수집이 주를 이룬다. 그도 그럴 것이 예술 작품은 예술가의 삶 속에서 예술가의 성향, 다양한 경험 그리고 당대의 상황 등 여러 가지 요소에 기인하여

---

18) 구술로 만나는 한국 예술사 (http://oralhistory.knaa.or.kr/oral/intro/intro_company.asp)

탄생한 것이기 때문이다. 따라서 예술인에 대한 이해 없이 작품에 대한 이야기를 한다는 것이 불가능하다.

더불어 현실적인 이유는 예술사에 대한 큰 그림을 그리기에 기존 자료가 턱없이 부족한데서 기인한다. 그렇다보니 '사람'에 의존적일 수밖에 없었을 것이다. 무엇보다 생존해 있는 예술인들이 고령인 이유로 한국예술사에서 그들이 차지하는 위치나 역할, 사건 및 사조와 연결시키기고 그룹핑하여 체계적인 분석 하에 주제별 수집에 착수하기란 시간이 허락지 않았을 것이다. 즉, 구술자 선정에 있어 주제나 분야의 우선순위보다 구술자의 연령 및 건강상태 그리고 인지도가 끼친 영향이 더 컸을 것으로 판단된다.

명망가를 대상으로 한 생애사 중심의 구술자료 수집, 그것도 다양한 예술분야에 걸친 프로젝트는 원로 예술인의 이야기를 담아냈다는 점에서 당장의 안도는 자아낼 수 있지만, 긴 안목에서 한국예술사라는 큰 그림 안에서 유기적으로 엮어내기가 쉽지만은 않다. 특히 제한된 예산과 방대한 예술분야를 전체 대상으로 하는 사업이니 만큼 결과물이 컬렉션을 형성하기보다 산재할 수밖에 없는 점도 간과할 수 없다.

뿐만 아니라 생애사 중심의 수집으로 치우칠 수밖에 없는 이유는 명망가 중심의 인터뷰이기 때문이다. 원로 예술인이 예술사에서 차지하는 비중이 큰 것을 감안하더라도, 그것만으로 전체를 표상할 수는 없다. 또한 스스로 역사쓰기가 힘든 사람들, 소외된 역사 속의 주인공들을 위한 역사쓰기의 일환인 구술사의 취지에도 부합되지 않는다. 주요 예술인에만 집중할 것이 아니라 예술작품이 탄생되기까지 보조적인 역할을 했던 주변인들, 스태프들, 당시 주목받지 못했던 예술가들의 이야기도 함께 담아내는데 초점을 맞추면 수집의 방향은 자연스럽게 주제사 쪽으로 흐를 수밖에 없다.

구술생애사와 주제사는 선택의 문제 혹은 우위의 문제가 아니다. 다만 적용 시기 및 단계 그리고 조화의 문제라고 생각한다. 기존 프로젝트들이 다소 생애사 수집에 치우친 경향이 있었다. 국립예술자료원에서도 이러한 한계를 극복하기 위하여 차츰 주제사 수집의 비중을 높이고 있다. 예술사 구술채록 사업의 초창기와 달리, 이제는 어느 정도 그림이 보이는 단계에 이르렀고, 어느 부분이 부족하고, 어디를 더 채워야겠다는 판단이 서기 시작했기 때문이다. 이 시점에서 전체적인 구술자료 수집 방향을 정비하고, 장기적인 안목으로 접근할 필요성이 야기된 것이다.

구술자료 수집이 시간을 다투는 작업이라 할지라도 큰 주제부터 세부주제까지 중장기 계획을 수립하고 그에 부합하는 주요 예술인부터 스태프 그리고 예술을 수용했던 사람들에 이르기까지 체계적인 접근이 이루어지도록 긴 호흡을 가지고 프로젝트를 꾸려나가야 한다. 주요 예술인과 주변인들, 생애사와 주제사의 적절한 조화야말로 향후 '한국 예술사'라는 완성된 퍼즐을 위하여 그리고 분야별 구술사 컬렉션 구축과 활용을 위하여 바람직할 것이다.

(4) 생각거리 2 : 구술자료 공개 · 활용과 법적 · 윤리적 문제

구술자료 수집의 목적 역시 활용에 있다. 연구성과를 통해 온라인에서 제공하는 서비스부터 자료집을 발간하고, 다큐멘터리를 제작하고, 만화를 구성하는 등 구체적인 콘텐츠 활용에 이르기까지, 오늘날 구술자료는 다양한 방면으로 활용되고 있다.

국립예술자료원의 예술사 구술채록사업은 기획단계부터 활용을 염두에 두고 시작되었다. 웹상에서 서비스하기 위하여 모든 구술은 영상도 함께 채록되었다. 현재 웹상에서 '구술로 만나는 한국 예술사'라고 하여 연구자들이 사전에 승인을 얻어 자료를 이용할 수 있도록 하고 있다. 하지만 지금의 모습을 갖추기까지 적지 않은 소음이 있었다.

2003년도 사업이 시작하여 2004년 12월부터 구술채록의 과정에서 생산된 동영상, 음성, 녹취문을 공식적으로 서비스하기 시작하였다. 하지만 녹음파일이 그대로 일반에 노출되는 것에 대해 연구자들의 거센 반발에 부딪혔다. 결국 2007년 음성파일의 온라인 서비스를 중단하였다.

녹취문, 녹음자료, 영상자료 등 구술자료에는 문헌자료와 마찬가지로 저작권법이 적용되고, 때에 따라 자료 속에 등장하는 제3자의 명예훼손의 문제도 간과할 수 없다. 따라서 구술자료의 공개와 활용을 위해서는 구술자와 연구자 모두에게 적용되는 법적인 문제에 관해서도 면밀히 검토하여야 한다.[19)]

국립예술자료원에서는 구술자 보호와 구술자료의 이용을 위하여 다음과 같은 장치들을 마련하였다. 우선 면담 이후 생산된 구술자료에 대하여 녹취문을 작성하고 구술자에게 확인과 동의 과정을 거친다. 공개가 되어 이용되는 자료라 하더라도 구술자가 비공개 요청을 하면 즉각 수락된다. 면담과정에서 한 예술가의 생애와 예술세계를 담아내는 가운데 상당수 다른 사람과 관련된 내용이 포함된다. 예술사 구술채록사업의 구술자 역시 원로 예술인이라는 명망가를 대상으로 하고 있고, 그들이 현 예술계에서 미치는 영향은 상당하다. 이런 이유로 구술자료를 여과하지 않고 그대로 일반에 공개할 경우 윤리적인 문제가 발생하기 때문이다.

둘째 웹상에서 서비스되는 자료의 종류와 범위 및 이용대상에 제한을 둔다. 국립예술자료원의 구술자료는 예술분야에 대한 전문적인 내용을 포함하고 있어 일반인의 단순한 관심을 충족시키기 위해 대중에 제공되지는 않는다. 사전 승인을 얻은 조사와 연구 목적의 이용자에게만 제한된다. 구술채록의 결과물인 녹취문이나 녹음자료를 이용하려는 사람은 회원 가입 후 승인을 얻은 후에야 비로소 자료를 열람할 수 있게 된다. 또한 자료의 다운로드는 금지되며, 출력은 페이지 출력만 가능하도록 하여 채록문의 무분별한 남용을 억제하고 있다. 음성자료는 별도로 제공하지 않고 있으며, 동영상은 하이라이트에 해당하는 부분을 10분 내지 15분 정도로 편집하여 부분적으로만 제공하고 있다.

셋째 온라인 콘텐츠의 무분별하고 불법적인 이용을 방지하기 위하여 기

구술기록 수집기관별 기획 및 수집

---

19) 이호신, 「구술자료의 활용을 위한 저작권 문제의 연구」, 『예술사구술채록사업 제2단계사업 기초설계연구』, 한국문화예술위원회, 2007, 117~119쪽.

술적으로 노력중이다. 온라인을 통하여 제공되는 기록물은 해킹의 위험이나 우회적인 이용에 따른 피해에 언제나 노출되어 있다. 따라서 저작권 보호와 구술자의 프라이버시 보호를 위해서 불법적인 이용으로부터 저작물을보다 안전하게 보호하고, 허가 받은 범위 내에서만 저작물을 이용할 수 있도록 하는 디지털저작권관리시스템(Digital Right Management System, DRM)의 도입을 시도 중이다. DRM을 통하여 온라인 콘텐츠에 각각 워터마크를삽입하여 그 출처를 분명히 하고, 만일의 경우에 발생할 수 있는 저작물의불법적인 이용을 추적할 수 있는 장치를 마련하여 구술자의 권리를 보다 안전하게 보호한다.[20]

이러한 장치들은 구술자를 보호하고, 잠재적인 구술자들이 안심하고 면담에 응할 수 있도록 하는가 하면, 이용자들도 비교적 쉽게 구술자료에 접근할 수 있도록 하고, 사업의 가시적인 효과도 창출하고 있다.

2004년 12월에 홈페이지를 개통한 이래로 회원가입자수와 이용자수가 매년 늘어나고 있다. 앞으로 그 수는 매년 증가할 것으로 보인다. 이용자가많아지는 만큼 좀 더 쉬운 방법의 활용에 대한 요구가 늘어날 것이다. 이용자를 배려한 조치는 반면 구술자 보호의 문제를 동반할 수밖에 없다. 따라서 이용자의 활용요구와 구술자 및 연구자의 보호에 대한 두 가지 부분이모두 충족될 수 있도록 해야 할 것이다.

4) 한국학중앙연구원 현대한국구술자료관[21]

(1) 구술자료 수집 현황

한국학중앙연구원은 "한국문화의 심층연구 및 교육을 통한 한국학 진흥"을

---

20) 이호신, 「예술사구술채록사업의 기록물 관리와 온라인서비스 현황」, 『구술아카이브 구축 방안과 운영』, 민주화운동기념사업회 구술워크숍, 2008, 52쪽.
21) 김선정, 「현대한국구술자료관 현황과 전망2010」, 『구술로 읽는 삶』 2010 한국구술사학회 하계학술대회 자료집, 한국구술사학회, 2010.

목표로 설립된 재단법인이다. 한국문화에 관한 인문·사회과학적 연구, 국내외 한국학 분야 연구자 및 교수 요원 양성, 한국고전 자료의 수집·연구·번역 및 출판, 한국학 연구 성과의 발간 및 보급, 한국민족문화대백과사전 및 디지털한 국향토문화전자대전 편찬·보급, 한국학 학술 정보의 전산화 및 보급, 한국학의 연구·보급·확산을 위한 국내외 학계와의 교류·협력, 한국문화에 대한 국제적 이해 증진 및 지원등과 관련된 사업들을 지속적으로 추진하고 있다.

이 중 구술사 사업은 90년대 중반 시작되었고, 2008년 "구술사 아카이브 구축 연구"의 결과물이 웹상에서 아카이브로 구축되고 있다. 2008년 건국 60년 〈한국인의 얼굴〉 구술사 연구 사업에서는 1948년생 60명에 대한 대규모 구술인터뷰 작업을 통해 동시대를 경험한 다양한 한국인의 경험과 기억을 복원하였다.

특히 2009년에는 교육과학기술부 한국학진흥사업단의 연구지원으로 현대한국구술사연구사업에 착수하였다. 현대한국구술자료관 외에 4개의 연구기관이 공동으로 참여하고 있다. 현대한국구술자료관 구축사업은 구술사에 관련한 종합적 연구 기관의 토대를 구축하기 위한 연구 사업이다. 이 사업은 구술사에 관련한 자료 수집, 교육·연구, 대중적 관심도 제고 등을 위한 다양한 내용을 포괄하며, 기본적으로 〈그림 5〉와 같은 네 가지 목표와 방향성을 갖는다.

■ Archiving	국내 정치, 경제, 외교, 사회·문화, 일상 등 다양한 분야의 구술자료 및 연구 성과 집적
■ Exhibition	연구·전시 기능을 지닌 복합 문화 공간 지향
■ Interdisciplinary Research	인문/사회과학을 넘나드는 학제 간 공동 연구
■ Education-Writing-Life History	구술사 전문 연구자 양성 교육과 시민을 대상으로 한 구술사·자기역사쓰기 대중 강좌를 통해 구술사 교육의 체계화·고급화

그림 5. 현대한국구술자료관 연구 사업의 목적[22]

---

[22] 김선정, 위의 글, 한국구술사학회, 2010 참조.

사업은 총 10년간 진행될 것으로, 1단계(3년), 2단계(3년), 3단계(4년)에 걸쳐 진행될 예정이다. 각 단계별 목표는 1단계 구술자료관 및 교육관 기반 조성, 2단계 구술자료, 교육 및 연구 복합 센터 건설, 3단계 구술연구 집적단지 구축이다. 단순한 수집에 머무르지 않고 체계적 관리를 위한 관리 시스템과 대국민서비스를 위한 온라인 서비스 시스템 구축도 목표로 한다. 더불어 구술사에 대한 인식제고를 위하여 시민강좌 및 전문가 과정을 포함한 교육과정도 염두에 두고 있다.

1, 2, 3, 4, 5차년도 수립된 결과물이 자료화 과정을 거쳐 관리시스템에 이관 완료 되었으며 온라인으로 서비스되고 있다. 자료화 과정은 온라인 서비스가 가능하도록 구술영상 및 음성 자료를 디지털 환경에 맞춰 매체를 변환하고 전자언어로 태깅하는 일련의 작업을 포함한다.

각 수집연구단은 정당정치, 경제외교, 군, 종교 분야에서 현대 한국의 민주화와 산업화를 이끈 주요 인사들의 자료를 수집 중에 있다. 그 동안 현대사 주요 인물들에 대하여 정부 유관기관에서는 빈번히 중복 수집이 이루어졌으며, 구술 내용에 있어서도 특정 주제·사건에 국한되어 전체적인 컬렉션을 완성하기 힘든 실정이었다. 이러한 문제점을 보완하기 위하여 현대한국구술자료관에서는 여러 영역에서 다양한 자료를 생산해 온 구술사 관련 기관과의 네트워크를 구축하고, 구술사 관련 자료·정보를 수집하는 한편, 연구·교육 기능 등을 복합적으로 수행할 수 있는 구술사 종합 연구기관 구축을 위해 장기적인 전망을 모색하였다. 다음 장에서는 현대한국구술사연구사업을 중심으로 현대한국구술자료관의 사례를 살펴보고자 한다.

(2) 구술자료 수집 프로세스

현대한국구술자료관처럼 여러 개의 기관이 동시에 참여하고 있는 프로젝트에는 기관들 사이에 긴밀한 유대와 표준화된 가이드가 필요하다. 수집절차에서부터 산출물의 정리까지 동일한 가이드에 따라 체계적으로 구술자료

를 생산할 필요가 있기 때문이다. 뿐만 아니라 수시로 연구과정을 점검할
수 있는 정기적인 접촉이 요구된다. 따라서 이번 장에서는 이미 다른 기관
과 유사한 구술자료 수집의 세부과정을 나열하기보다는, 여러 기관의 합동
사업 진행시 참고할 수 있는 사항들과 유의점에 대해 이야기하고자 한다.

　현대한국구술자료관의 구술자료 수집 역시 전체적인 단계는 기획단계, 실
행단계, 정리 및 분류단계로 진행된다. 다음 〈그림 6〉과 같이 구술자료 수집
의 과정을 표준화하였다. 무엇보다 현대한국구술자료관의 연구사업은 수집
에서 끝나는 것이 아니라, 집적된 자료를 관리할 수 있는 시스템과 활용할
수 있는 시스템을 구축하여 서비스하는데 목적을 두고 있다. 이에 따라 현대
한국구술자료관에서 진행하고 있는 아카이브 구축 사례도 함께 소개하겠다.

그림 6. 현대한국구술자료관의 구술자료 수집 프로세스[23]

---

23) 김선정, 위의 글, 한국구술사학회, 2010 참조.

가) 기획연구 단계의 주요 사항

① 조직 운영의 효율화를 위한 노력 : 다양한 위원회 운영

사업단에서는 체계적인 구술자료 수집과 일관성 있는 사업진행을 위하여 기획위원회, 실무위원회, 자문위원회, 운영위원회를 운영 중이다. 우선 5개 연구단의 연구책임자 협의체인 기획위원회는 각 사업단의 유기적인 관계망 형성을 위하여 조직되었다. 분기별로 정기적으로 혹은 사안에 따라 필요시마다 개최되고, 진행 상황, 표준화 방안 등 현대한국구술사연구사업의 전반적 사안을 논의하고 결정한다. 실무위원회는 5개 연구단 전임 연구원 협의체로 자료 수집과 자료화의 표준화, 연구 및 수집과정에서 발생하는 제반사항 등 실무적인 사안을 논의한다.

자문위원회는 구술자료관 구축 과정과 결과에 대한 점검 및 자문을 수행하는 비상설 기구로, 자문위원회와 운영위원회가 합쳐진 확대운영위원회의 형식으로 개최된다. 주된 업무는 5개 연구단이 수집한 구술자료 검수 및 평가이다. 마지막으로 운영위원회는 자료관 구축 사업 책임자와 각 부서의 책임자들로 이루어진다. 전체 자료관의 연구 및 사업 방향에 관한 결정이 이루어지고 자료관내 업무 및 연구사업의 조정 및 협의, 업무 전반에 관한 결정 및 부서 간 업무 조정, 단체 간 의사소통을 활성화하는 등 주요 안건을 심의, 결정하는 회의기구이다.

이상의 위원회 외에 직접적으로 연구를 수행하고 기획하는 연구기획실, 구술자료의 수집, 정리, 보관 및 표준화를 위한 자료정보실, 교육 개발 및 교육프로그램을 진행하는 교육개발실, 예산 및 사업 전반을 지원하는 행정지원실로 조직이 구성되어 있다.

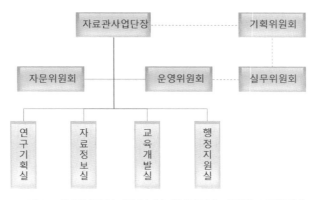

그림 7. 한국학중앙연구원 현대한국구술자료관 조직도[24]

② 연구주제 및 대상 보완 : 연구사업과 자체사업 병행

4개의 연구 기관은 구술자료 수집업무를 담당하며, 한국학중앙연구원 현대한국구술자료관은 이들 자료를 정리, 보존, 활용하는 업무를 주로 수행한다. 현대한국구술자료관은 양질의 구술자료 수집을 위해 4개의 구술자료 수집 기관과 유기적인 관계를 유지하고 지속적인 조율과 지원을 수행하는 중추적 역할을 담당하는 허브로서 기능하고 있다.

하지만 명망가 중심의 한계를 보완하고 '아래로부터의 역사쓰기'라는 구술사의 지향점을 고려하여 자체 수집도 병행하고 있다. '구술을 통해 본 한국문화사'라는 대주제 하에 '군사문화와 일상'이라는 하위주제로 베트남전쟁 당시 파월(派越)되었던 '파월기술자'에 대한 생애사 구술을 수집하였다. 또한 한국청년연합 대구·천안 지부가 소장하고 있는 원폭 피해자 구술자료의 자료화 사업을 지원하고, 미국 USC(University of Southern California)의 재미한인 구술자료에 대한 자료화 사업을 지원하여 현재 자료화가 진행 중이다. 자료화가 완료된 자료는 현대한국구술자료관이 공유하여 활용하게 된다.

---

24) 김선정, 위의 글, 한국구술사학회, 2010 참조.

구술기록 수집기관별 기획 및 수집

표 7. 참여기관별 연구주제[25]

사업 기관	연구 주제	주된 역할
명지대	세대로 본 역동의 한국정당정치사 : 산업화·민주화·선진화 세대의 증언(1945-2008)	구술자료 수집
서울대	한국 현대사와 군	구술자료 수집
한국외대	고도성장기(1960-70년대) 경제외교사 구술 아카이브 구축	구술자료 수집
한신대	현대 한국사 발전의 내면적 동력을 찾아서 : 민주화와 산업화를 이끈 종교인의 구술자료 수집과 연구	구술자료 수집
한국학중앙연구원 현대한국구술자료관	4개 주요 수집 연구단의 자료 이외에 현대 한국 사회에 관련한 다양한 자료를 발굴·수집하고, 자료화	구술자료 아카이브 구축

나) 수집실행 단계의 주요 사항

① 산출물 표준화를 위한 노력 : 각종 지침 수립

보다 체계적이고 일관성 있는 구술자료의 생산과 관리를 위하여 〈구술자료 제작 지침서〉, 〈코드정의서〉, 〈구술자료 관리규정〉과 같은 다양한 지침을 수립하였다. 〈구술자료 제작 지침서〉에서는 구술자료의 작성방식과 예시, 서식을 규정하고 구술자 검독 방법을 안내하는가 하면 산출물 제작 방법과 제출양식에 대하여 통제하고 있다. 〈코드정의서〉에서는 매체, 사용자 유형, 공개구분 등에 따라 공통코드를 정의하고, 생산기관, 과제, 구술자에 따라 각각의 코드를 규정하여 파일을 관리한다. 파일에 붙여지는 일종의 네이밍 룰(naming rule)이라고 쉽게 이해할 수 있으며, 구술자료의 효과적인 분류를 위해 고안된 방법이다.

예) 2009년 ○○대학에서 생산한 한국근현대사와 군 관련 프로젝트의
    강○○ 구술자의 구술자료 개요 한글파일 사례 :
    2009AKS_SE-C3001_SE-T0001_SE-N0001_form-001_doc-002

---

25) 김선정, 위의 글, 한국구술사학회, 2010 참조.

표 8. 코드정의서 일부에서 발췌

공통 코드 정의서					
구분	코드	상위코드	코드명	설명	비고
문서 파일	attach_doc	attach_file	문서	문서파일형식	
	DOC-001	attach_doc	pdf	아크로뱃 포맷	
	DOC-002	attach_doc	hwp	아래아 한글 포맷	
	DOC-003	attach_doc	doc	ms word	

〈구술자료 관리규정〉에서는 구술자료의 수집, 평가, 이관 및 등록, 정리, 보존, 폐기, 열람 및 활용에 대한 전체 관리 프로세스를 규정하고 있다.

② 실무자 회의 및 교육

보다 효율적인 구술자료 생산과 표준화를 위하여 실무자 회의와 교육을 실시하고 있다. 각 수집 연구단의 전임연구원, 연구보조원을 포함한 실무 담당자와 함께 필요에 따라 수시로 이루어진다. 실무자 교육의 주요내용은 다양한 형태의 구술자료 제작 과정, 동영상 변환 및 편집, 녹취록 작성과 태깅, SMI 파일 작성 방법 등에 주안점을 두고 있으며 자료관리시스템 등록방법에 대한 교육도 병행하고 있다.

다) 정리 단계의 주요사항

① 산출물 정리

사업 결과 생산되는 산출물에는 수집자료개요, 구술자신상기록부, 면담자신상기록부, 예비질문지, 면담일지, 상세목록, 구술동의서(실물), 구술자료활용공개동의서(실물), 구술자료 검독확인서(실물), 구술자료 비공개 내역서(실물), 예비구술자 명단, 구술녹취문(원본, 수정본), 구술영상자료(원본 - 6mm, m2t, mpeg2, mpeg4, 수정본 - mpeg4), 구술음성자료(원본 - wav, 수정본 - mp3), 사진(사진자료개요, 이미지파일, 실물), 문서(문서자료개요, 이미지

파일, 실물), 실물(실물자료개요, 이미지파일, 실물)이 있다. 이상의 자료(영상, 음성자료 제외)들은 모두 문서와 이미지파일로 제작되어 정리·보존한다.[26] 이를 제출용 최종 결과물로 정리하면 다음과 같다.

a) 구술자료 수집 최종보고서
b) 메타데이터류 : 수집자료 개요, 질문지, 면담자·구술자 신상카드, 면담일지, 면담후기, 구술동의서, 구술자료 활용·공개허가서, 상세 목록, 예비구술자 명단 등
c) 구술자료 : 음성자료 및 동영상파일(고화질 보관용, 서비스용), 구술녹취문, 녹취자막파일(smi 파일형식), 구술자 사진
d) 구술 연구결과로 생산된 각종 생산물과 문화콘텐츠 활용물 및 수집물

② 구술자료의 평가

수집된 구술자료의 평가와 검수를 위하여 구술자료평가자문위원회를 둔다. 구술자료평가자문위원회는 1명의 위원장과 10명 내외의 위원으로 구성되며 구술자료평가서, 검수평가서에 따라 자료를 평가·검수한다. 평가·검수 결과에 따라 구술자료의 이관 절차가 진행되거나 자료 보완을 위한 반려 등 후속조치가 이루어진다.

구술자료 검수의 주요 대상은 다음과 같다.

a) 구술자료 영상과 음성파일
b) 수집 자료 개요, 상세목록, 예비구술자 명단(hwp, pdf, 문서)
c) 녹취록(hwp, smi, 문서) : 원본(hwp)과 수정본(hwp, smi)
d) 구술자·면담자 신상카드, 질문지, 면담후기, 면담일지, 구술동의서, 공개·활용 허가서(pdf, 실물)
e) 구술자 사진 및 관련 사진(image, 사진 원본)

---

26) 김선정, 위의 글, 한국구술사학회, 2010 참조.

라) 관리 및 활용 단계의 주요사항

① 구술자료 디지털 아카이빙과 서비스

디지털 아카이브 구축은 구술자료의 집중 관리·활용이라는 측면에서 구술사 연구의 기반을 조성하는데 의의가 크다. 기존에 아날로그 방식으로 관리하였던 구술자료를 디지털화하여 시스템에 등록하고 관리함으로써 시·공간적 제약을 받지 않고 효율적으로 구술자료를 검색·활용할 수 있게 된다. 주요기능으로는 수집관리, 등록관리, 검색·활용, 기준관리, 시스템관리의 기능이 있다. 현재 구술자료 등 연구성과를 DB로 관리하기 위한 구술자료 등록, 검색·활용, 기준 관리, 사용자 관리 등에 대한 기본 설계와 시스템을 구현하였다.

〈그림 8〉에서 보는 바와 같이, 공공·민간 분야에서 수집된 자료를 시스템에 등록하고 정리 분류하는 한편 DB화하고, 보존스케줄에 의해 관리한다.

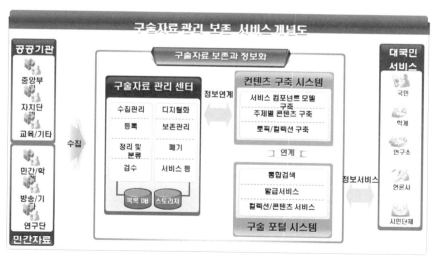

그림 8. 현대한국구술자료관 디지털 아카이빙/웹서비스 개념도[27]

27) 윤충로,「구술 자료를 통한 한국 현대사 연구」,『구술사와 한국현대사 연구의 새지평』현대한국구술사연구사업 공동학술회의자료집, 2011.

각각의 자료들은 자료의 성격과 특징, 내용의 연관성을 파악하여 컬렉션을 형성하고 주제별 콘텐츠를 구축하여 관리한다. 한편 구축된 자료는 온라인 구술 포털 시스템과 연계하여 대민서비스하게 된다.

각 연구단에서 생산·수집한 자료가 디지털 아카이빙 되기 위해서는 우선, 자료를 시스템에 등록하는 단계부터 시작한다. 등록 절차를 거친 자료는 자료의 종류, 양식, 파일형태 등에 대한 기본 검수를 실시하고, 이 과정을 통과한 자료에 한하여 구술자료 자문위원회의 실질적인 검수를 받게 된다. 검수결과 이상이 없는 자료는 이관을 받고, 문제가 발견된 자료는 수정·보완·검수 작업을 다시 거쳐 이관한다.

이관된 구술자료는 아날로그와 디지털 두 방식으로 정리하여 관리한다. 아날로그 방식의 정리와 보존은 서버의 이상, 바이러스, 해킹, 전기 사정 등 예기치 않은 디지털 환경에 대한 대비책으로 자료 보존적 측면에서 매우 중요하다. 구술자료는 생산기관-구술자 순의 관리 체계 하에 구술자별로 정리·관리된다. 이러한 디지털 아카이브를 바탕으로 온라인 서비스를 위한 시스템이 별도로 구축될 예정이다.

② 전문가 및 시민을 위한 구술사 교육

구술사의 대중적 확산과 현대한국구술자료관의 대외적 인지도 상승을 목적으로 구술사 교육 프로그램을 운영한다. 여러 차례 구술사 전문가 초청 워크숍과 구술사 시민 강좌를 진행한 바 있고, 구술사 연구과정도 추진 중이다. 2010년 구술자 전문가 초청 워크숍은 '구술사에 관한 성찰적 접근과 연구 전망'이라는 주제로 진행되었다. 시민강좌에는 구술사에 대한 이해, 수집과 기획 과정, 장비 사용법, 구술자료의 정리, 채록사례 등의 내용을 포함한다. 시민강좌의 강사는 다양한 분야에서 활동하고 있는 전문가를 초빙하고, 강좌에 대한 설문을 실시하여 문제점을 보완하고 있다.

③ 총서 발간 사업

수집된 구술자료를 통합적으로 관리하고 아카이브를 구축하는 것은 결국 엔 이를 활용하기 위함이다. 우선 연구자들의 원활한 연구를 위하여 구술생 애사 자료총서를 정치, 경제, 외교 분야 시리즈로 출간할 예정이다. 자료총 서에서 새롭게 발굴된 사실을 기반으로 하여 기존의 연구성과를 집대성한 연구총서 발간도 추진 중이다. 일반 교육자료로는 '구술생애사 방법론 이론 과 실제' 등의 이름으로 교과서를 출판한다.

(3) 생각거리 : 공동 프로젝트 산출물의 생산과 관리의 표준화

현대한국구술사연구사업과 같이 5개의 기관이 공동으로 참여하는 연구 프로젝트는 일관된 구술자료 생산을 위한 표준화 작업이 중요하다. 각기 다 른 배경을 가진 기관은 프로젝트의 수행방식이나 산출물에 있어 차이를 보 일 수밖에 없다. 따라서 기관 간 긴밀한 유지를 통해 그 차이를 최소화하는 노력이 필요하다.

현대한국구술자료관은 4개의 기관을 통합하는 허브역할과 생산된 자료 를 통제하여 관리하고 최종적으로 자료의 활용을 위한 구술 아카이브를 구 축하는 역할의 중심에 있다. 이에 따라 각 기관 사업단의 연구자들의 위치 에 맞는 위원회를 운영하여 정기적으로 주요 쟁점을 논의하는 네트워크를 형성하고 있다. 더불어 연구자들의 구술채록에 대한 완전한 이해, 소통 그 리고 사업의 원활한 흐름을 위하여 실무담당자 교육은 물론, 워크숍, 세미 나를 개최한다.

한편으로 〈구술자료 제작 지침서〉, 〈코드정의서〉, 〈구술자료 관리규정〉 을 마련하여 구술자료의 생산단계부터 관리단계에 이르기까지 일관된 산출 물이 생산·관리될 수 있도록 표준화하는 노력도 기울이고 있다. 구체적인 매뉴얼의 작성으로 장기간 진행될 프로젝트 산출물에 대한 일관성 확보는 물론이거니와 면담자 및 프로젝트팀을 통제할 수 있는 장치로서의 역할도 하고 있다.

현대한국구술자료관은 사업의 기획 당시부터 아카이브 구축을 염두에 두고 시작하였다. 이에 따라 수집된 구술자료를 정리하고 자료화하는 일련의 작업을 수행하고 있다. 현재 디지털 아카이브 관리 시스템과 온라인서비스 시스템 구축이 완료된 상태이고, 4개의 기관에서 수집한 구술자료를 아카이브로 이관하기 위한 자료화 과정과 검수작업을 진행 중에 있다.

현대한국구술자료관의 구술사 프로젝트의 의미가 큰 것은 구술 생산과 동시에 한편으로는 이를 체계적으로 관리·활용할 수 있는 아카이브 구축 작업이 동시에 진행되었다는 점이다. 정확하게는 자료를 내부적으로 등록하고 관리하기 위한 관리 시스템과 온라인으로 대민서비스하기 위한 서비스 시스템이 별도로 구축된다. 기존 사업들은 기획당시 관리와 활용을 염두에 두지 않고, 오로지 생산에만 급급하여 사업 종료 후 활용 가능한 자료의 한계가 있었다. 그나마 만족할만한 결과물도 관리소홀로 다른 연구자가 또 다시 중복 수집할 수밖에 없는 결과를 초래하곤 했다. 하지만 현대한국구술 자료관은 생산 당시부터 관리와 활용에 초점을 맞추어 사업에 돌입함에 따라 기록관리적인 입장에서도 의의가 큰 사업이 되었다.

하지만 이러한 노력에도 불구하고 현대한국구술사연구사업 역시 10년이면 마감될 프로젝트성 사업이다. 사업이 종료된 이후에 수집한 자료를 어떻게 관리하고 이용할 것인지에 대한 구체적인 논의가 필요하다. 그렇지 않으면 애써 수집한 구술자료와 구축한 시스템이 자칫 애물단지가 되어버릴 수 있기 때문이다. 후속사업과 관리가 이어지도록 조직과 인력을 정비하여 현대구술자료의 메카로서 많은 연구자들이 이용할 수 있는 기구로의 방향을 모색해야 한다.

3. 기관별 사례를 통한 제언

　이상으로 국사편찬위원회, 김대중도서관, 국립예술자료원, 현대한국구술자료관의 기관별 구술사 프로젝트 사례를 살펴보았다. 기관별 사례를 통해 구술자료 수집에 있어 몇 가지 생각거리를 추출할 수 있었다. 앞장에서 살펴본 생각거리는 특정 기관에만 국한된 문제는 아니다. 구술사 프로젝트 진행에 있어 보편적으로 고민해야 할 사항들이다. 따라서 실제 프로젝트를 실행하는데 있어 생각거리의 문제들을 짚어보기를 바란다.

　4개의 기관은 유사한 수집 절차를 따르고 있음을 알 수 있다. 크게 [기획]-[면담실행]-[정리]의 단계로 이루어지며 [면담준비] 과정을 실행단계에 포함하거나 분리하는 정도의 차이가 있을 뿐이다. 이러한 수집 절차 외에도 몇 가지 공통점을 발견할 수 있다.

　첫째, 면담자 역할의 중요성과 면담자 선정의 어려움 그리고 면담자 역량 강화에 대한 부분이다. 면담자의 선정은 면담의 결과를 좌우할 만큼 중요한 부분이다. 주제에 대한 이해와 지식을 바탕으로 면담 분위기를 이끌어가는 것이 면담자의 역할이다. 면담자의 역량에 따라 같은 구술자라 하더라도 더 많은 이야기가 오고 갈 수 있다. 면담자가 갖추어야 할 조건 중 우선은 관련 주제와 구술자에 대한 전문적인 지식을 가지고 있느냐 하는 부분이다. 국사편찬위원회가 연구자 공모보다 주제공모에 비중을 두는 것 역시 면담자 선정의 어려움이 가장 큰 요인으로 작용했기 때문이다. 기관 입장에서는 주제에 적합한 연구자를 찾는 것보다 연구자가 자신들의 전문분야를 가지고 기관에 지원을 요청하는 것이 주제선정과 면담자 선정의 문제를 한 번에 해결하는 방법이 된다.

　주제에 대한 충분한 지식을 가진 면담자를 선정한다 하더라도 구술사에 대한 이해 없이는 좋은 면담을 이끌어갈 수 없다. 문헌자료와 비교해서 구술자료가 갖는 특징들을 이해해야 하고, 그러한 특징이 드러날 수 있도록 면담을 진행해야 한다. 또한 면담 결과 생산된 산출물의 활용과 관리에 대한 부분에까지도 염두에 두어야 한다. 무엇보다 구술자의 말을 경청하고 공감하는 등 대화의 기술이 요구되고, 팩트(fact)에 집중하는 문헌 연구와는 달리 발화하는 대상에 대한 인간적인 이해와 발화되는 방식을 분석해 낼 수 있는 능력까지 갖추어야 한다. 이러한 자질은 그동안 문헌 중심의 연구를 해왔던 연구자들에게는 쉽지 않은 일이다.

뿐만 아니라 구술자와 면담자의 권력관계에서 평등함을 유지할 수 있는 역량이 필요하다. 구술자와 면담자 간에 보이지 않는 권력관계가 형성되기 마련이다. 일반적으로 구술사는 스스로 역사쓰기가 어려운 사람들의 목소리를 통해 그들 스스로의 역사를 쓰도록 하는데 목적을 두고 있다. 이런 경우 면담자는 구술자를 돕는 역할뿐 아니라 그들의 목소리를 빌어 자신의 연구를 펴고자 하는 목적도 동시에 갖는다. 따라서 면담자는 구술자보다 우위에 있는 경향을 보인다. 반대로 김대중도서관이나 국립예술자료원의 경우처럼 명망가를 상대로 하는 구술에서는 면담자가 구술자와의 힘의 균형에서 밀리는 경향이 나타난다. 구술자들은 오히려 면담자와의 면담을 통해 자신의 이미지를 만들려고 하거나, 생각을 대중에게 전달하고자 하는 목적을 갖고 있기 때문에 스스로를 미화하거나 영웅화시키기도 한다.

두 가지 경우 모두 구술자와 면담자의 권력관계에서 평등함을 유지하는 것은 쉽지 않다. 하지만 평등한 힘의 균형이 무너지는 순간 약탈적 구술이 되거나, 자서전의 되풀이밖에 되지 않는다. 따라서 최대한 평등한 관계에서 쌍방향성을 이끌어내는 것 또한 면담자의 역량이다.

이렇듯 주제에 대한 충분한 지식과 면담의 기술까지 겸비한 면담자를 찾는 것은 쉬운 일이 아니다. 이에 소수의 면담자가 특정 분야에 대하여 독식하는 경향과 함께 매너리즘에 빠지는 결과를 초래하기도 한다. 따라서 전문적인 연구자 양성과정[28]이나 기존 연구자에 대한 체계적이고 꾸준한 교육이 필요하다.

둘째, 영상채록의 중요성과 한계에 대한 부분이다. 오늘날 대부분의 구술사 프로젝트에서 영상채록은 선택이 아니라 필수가 되고 있다. 더 나은 영상을 위하여 장비구입은 물론이고, 영상 전문가를 영입하는 경우가 늘고 있다. 특히 명망가 면담의 경우 이러한 특징이 더욱 두드러지며, 아카이브 구축이나 온라인 서비스에 중점을 둔 기관에서도 영상채록에 많은 투자를 하고 있다. 김대중도서관의 경우 40여 회의 대통령 인터뷰 영상을 이용하여 대통령 서거 직후 그의 인생을 반추하는 다큐멘터리를 제작하는데 절대적인 소스를 제공했다.

영상채록이 각광을 받는 이유는 영상이 음성에 비해 갖는 효과 때문이다. 영상은 음성이 잡아내지 못하는 구술자의 표정, 현장의 분위기 및 정황까지도 담을 수 있고, 구술자가 내보이는 사진, 편지, 작품, 기타 관련 물품을 한 번에 포착할 수 있는 장점이 있다. 이에 따라 산출물을 더욱 풍부하게 만드는 효과가 있으며, 활용을 위한 영상채록이 주목을 받고 있다.

대표적으로 국립예술자료원의 예술사 구술채록사업은 기획단계에서부터 영상자료의 온라인 활용을 염두에 두고 사업을 진행하였다. 영상채록이 가능한 기술의 발달과 함께 영상채록물을 활용한 미디어 환경이 발달하였기 때문이다. 하지만 이러한 환경은 더불어, 영상을 이용한 서비스나 산출물의 활용에 있어 저작권과 같은 법적 분쟁과 윤리의 문제를 자아내기도 한다.

영상채록은 사업의 가시적인 효과를 돋보이게 하는데 유용하다. 하지만 영상에 지나치게 신경 쓴 나머지 현장분위기를 인위적으로 조장한다거나, 이미 알고 있는 내용도 영상으로 담기 위하여 불필요한 인터뷰가 중복으로 발생할 수밖에 없는 상황이 빚어지기도 한다. 또한 구술자가 편안한 분위기 속에서 발화할 수 있는 환경을 해치고 구술사 고유의 특성과 진정성을 왜곡하는 요인이 되기도 한다. 따라서 필수가 되고 있는 영상채록에 대하여 제작

---

28) 국립예술자료원에서는 〈국립예술자료원 예술사 구술채록 연구원 양성과정〉을 운영 중에 있다. 홈페이지 참조(http://www.knaa.or.kr/index_kcaf.asp).

및 활용에 대한 구체적인 지침이 필요하고, 영상채록 전문가에 대한 구술사적 교육도 소홀히 해서는 안 된다.

셋째, 표준화된 매뉴얼 작성으로 일관된 산출물 관리의 필요성 부분이다. 현대한국구술자료관의 경우처럼 공동연구 사례가 아니더라도 구술자료에 대한 생산과 관리에 대한 매뉴얼은 차후 장기적인 안목에서 유용하다. 구술사 프로젝트를 기관에서 자체적으로 수행하거나 주제공모, 연구자 공모의 형태를 취하거나 프로젝트를 실제 진행하는 실무자는 늘 변하기 마련이다. 하지만 생산된 자료를 관리하고 활용하는 것은 기관의 몫이다. 기관차원에서 구술자료를 일관되고 체계적으로 관리·활용하기 위해서는 기준이 필요하다.

이상에서 살펴본 기관들의 사례에서처럼 〈구술채록 매뉴얼〉, 〈구술자료 제작지침서〉, 〈코드정의서〉, 〈구술자료 관리규정〉 등의 규정을 두고, 각종 양식을 표준화하여 면담 방법은 물론, 녹취문 작성방법, 상세목록 작성 방법, 각주 작업 요령, 각종 보고서 작성 요령, 결과물 제출 지침에 이르기까지 아주 작은 부분에까지도 가이드를 만들어 놓는 것이 좋다. 이렇게 함으로써 장기간 진행될 프로젝트 산출물에 대한 일관성 확보는 물론이거니와 면담자 및 프로젝트팀을 통제할 수 있는 장치가 된다.

하지만 무엇보다 중요한 것은 사업이 일회성으로 끝나지 않도록 장기적인 안목에서 기획하는 것이다. 그리고 사업이 종료된 이후에 자료를 활용할 수 있는 기반을 구축하고 관리할 수 있는 조직과 인력을 갖추는 것까지 논의의 대상이 되어야 한다.

마지막으로 이상의 고민과 극복을 위한 노력은 결국 기획에 대한 투자로 귀결된다. 장기적인 안목으로 프로젝트에 대한 나아갈 방향과 고민, 발생할지도 모르는 변수들에 대한 대비책 등을 성실히 풀어나가는 것이 바로, 기획이다. 프로젝트의 수행방법도, 주제 선정도, 면담자와 구술자의 선정도, 그리고 산출물에 대한 통제와 사후 관리에 대한 부분도 모두 기획단계에서 이루어진다.

국립예술자료원의 예술사 구술채록사업을 우수한 기획사례로 꼽을 수 있다. 2003년 당시 한국문화예술진흥원이었던 국립예술자료원이 한국예술종합학교 한국예술연구소에 위탁하여 3년 예정으로 사업을 시작하였다. 한국예술연구소는 본격적인 수집에 앞서 3개월간의 파일럿 프로젝트를 운영하였다. 예술사 및 구술사의 전문가로를 대상으로 세 차례의 워크숍과 심포지엄을 개최하고 예상 구술자와 면담자를 선정하는가 하면, 질문지 및 각종 양식을 마련하였다. 파일럿 프로젝트의 결과 문제점을 추출할 수 있었고, 본격적인 프로젝트에 앞서 해결방식도 제시할 수 있었다. 그 결과 상당부분의 예산이 기획단계에 투여되기도 하였다. 하지만 여러 연구자와 기획자 외부 전문가들이 고민하고 노력한 결과, 내실 있는 채록이 이루어질 수 있었다.

나무를 베는 방법에는 두 가지가 있다. 톱부터 나무에 대고 오랜 시간 톱질을 하는 방법과 오랜 시간 칼을 갈아 단번에 베어버리는 방법이 그것이다. 기획은 결과를 수월하게 얻기 위해 오랜 시간 준비하는 과정, 즉 칼을 가는 과정에 비견된다. 충분히 칼을 갈았다면, 이제 베기만 하면 된다.

밑그림이 있는 퍼즐과 밑그림이 없는 퍼즐 어느 쪽이 더 쉬운가? 어떤 모습으로 완성될지 모르고 쌓아가는 집과 설계도면에 따라 짓는 집은 어느 쪽이 수월할까? 퍼즐의 밑그림이나 건축에 있어 설계도면은 앞으로 어떤 방향으로 진행될지를 말해주는 길잡이 역할을 한다. 그렇기 때문에 퍼즐조각이 많거나 장기 건축에 들어갈수록 가이드의 역할은 더욱 중요해진다. 명문화된 가이드가 없다면 혹은 가이드대로 했는데도 만족하지 못한다면, 그도 아니면 맨몸으로 뛰어들어야 한다면, 다른 이의 사례를 참고하자. 그것이 완벽한 해답을 줄 수는 없어도 우리 기관에 맞도록 변경·적용하거나 우리 기관과의 비교를 통해 타산지석으로 삼을 수 있을 것이다. 적어도 구명조끼를 입고 뛰어드는 정도는 되지 않겠는가.

참고자료

김선정, 「현대한국구술자료관 현황과 전망2010」, 『구술로 읽는 삶』 2010 한국구술
　　사학회 하계학술대회 자료집, 한국구술사학회, 2010.

김은영, 「보존과 활용을 위한 구술기록의 정리방안 연구-국사편찬위원회 사례를
　　중심으로」, 명지대학교 석사학위논문, 2009.

김지수, 「대통령 구술기록 수집방안-김대중 대통령 구술자료 수집을 중심으로」,
　　명지대학교 석사학위논문, 2007.

김철효, 「예술사구술채록사업 및 구술사방법론 소개」, 『한국근현대미술사학회 여
　　름 정기 학술대회-화가의 기억 · 문헌의 기록』, 한국근현대미술사학회 · 국
　　립예술자료원, 2011.

류상영, 「김대중도서관 소장 기록물 현황-김대중도서관의 개념과 소장 기록물을
　　중심으로-」, 대통령기록관 세미나 자료, 2009.

장신기, 「구술아카이브 구축 방법론-김대중도서관의 사례」, 대통령기록관 세미나
　　자료, 2010.

윤충로, 「구술 자료를 통한 한국 현대사 연구」, 『구술사와 한국현대사 연구의 새
　　지평』 현대한국구술사연구사업 공동학술회의자료집, 2011.

이충은, 「연세대학교 김대중도서관의 구술자료 수집 및 관리현황」, 『구술아카이
　　브 구축 방안과 운영』, 민주화운동기념사업회 구술워크숍, 2008.

이호신, 「한국문화예술위원회 국립예술자료원의 〈예술사 구술채록사업〉 운영현
　　황」, 『한국무용기록학회지 13권』, 한국무용기록학회, 2007.

_____, 「구술자료의 활용을 위한 저작권 문제의 연구」, 『예술사구술채록사업 제2
　　단계사업 기초설계연구』, 한국문화예술위원회, 2007.

_____, 「예술사구술채록사업의 기록물 관리와 온라인서비스 현황」, 『구술아카이
　　브 구축 방안과 운영』, 민주화운동기념사업회 구술워크숍, 2008.

허영란 · 장용경, 「구술자료 수집의 기획과 실행」, 『현황과 방법, 구술 · 구술자
　　료 · 구술사』, 국사편찬위원회, 2004.

허영란, 「한국형 '엘리트 구술'의 방법론 모색」, 대통령기록관 세미나 자료, 2009.

국립예술자료원, 『2012년 한국 근현대예술사 구술채록사업 실행매뉴얼』, 2012.
한국구술사연구회, 『구술사 : 방법과 사례』, 선인, 2005.

국립예술자료원 구술로 만나는 한국 예술사(http://oralhistory.knaa.or.kr)
국사편찬위원회 홈페이지(http://www.history.go.kr)
연세대학교 김대중도서관 홈페이지(http://www.kdjlibrary.org)
대통령기록관 홈페이지(http://www.pa.go.kr/PRC/data/data03)

구술기록 수집기관별 기획 및 수집

제 2 부

디지털 아카이빙

: 수집하기

구술기록 수집방안 : 달걀 바구니 만들기 _정혜경

1. 구술기록관리 단계별 프로세스
2. 수집 단계별 이해
    1) 심층면담(인터뷰) 전 준비
    2) 심층면담(인터뷰) 진행
    3) 심층면담(인터뷰) 직후
참고자료

1. 구술기록관리 단계별 프로세스

앞에서 설명한 바와 같이 구술기록관리는 4단계로 구성된다. 이 가운데 두 번째 단계는 수집단계이다. 기획단계에서 완성한 실행계획안의 실제 실천에 들어가는 단계이다. 기획단계에서 설정한 방향은 실행과정을 통해 빛을 발하게 된다. 기획단계에서 설정한 방향이 아무리 적절하다 해도 인터뷰 과정이 뒤따르지 못한다면, 시간과 노력이 계속 필요할 수 있다.

§ 구술기록관리 단계별 프로세스

- **기획단계** : 입장 및 범위 설정 → 분석 → 설계 → 평가
- **실행(수집)단계** : 심층면담(인터뷰) 전 준비 → 면담 진행 → 면담 직후
- **정리 및 분류 단계** : 등록, 평가, 분류, 기술 → 보존 및 매체변환 조치
- **활용단계** : 웹서비스 제공/ 도구서 작성·제공/ 간행물 발간/ 연구사업/ 교육 및 문화콘텐츠

역사쓰기는 해석의 문제이다. 기록이라는 소재를 가지고 어떤 해석을 해
내느냐는 바로 해석자의 몫이다. 그러므로 독자들은 늘 해석자의 능력을 평
가한다. 해석 능력에 따라 역사쓰기가 평가받는다. 그에 비해 해석자가 소
재로 삼는 기록의 수준에 대한 평가는 그다지 냉철하지 않다. '그럴만한 이
유(배경)가 있었던 것이지' 하며, 해석자가 그 이유를 제대로 찾았는가를 눈
여겨본다. 물론 해석은 매우 중요하다. 그러므로 해석자들이 분석할 수 있
는 기록은 예로부터 중시되었다. 그런데 구술기록은 '예로부터 내려온' 기록
이 아니므로 생산하는 과정이 중요하다.

장비를 들고 심층면담(인터뷰) 장소로 향하기 위해서는 생각보다 많은 사
전 준비가 필요하다. 사전준비의 충실도 여부에 따라 인터뷰의 결실은 결정
된다.

사전준비를 고민하는 면담자가 많지 않았던 시절도 있었다. "그냥 녹음기
들고 나가면 다 된다"는 경험자의 격려성 혹은 은폐성 도움말을 지나치게
명심(?)한 결과, 시행착오라는 교훈을 얻은 이들이 많았다. 그리고 시행착오
의 교훈을 이어나갔다. 어렵게 얻은 노하우를 지키려 했다면 학자로서 할
짓은 아니다. 시행착오가 그 나름대로 귀중한 과정이라는 소신이 작용한 결
과였다. 그러나 시행착오의 대상은 종이나 물건이 아닌 인간이다. 시행착오
의 교훈을 깨야 하는 이유이다.

사전 준비가 없는 수집 작업은 마치 손으로 퍼 담는 물과 같다. 손바닥으
로 물을 퍼 담으려고 하면 손가락 사이로 물이 다 흘러내려서 정작 남은 것
은 몇 방울 되지 않는다. 양계장에 가서 따끈따끈한 달걀을 가져오고 싶다.
그런데 가지러가는 이가 빈손이라면, 들고 올 수 있는 달걀은 몇 개나 될
것인가. 더 많은 달걀을 담기 위해서는 바구니가 필요하다. 구술기록수집을
위해서는 어떤 바구니가 필요한지 알아보자.

수집단계는 세 가지이다.

구술기록 수집방안 : 달걀 바구니 만들기

실행(수집)단계

> 1. 심층면담(인터뷰) 전 준비 : 면담자 교육 및 매뉴얼 제공, 구술자의 사전 동의
>   획득 : 구술자의 확정, 질문목록 점검(구어체), 예비접촉, 면담일정수립, 장비점검,
>   시간 장소 결정, 면담자의 자기 성찰

> 2. 심층면담(인터뷰) 진행

> 3. 심층면담(인터뷰) 직후 : 공개이용허가서 작성, 면담일지 작성, 신상기록카드 작성,
>   상세목록 작성, 시행착오에 대한 자기 성찰

2. 수집 단계별 이해

1) 심층면담(인터뷰) 전 준비

심층면담(인터뷰) 전 준비 과정에는 주 면담자 외에 주관처의 담당자(이하 담당자), 보조 면담자가 구술자와 함께 동석하는 것이 필수적이다. 그 과정을 통해 주최 측이 구술기록 수집작업에 대해 갖는 신뢰성과 중요성 등을 구술자가 직접 인식하게 되는 기회이기 때문이다.

(1) 면담자 교육 및 매뉴얼 제공

기획의 최종 단계에서 구술자와 면담자가 선정된다. 그렇다면, 양자가 작업을 잘 할 수 있도록 하는 것이 다음 단계이다.

면담자 교육은 면담자가 연수교육과정을 거쳤다고 하더라도 필요한 과정이다. 주관처와 면담자 간 소통의 정도는 곧 바로 심층면담의 질로 이어진다고 생각한다. 면담자 교육은 연구기관(주관처)의 수집작업에 대한 의미와 취지를 설명하는 자리로 병행되기도 하며 각종 양식 작성법(면담일지나 상

세목록 작성 방식, 녹취문 작성 시 기호 사용 방법 등)과 제출 결과물에 대해 공지하는 역할도 담당하기 때문이다.

면담자들이 가진 구술기록수집에 대한 견해가 주관처와 상이할 수 있으므로 주관하는 연구기관별로 자료수집의 방향과 의미를 강조할 필요가 있다. 면담자를 위한 교육 내용은 관련 주제에 관한 개요 설명, 구술기록수집 방법과 이론 소개, 연구기관이 소장한 다른 수집물에 대한 분석 등이 해당한다.

(2) 구술자의 동의 획득 : 구술자의 확정

일반적으로 구술자 선정 과정은 구술자의 의견과 무관하게 이루어진다. 대부분, 연구자나 수집 주체의 필요성에 의해 선정된다. 구술자의 입장이란 "구술을 허락할 것인가" 여부를 고려할 뿐이다. 현재 선정 과정에서 나타나는 일방성은 구술사의 선진국에서는 조금씩 줄어드는 추세이다.

이러한 경향성은 구술사의 활용 범위나 대중적인 인지도와도 관련이 있다. 구술사의 활용이 연구목적에 국한하지 않고, 다양하게 대중화되고, 구술자가 심층면담(인터뷰) 과정을 통해 정신적으로 얻는 성과가 있음이 알려지면서 구술자의 주도적인 참여로 심층면담이 이루어지기도 한다. 드문 일이기는 하지만, 구술자 스스로가 특정한 연구자를 대상으로 심층면담을 요청하기도 한다.

그러나 국내에서는 여전히 심층면담 작업이 어떤 구술자이든 선뜻 환영할만한 일은 아니다. 남에게 선뜻 자신의 이야기를 풀어놓는다는 것이 쉽지 않은데다가 여러 고려할 사항도 발생할 수 있기 때문이다. 그저 입 다물고 살면 좋을 것을 굳이 사단(事端)을 만들고 싶지 않은 것이 사람의 마음이다. 그러므로 구술자 선정 과정에서 발생한 일방성은 구술 동의 획득 과정을 통해 긍정적인 방향으로 이끌어야 한다.

구술자 선정은 필요한 구술자의 두배수로 준비한 예비구술자 명단을 바탕으로 시작된다. 자문위원단과 주관처의 공동 논의를 거쳐 예비 구술자가 선정되면, 다음 단계는 구술자를 상대로 서면과 전화 또는 방문을 통해 구술기록 수집작업의 취지를 설명하고, 구술에 관한 사전 동의를 받는 과정으로 이어진다.

구술자의 동의를 획득하는 과정은 서면동의와 방문동의가 해당한다. 면담자(업무담당자 동행)는 서면동의서를 발송한 후 일정기간(약 1주일)이 경과한 후에 방문하여 구술 허락 여부를 확인한다. 이 만남은 면담자와 구술자가 면식이 없을 경우에 면담자와 구술자간의 첫 상견례가 되는 기회이기도 하다.

동의를 얻는 과정이 순조롭지 않는 경우도 있다. 경우에 따라서 구술자를 설득하는 노력이 여러 차례 걸리는 등 길어질 수도 있다. 면담자와 개인적으로 친분이 있는 구술자의 경우에도, 사석에서는 "나중에 인터뷰 한 번 하자"고 하던 사람인데도 막상 정식으로 부탁하면 거절당할 수 있다. 또한 구술자의 동의에 면담자의 존재가 영향을 미치기도 한다. 어떤 사람이 면담자가 되느냐에 따라 달라질 수도 있기 때문이다.

구술자는 심층면담의 시작 단계에서 망설이는 경우가 많다. 특히 '차마 이야기하지 못할 일'을 경험한 구술자에게 그러한 경우가 많지만, 생애사나 일상사 등 정치적 이슈가 없는 주제일 경우에도 마찬가지이다. '너무나 사소한 것이고, 누구나 다 경험하는 것이어서 남에게 이야기할 꺼리'가 되지 못한다거나 '남 창피스러운' 일이라고 생각하여 사양하는 것이다. 해 달라한다고 "넙죽 넘어가는 것은 나이든 사람이 가벼워 보이는 것" 같아서 거절하는 경우도 있고, "이것이 이야기할 만한 일이었던가?"에 대해 확신이 들지 않아 망설이는 경우도 있다.

더구나 노동자 계층이나 사회적 소수자들, 소수 집단은 자신들이 연구자에 의한 연구거리가 된다는 점에 불쾌해하거나 분개하기까지 한다. "당신들에게는 흥미거리가 될지 모르지만 나에게는 소중한 경험"이라며 적극적으로 방어하려고 한다. 명망가들의 경우에도 "평소에는 관심도 없다가 내가 나이가 많으니 죽을 때가 되었다고 이런 거 하냐"는 반응도 있다.

가족의 반대가 완강한 경우도 있다. "여태 곱게 사신 분이 굳이 그런 것을 할 필요가 있느냐"는, "이것이 나중에 이상하게 사용되면 어떻게 하느냐"는 우려를 볼 수 있다. 건강을 걱정한 가족들의 만류도 많이 만날 수 있는 거부 사례이다. 구술자의 가족 내 위상도 구술허가에서 중요하게 작용한다. 가족의 눈치를 보아야 하는 입장인가 아닌가 하는 점이다.

그러나 극단적인 반응을 보이지 않는 구술자라면, "자신의 삶이 무슨 연구거리가 되겠느냐"고 주춤거리고 거절하면서도 한편으로 그러한 제안을 계기로 스스로의 삶을 돌아보고 싶어하는 마음을 가진 구술자도 적지 않다. 비록 극단적인 분노감을 표하는 구술자도 맹목적으로 거부하는 것은 아니다. 세상에 대한 서운함과 불만을 그런 식으로라도 내뱉는 것이다.

그러므로 포기하지 않고 설득하는 노력이 필요하다. 쉽게 응하지 않는 구술자는 그만큼 구술행위에 대해 의미를 부여하고 있다는 뜻으로 해석할 수 있다. 이러한 구술자가 일단 심층면담이 시작된 다음에 보여주는 정성은 면담자의 기대 이상일 경우가 많다.

일단 구술자의 거부 의지가 완강한 것이 아니라면, 다시 한 번 도전해보는 것이 구술자를 위해서도 좋다고 생각한다. 구술동의를 해 주지 않은 구술자가 '한 번만 더 권했다면 허락을 했을 텐데' 하는 아쉬움을 갖는 경우가 의외로 많기 때문이다. 구술 동의 획득과정에서 나타날 수 있는 이른 포기는 양자 모두에게 도움이 안 된다는 점을 기억하자.

설득의 과정은 면담자에게도 의미가 있다. 설득과 결단의 과정을 통해 구술자뿐만 아니라 면담자도 자신이 하는 일의 목적과 가치를 보다 분명히 할 수 있기 때문이다.

만류하는 가족들에게도 설득의 과정이 필요하다. "당사자도 아니면서 무슨 권한으로"라는 생각은 버리고, 훌륭한 협조자로 만들어야 한다. 이를 위해서는 가족들의 제안도 적극 수용할 필요가 있다. 가족의 반대의사를 무시하고 구술당사자에게만 의지한 구술 동의는 이후 심층면담 과정은 물론, 기록관리와 활용에서도 계속 영향을 미치는 사례가 적지 않다.

구체적으로 어떤 노력이 필요한가. 가장 바람직한 노력의 방법은, 담당자와 면담자가 구술자의 삶의 경험이 지니는 가치에 대해 진술하게 설명하고, 구술은 '말한 그대로' 기록된다는 점을 구술자에게 확신시키는 방법이다. 이 자료가 향후에 어떻게 활용될 것인지에 대해 상세히 설명하는 방법도 효과적이다. 일종의 정신적인 보상인 셈이다. 이러한 전체 진행과정에 대한 설명이 구술자의 동의를 이끌어내는데 도움이 되기도 한다.

몇몇 사례를 소개한다.

2001년부터 화가들을 대상으로 구술기록수집을 해 온 한국미술사기록보존소의 담당자는 완강하게 구술 동의를 하지 않는 화가에게, 기록보존소가 소장하고 있는 구술자 본인의 화첩을 보여주고 구술 동의를 받은 경우도 있었다. 이 화가는 그 기록보존소에 자신의 그림이 있음을 몰랐다고 한다. 구술동의를 받기 위해 그림의 화첩을 찾아서 들고 온 성의가 구술자의 완고함을 무너뜨린 것이다. 이처럼, 성실한 설득이 통하지 않는 경우는 드물다.

『마지막 공간 – 청계천 사람들의 삶의 기록』 중에서 황학동의 노점상 붕어아저씨를 심층면담한 르포작가는 "내가 이렇게 사는 게 행복한데 무슨 인터뷰가 필요하냐"며 한사코 손사래를 치던 구술자를 매주 일요일마다 찾아가서 "아저씨의 물건을 만지작거리며 인터뷰 승낙이 떨어지기를 기다렸지만" 아무런 말도 들을 수 없었다. 그러나 이에 굽히지 않고, 계속되는 방문을 통해 승낙을 얻어냈다. 붕어아저씨가 한사코 거부하는데도 불구하고 면담자가 설득을 멈추지 않은 까닭은 구술자가 거부하는 이유를 알고 있었기 때문이다. 면담자는 주변 상인들에게 구술자에 대한 이야기를 들으면서 구술자의 어려운 상황을 이해하고, "내세울 것 없는 고통의 현실을 굳이 누군가에게 말하고 싶지 않아하는" 속내를 알고 고민도 많이 했다. 그러나 심층면담 과정을 통해 구술자는 "있는 그대로의 날 것"을 풀어놓을 수 있었다. 면담자가 포기하지 않고, 동의획득을 위해 노력한 결과, 구술자와 면담자는 모두 귀한 경험을 갖게 되었다.

그러나 도저히 해결이 나지 않는 완강한 거부도 있다. 이런 경우는 구술자가 이전에 심층면담과 관련하여 좋지 못한 경험을 가지고 있기 때문이다. 선뜻 해준 인터뷰가 자신의 뜻과 달리 사용되거나, 면담자가 약속을 어기고 남용하는 경우 등 구술자에게 상처가 되는 경험이 있다면, 한번 닫힌 마음의 문은 다시 열리지 않는다.

동의를 획득한 이후에는 어렵게 결단을 내린 구술자의 뜻을 지키려는 자세가 필요하다. 구술기록 수집작업은 모든 과정이 정성으로 진행되어야 함이 철칙이다.

(3) 면담주제목록(질문목록) 점검 및 확정

기획단계에서 작성한 면담주제목록(질문목록)을 검토하고 수정하여 확정한다. 구술기록수집과 같은 심층면접인 질적 연구(qualitative research)에서는 다양한 변수들이 삶의 맥락 속에서 하나의 관계로 결합되는 모습에 주목하며 귀납적인 태도를 유지한다. 질문과 답변은 열린 형태를 지향하며 구술자(연구대상자)가 자신에게 중요한 의미를 지닌 경험내용을 능동적으로 말할 수 있는 여지가 항상 열려 있어야 한다. 따라서 구술자의 과거경험에 대한 심층면담(인터뷰)을 진행하기 위해서는 특정 사실에 대해 뚜렷한 쟁점과 그에 따른 질문전략, 그리고 적절한 질문구사법이 성립되어야 한다.

기획단계에서 작성한 질문목록은 면담자와 담당자(보조 면담자가 있을 경우에는 보조 면담자도 참여)가 확정되기 전에 작성된 것이므로 대폭 수정될 수 있다.

면담자와 담당자는 기획단계에서 작성한 면담주제목록을 점검하고 토의한다. 면담주제목록은 구술자와 예비접촉을 할 때, 구술자에게 전달이 되어 구술자와 사전논의를 한다면, 효과를 거둘 수 있다.

특히 각기 다른 연구자들이 다수의 구술자를 심층면담하는 구술증언사 형태의 작업에서는 전체 프로젝트의 통일성을 기하기 위해 질문목록의 점검은 매우 중요하다. 다만 세부주제들을 너무 구체적으로 정해두는 것은 심층면담의 역동성을 해칠 수도 있다. 대본을 읽고 있는 면담자는 심층면담을 이끌 능력이 없는 면담자로 평가할 수밖에 없다.

질문은 면담자에 의해 일방적으로 구성되고, 일률적으로 던져지는 것이 아니라 동일한 주제라도 개인에 따라 질문내용이 달라질 수 있고, 구술자의 관심에 따라 변경될 수 있다. 구술자가 질문을 주도할 수 있으며 면담자는 심층면담 과정에서 애초 가설을 변경할 수 있다. 그러므로 면담주제 목록은 심층면담 과정에서 반드시 수정되어야 한다. 이 능력은 오로지 면담자의 몫이다.

무능한 면담자요, 실패한 심층면담의 대표적인 사례를 소개한다.

현재 정부가 주관하는 심층면담은, 구술자가 한국 정치사에서 영향력이 있는 명망가일 경우 면담자도 그에 걸맞은 사회지도층에게 맡기는 경우가 일반적이다. 이 사례에서는 기록학에도 조예가 있는 면담자였다. 그런데 면담 현장에서 이 면담자는 구술자가 어떤 답변을 해도 무시하는 사오정이었다. 질문지를 금과옥조로 생각하고, 질문지에서 한시도 눈을 떼지 못한 채 그대로 읽어나갔다. "선생님께서는 과거에 A라는 정치적 경험을 하셨습니다만, 이에 대한 소견을 말씀해주십시오."

이것까지는 좋았는데, 이미 구술자는 A에 대해 술회를 한 후였다. 3번 질문항목에서 이미 4번에 해당하는 내용을 모두 발화한 것이다. 그런데도 면담자는 4번에 집착하고 있다. 이후에 프로젝트 담당자가 구술자를 방문한 자리에서 구술자는 프로젝트 자체에 대해 불쾌한 어조로 매우 큰 불신감을 밝혔다.

(4) 예비접촉

예비접촉은 심층면담(인터뷰) 시작 전에 갖는 구술자와 면담자들의 상견
례 자리이다. 단, 구술자에게 사전동의를 받는 방문기회를 가졌다면, 예비
접촉은 생략할 수 있다.

예비접촉은 주 면담자 외에 보조 면담자, 주관처의 담당자(이하 담당자)
가 구술자와 함께 동석하는 것이 필수적이다. 연구기관이 구술기록 수집작
업에 대해 갖는 신뢰성과 중요성 등을 구술자가 직접 인식하게 되는 기회이
기 때문이다.

구술기록수집은 면담자와 구술자의 공동 프로젝트이므로, 심층면담을 개
시하기 전에 전체 계획을 함께 세우는 시간이 필요하다. 예비접촉은 라포
(Rapport, 친화감)를 형성하고, 구술자의 기본적인 신상에 대한 자료를 수집
하기 위해 필요하다. 예비접촉은 이후 '생면부지'의 사람에게 자기 이야기를
해야 하는 어색함과 두려움을 감소시킬 수 있다.

비록 구체적으로 일이 진행되면서 계획은 수정되지만, 시작단계에서 면
담자와 구술자 모두에게 그 일의 규모와 들이는 시간 및 노력에 대해 생각
해볼 수 있는 시간을 갖게 하는 것은 의미가 있다. 보다 진지하게 심층면담
을 진행해 나갈 수 있게 되기 때문이다. 1999년에 한국정신문화연구원과 중
앙일보가 공동수집사업을 할 때, 면담자와 업무 담당자가 일일이 구술자를
방문하여 예비접촉을 가졌는데, 후일담을 들으니 대부분의 구술자들이 매
우 흐뭇해 했다고 한다. 구술자들은 "주최 측에서 이 정도의 성의"를 갖고
있다면 한번 열심히 해볼만하다는 신뢰를 갖게 된 것이다.

구술자와 첫 대면에서 면담자의 소개와 연구 과제내용을 설명하고, 구술
자의 간단한 이력을 확인한다. 예비접촉에서는 큰 질문들과 대강의 일정을
확인하고, 심층면담 시간을 결정한다. 면담자와 구술자가 모두 다음 인터뷰
를 준비하는데 자신의 시간을 계획할 수 있다.

구체적으로 시간과 장소를 결정하고 몇 차례의 심층면담을 할 것인지, 장비

는 어느 정도로 사용할 것인지(녹화 여부) 등등에 대해서도 서로 논의한다. 이 때 구술자에게 면담주제목록을 제공하는 것이 심층면담에 도움이 된다. 사정이 허락하면, 심층면담은 특정한 요일 및 시간을 정한다든지 하는 식으로 규칙적으로 하는 것이 필요하다.

　심층면담 시간은 식사 직후나 야간 시간 등 물리적으로 집중하기 어려운 시간은 피하는 것이 좋다. 이러한 시간에 심층면담을 진행하는 것은 구술자뿐만 아니라 면담자에게도 동일하게 고통을 주기 때문이다. 심층면담을 하면서 밀려오는 졸음을 쫓으며 집중을 하기 위해 고군분투해야 했던 경험은 여러 사람에게서 들을 수 있다.

　심층면담 장소는 구술자가 정서적으로 안정된 상태를 유지할 수 있는 장소가 바람직하다. 피해야 하는 장소는 소음이 많고, 사람들의 출입이 많은 곳이다. 필자는 불가피하게, '텔레비전에서 노래자랑 프로그램이 방영되고 있고, 뻐꾸기시계가 있는 찻집'에서 심층면담을 해야 했던 경험이 있는데, 최악의 장소였다. 더구나 당시 찻집의 주인은 친구들과 화투놀이를 하고 있었고 출입문은 여닫을 때 마다 심하게 삐걱거리는 소리를 내고 있었다.

　최적의 장소 가운데 하나는 구술자의 자택이다. 소음이나 다른 사람의 방문 등 외부로부터 방해받지 않고 조용히 이야기할 수 있는 곳이면서도 구술자가 심리적으로 안정되고, 회상을 돕는 여러 단서들이 있다는 점에서 좋은 장소로 평가된다. 가족의 도움으로 구술자의 구술을 보충할 수도 있다.

　그러나 구술자의 자택이 언제나 좋은 구술장소는 될 수 없다. 구술자의 집은 가족의 개입이 불가피하므로 편안한 구술이 진행되기 어려운 경우도 발생한다. 집이 누추하다며 외부인 들여놓기를 꺼리는 경우나, 가정 내에서 역학관계에 따라 가정방문을 달가워하지 않고 불편하게 여기는 경우도 적지 않다. 특히 노인들은 노년에 가정 내에서 주도권을 갖고 있는 경우가 많지 않으므로 구술자의 가족이 개입하여 심층면담 작업을 방해하는 경우도 있다. (예 : MBC다큐멘터리 '이제는 말할 수 있다' 프로그램 가운데, 보도연맹

사건을 증언하는 할아버지 옆에서 할머니가 계속 "말하지 말아요. 뭔 말을
해 줘요? 나중에 다칠까 무서운디" 하면서 만류하는 장면)

　또한 녹화기기를 사용해야 하므로, 적절한 공간의 확보나 채광, 전선 연
결 등 제반 환경도 고려해야 한다.
　구술자의 별도 공간(사무실, 연구실)이 있다면 권할 만하다. 가족의 방해
없이 심층면담을 진행할 수 있는 곳이다. 면담자의 공간(연구실)이나 주관
하는 연구기관의 소회의실 같은 장소도 추천 대상이다. 요사이 많이 볼 수
있는 아카데미 카페나 북 카페, 세미나 룸에서도 편안한 공간을 마련할 수
있다.
　필자는 음식점의 별실을 이용한 적도 있는데, 약간의 산만함은 있으나 식
사를 하는 자체가 긴장감을 완화해주므로 분위기가 좋아져서 심층면담(인
터뷰)이 자연스럽게 이루어지는 장점도 있었다.
　의외로 예비접촉이, 예비접촉이 아닌 경우가 많다. 예비접촉은 그야말로
예비접촉이며, 심층면담을 하기 이전의 사전 준비단계이다. 그러나 한국적
인 특성은 구술상황으로 직행하므로 녹음준비는 필수이다. 구술자가 사전에
구술 동의를 하고 나면 비교적 신속하게 구술을 하고 싶어하는 경향이 있다.
　첫째 이유는 스스로가 기억한 것을 잊어버릴지 모른다는, 또는 구술기록
수집의 전체 과정을 마치지 못하고 유명(幽明)을 달리할 수 있다는 조바심
이 예상 밖으로 강하게 작용을 하기 때문이다. 실제로 구술 도중에 사망하
거나 구술을 할 수 없는 상황에 닥치는 경우가 많았다.
　1997년에 한국정신문화연구원 주관 수집사업에서 구술을 하기로 했던 계
훈제 선생(桂勳梯, 1921~1999. 재야운동가. 평안북도 선천 출생. 학병을 피
하였다가 검거되어 오노다 시멘트주식회사에서 강제노역을 당함. 한평생
민주화 반독재운동에 헌신)도 심층면담 약속을 잡아 놓은 직후에 혼수상태
에 들어가 사망했다. 1999년에 한국정신문화연구원과 중앙일보사가 공동으

로 수행한 구술기록수집사업에서 30명의 구술자 가운데 3명이 건강상이나 일신상 이유로 구술 도중에 중단했다.

두 번째 이유는 한국인들은 친화감의 형성이 비교적 빨리 이루어진다는 점이다. 대부분의 구술자들은 '구술을 하기로 결정을 했으니 이왕이면 적극적으로 하는 것이 좋다'고 생각하고 마음을 연다. 이는 상대방에 대한 배려이자, '학식이 높은 면담자'에 대한 신뢰감이 큰 이유이기도 하다. 그러므로 구술자의 사전 동의를 얻고 난 이후에 다시 별도의 예비접촉 시간을 갖는 경우에는 장비 등 심층면담 준비를 해가지고 가는 것이 필요하다.

(5) 장비점검

녹음용(아나로그, 디지털)과 녹화용 장비, 소모품 준비 사항 등을 점검한다. 장비는 녹음용과 녹화용을 준비하고, 미리 사용방법을 숙지한다. 면담자들이 기기 조작에 서툴러서 실수하는 경우도 있고 당황하여 실수하는 경우도 매우 많다. 익숙한 기기라 하더라도 갑작스러운 기기의 문제는 의외로 많이 발생하며, 그로 인해 수집 작업 자체가 무산되는 처참한 결과도 왕왕 볼 수 있다.

장비는 면담자가 늘 사용하던 것을 사용하는 것이, 안정성이라는 점에서 볼 때 최적이다. 프로젝트의 경우에는 주관처에서 제공하는데, 이 경우에는 사용방법을 익히는데 더욱 노력을 기울여야 한다. 새로운 기기는 충분히 익숙해지도록 연습해 두어야 하고 면담자는 자신이 늘 사용하던 장비라 하더라도 심층면담(인터뷰)을 가기 직전에 점검할 필요가 있다.

녹음용 장비는 아날로그용(녹음기)과 디지털용(MP3, MD, 보이스 레코더)이 있는데, 최근에 많이 사용하는 녹음 기자재는 MP3 플레이어이다. MP3 플레이어는 부피도 많이 차지하지 않으며 작업 후 관리에도 용이하다. 스마트폰의 음성메모 기능도 사용 가능한 녹음장비인데, 이후에 MP3 파일로 변환해야 한다.

녹음장비는 여러 대를 동시에 사용하도록 강력히 권장한다. 특히 디지털용의 경우에는 삭제가 손쉽게 되므로 오작동으로 인해 자료가 멸실될 가능성이 매우 높다. 또한 원인 모르는 오작동이 예상 외로 발생하는 것도 디지털용 장비이다.(예 : 제대로 촬영을 한 녹화기기에서 음성 녹음만이 안 된 채로 있었다거나 가방 안에 넣어둔 녹음기기의 버튼이 잘못 눌려져서 녹음 내용이 지워진 경험)

그러므로 복수의 기기에 파일을 저장해야 한다.

디지털용 장비는 기종에 따라, 제조업체에 따라 기능이 천차만별이고, 주의해야 할 점이 많다. MP3 플레이어의 경우에도 가장 많은 판매량을 보이는 제품이 음질이 너무 조악하여 사용이 어려운 경우가 있고, 음질이 좋아서 녹음용으로 가장 많이 사용하는 업체의 제품이라도 모든 점을 만족하는 것은 아니다. MD나 보이스 레코더도 마찬가지이다. 가장 좋은 방법은 구매자들의 반응을 참고하고, 사용설명서를 꼼꼼히 읽으며 여러 번 작동을 하여 익히는 것이다.

녹화장비에 필요한 소모품 및 부속품은 테이프와 조명, 외장형 마이크, 삼각대(받침대) 등이다. 이 가운데 가장 많은 실수를 유발하는 부속품은 외장형 마이크이다. 외장형 마이크는 배터리를 넣어야 작동이 되는데, 가장 흔한 실수가 마이크의 전원을 off로 한 상태에서 녹화를 한 경우이다. 소모품은 녹음용과 녹화용 모두 충분히 준비해야 하고(2배 이상), 소모품 구입이 어려운 지역에 대비하여 상비한다. 캠코더는 테이프의 잔량에 따라 녹화종료시기가 표시가 되는데, 잔량을 파악해 적정한 시기에 교체해야 한다.

대부분의 구술사가들은 평소 녹음기기와 녹화기기를 넣은 가방에 수십 개의 테이프와 배터리 등을 상비하고, 일정한 시기마다 교체한다. 외국으로 나갈 경우에는 지역마다 100볼트와 220볼트 등 사용 가능한 전압이 다르므로 충전기의 전압 변환용 소품도 필요하다. 흔히 돼지코라 불리는 소품은 필수적이다. 장기간 출장 작업에서는 디지털 녹음기의 내용물을 저장할 노트북이나 외장형 하드 디스크도 준비한다.

　늘 사용하던 기자재를 다시 점검하고 소모품과 장비를 챙겨야 하는 이유는, '한순간의 방심으로' 귀중한 심층면담 자리를 헛되게 만들 수 없기 때문이다.

　면담자들은 보통 심층면담 약속을 한 시간에 맞추어서 소모품을 준비해가기 마련이다. 심층면담을 2시간 정도가 가장 적정하다고 판단하고 2시간 정도로 약속을 하면, 그 이상은 넘지 않을 것이라 예상하고, 심층면담에 임할 것이다. 그러나 심층면담이 진행되는 과정에서 시간을 넘기는 것은 다반사이다. 굳이 다른 스케줄이 없다면, 구술자는 이제 막 물이 오른 상태에서 시간이 되었다고 해서 구술을 중단하고 싶어하지 않는다. 대부분은 구술에 심취하여 시간 가는 줄 모르는 경우가 많다.

　심지어 면담자 자신도 배터리가 다 되서 녹화가 안 되고 있는 줄도 모를 정도로 상황에 몰입한 경우도 있고, 테이프를 충분히 준비해갔으나 준비해간 테이프가 녹화기와 접촉 불량을 일으켜서 일을 망친 경우도 있다. 그 외에 식은땀이 흐를 정도로 난감하고도 뼈아픈 실수 사례는 부지기수이다. 심층면담 경험이 10년이 넘는 사람도 조금만 부주의하면, 수시로 경험하는 실수이기도 하다. 늘 '어떠한 기자재라 하더라도 완벽하게 신뢰할만한 것은 없다'는 진리를 명심하는 수밖에 없다.

　어느 무용가에게 심층면담을 요청한 연구자는 구술자의 춤사위에 관해 녹화를 하는 것이 반드시 필요했기에 카메라를 설치했다. 그러나 무용가는 도대체 구술자가 원하는 동작을 보여주지 않고, 앉은 채 손동작으로만 몇몇 춤사위를 보여줄 뿐이었다. 그러다가 녹화기기의 테이프가 부족하게 되어, 보조 면담자가 구입을 하러 가야 해서 어쩔 수 없이 잠시 휴식시간을 갖게 되었다. 그런데, 이 때 구술자는 일어서서 춤사위를 보여주며 구술을 이어갔다. '신바람'이 난 것이다. 면담자는 "선생님, 카메라 다시 틀면, 지금 그 동작을 다시 해 주세요"라고 부탁을 했다고 한다. 그러나 소모품을 구해 와서 다시 카메라가 작동을 하자 구술자는 다시 자리에 앉아 손동작만을 반복할 뿐이다. 조금 전에 보여주었던 모습은 다시 나오지 않았다. 그 사이에 신바람이 사라진 것이다. 구술자가 일어서서 보여주었던 춤사위는 면담자의 기억 속에서만 자리할 수밖에 없게 되었다.

이러한 실수로 녹음이나 녹화기기에 담지 못한 내용은 다시 심층면담 작업을 한다 해도 다시는 담을 수 없다. 이미 쏟아진 물이다. 구술자는 동일하게 재현을 하려고 하고, 혹은 재현하고 있다고 생각을 하지만 결코 동일한 내용은 나오지 않는다. 그것이 바로 구술기록의 특성이기도 하다.

또한 친화감에도 영향이 생긴다. 구술자가 예정된 시간을 넘겨가며 열심히 구술을 하고 있는데, 소모품이 떨어졌다면, 구술자의 기운이 빠지는 것은 두말할 나위도 없다. 그 이후에는 맥이 빠진 심층면담으로 이어지거나 "이거 잘 돌아가고 있는 거야?" "이게 녹화가 제대로 되는 거야?" 식의 불안한 마음이 계속 유지된다. 또한 이런 상황은 면담자의 불성실함으로 비춰지기도 한다. '그런 것도 제대로 준비하지 못하면서 뭘 할 수 있겠는가'라는 불신감을 회복하는 데에는 많은 시간이 필요하다.

(6) 약속 확인

약속 확인은 심층면담(인터뷰) 직전에 구술자에게 하는 사전 확인이다. 심층면담 일정의 확인은 구술자에게 적당한 정도의 긴장감을 주고, 면담자가 구술기록수집에 관해 갖는 관심을 표하는 효과가 있다.

구술을 하기 3일 전에 면담자는 구술자에게 심층면담 일정을 확인하고, 하루 전에 다시 한 번 확인하거나 출발하면서 확인하는 방법이 좋다. 구술자가 심층면담 약속을 잊는 경우가 종종 발생한다. 어렵게 찾아갔는데, 꽃놀이 떠난 경우를 경험하기도 한다. 심층면담 약속을 했음에도, 사전 확인을 하지 않으면 "아무 연락이 없어서 취소된 줄" 알고 외출을 해 버리는 경우도 있다.

구술자 : "사람이 오려면 온다고 사전에 연락을 해야 마음의 준비도 하고
　　　　　그럴 거 아닌가. 오는지 안 오는지 알 수가 있어야 말이지."
면담자 : "지난번에 일정을 같이 잡아서, 저는 이미 알고 계신다고 생각하고
　　　　　따로 연락 안 드렸는데요."
구술자 : "그랬나? 그래도 연락 한번 주어야지. 사람 일이 어찌 될지 어떻게
　　　　　알고…"

사전 확인이 없어서 긴가민가 했던 구술자가 '갑자기 나타난' 면담자에게
불편한 심기를 토로하는 모습이다.

(7) 면담자의 자기 성찰

심층면담(인터뷰) 전 과정의 마지막 단계로서 심층면담에 임하기 전에 구
술자에 대한 면담자 자신의 선입관을 검토하고, 자세를 점검하는 기회를 갖
는 단계이다. 구술자에 대한 면담자의 선입관은 크게 개인적인 부분(사전
동의 과정이나 예비접촉을 통해 얻은 선입관)과 일반적인 부분(구술자에 대
한 기억력 관련 불신이나 편견 등)으로 볼 수 있다.

첫째, 개인적인 부분은 사전 동의 과정이나 예비접촉을 통해 얻은 선입관
이다. 구술자가 매우 편협할 것 같다거나 괴팍하여 협조를 잘 할 것 같지
않아서 구술이 원만하게 이루어질 것 같지 않다는 선입관을 갖고 있다면,
면담자는 심층면담을 하기 전에 불식하는 것이 필요하다. 또는 구술자가 상
대방을 편안하게 해주는 성품으로 보이므로 심층면담 작업이 원만히 이루
어질 것이라는 안도감도 버려야 한다.

필자도 상대방의 인상을 중시하는 편인지라 이런 선입관을 완전히 불식
하지 못하고 작업에 임한 적이 많았다. 예비접촉 당시에 너무 괴팍스러운
인상을 받아서 별로 기대를 하지 않고 심층면담에 임했다가 의외의 성과를
거둔 경우는 그래도 다행스러운 일이다. 그러나 선량한 첫 인상만 믿고 마
음의 준비를 부족하게 한 결과, 난감한 상황에 직면하게 된 경우는 지금도

유쾌하지 않은 기억으로 남아 있다.

둘째, 일반적인 부분은 면담자가 연장자들에 대해 갖는 기억력에 대한 불신이나 편견 등이다. 면담자가 구술성에 대해 깊게 인식하고 있음에도 불구하고 '그렇게 오래된 이야기를 잘 기억하고 있을까' '이후에 학습된 내용은 아닐까' 등등의 불신감을 완전히 불식하지 못한 경우이다. 면담자가 구술자에게 갖는 선입관은 부지불식간에 구술기록 수집작업에서 드러나게 되어 작업과정에 영향을 미칠 수 있다.

이러한 선입관은 구술자를 존중하는 마음가짐을 위해서나 구술사 본래의 목적을 위해서도 바람직하지 않다. 구술사란 면담자가 구술자를 통해 자료를 수집하는데 그치는 것이 아니라, 또 다른 인간으로부터 인생의 지혜를 배우는 측면도 함께 있다. 또한 심층면담은 사실(事實) 확인을 위한 목적의 작업이 아니고, 구술자가 진술하는 내용 자체가 갖는 의미가 매우 크다. 사실 여부를 떠나서, 구술자는 그렇게 기억하고 있거나, 그렇게 진술해야만 하는 상황이 있다. 그 의미를 분석해내는 것이 면담자의 몫이고, 구술사의 중요한 역할이라는 점을 다시 한 번 생각해야 한다.

면담자가 심층면담에 임하는 가장 좋은 자세는 구술자를 존중하며 진정으로 인생을 배운다는 진정성이 드러나는 것이다. 심층면담은 매우 섬세한 인간관계이므로 그 진실은 어떻게든 구술자에게 전달된다. 대부분의 구술자들이 "내가 얘기를 하기는 하지만, 그 시대를 살지 않았던 당신들이 어떻게 알 수 있겠는가"하는 조바심과 답답함을 가지고 있는데, 면담자의 진심 어린 자세는 이러한 걱정을 상쇄시키고 자연스러운 회상으로 이끌 수 있다.

➡ **금지사항 : 약탈적·공격적 수집**

심층면담(인터뷰) 성과에 대한 기대가 큰 면담자, 심층면담에 욕심을 부리는 면담자, 이들의 공통점은 무엇일까. 구술자의 머릿속에 있는 것을 몽땅 빼내리라는 의욕이 충만한 만큼 수반되는 부작용이 바로 그것이다. '질문하기'나 '듣기' 등 심층면담 진행과정에서 일반적인 권고사항을 무시하고, 하나라도 더 많이 기억해내도록 하고, 많이 구술하도록 노력한다. 야간장면도 필요하다 하여 밤에까지도 녹화장비를 들이댄다. 그 결과 확인해야 할 내용도 확인했고, 테이프의 양은 많아졌으니 그것만으로 보면 성과가 큰 편이다. 3회로 예정된 심층면담이라도, 자신이 원하는 내용을 얻었으면, 이후 일정은 취소하기도 한다. 그 이후에는 전화도 한 번 안 건다. 그리고 또 다른 구술자를 향해 간다. 그렇다면 면담자가 심층면담 과정에서 원하는 성과를 거두지 못한 경우에는 어떠한가. 적극성이라는 미명 아래 무리수를 두게 된다.

이런 경우에, '열심히 한 당신!'으로 평가해주리라 기대할 것이다. 실제로 얼마 전까지만 해도 필자가 면담자 연수 석상에서 금지사항으로 '약탈적 수집'을 설명하면, "왜 그렇게 하면 안 되지요. 우리에게 필요한 건 그 내용인데…"하는 반응이 적지 않았다. 거기에서 더 나아가 "그렇게 점잖게 질문을 하면 되나요. 마구 파고 들어야지요. 그래야 하고 싶지 않은 얘기도 나오고 그런 거지요"하는 나름의 전략(?)도 나온다. 그러나 유감스럽게도 필자가 채점한 그런 면담자의 성적표는 낙제점이다. '약탈적 수집을 한 당신!'이다. 그 이유는 다음과 같다.

심층면담이란 인간이 기계를 상대로 하는 것이 아니라 인간을 상대로 하는 작업이고, 면담자가 냉장고나 자동판매기에서 음료를 빼 먹는 행위가 아니다. 그러므로 심층면담 과정을 통해 얻어야 하는 것은 파일과 테이프만이 아니다. 구술자의 카타르시스와 트라우마로부터의 해방도 있다.

르포집인 『마지막 공간 - 청계천 사람들의 삶의 기록』에 의하면, 세운상가의 '홀로사장님'인 구술자는 심층면담이 끝나자 '여태까지 누군가에게 자기 속 이야기를 이처럼 토로해본 적이 없다'며 면담자에게 고마움을 표했다. 참담한 표정으로 눈물을 흘리기도 했지만 입가에 웃음을 머금기도 하며 유쾌한 태도로 진행된 심층면담에서 구술자는 이야기를 하면서 자신의 삶을 받아들이기도 했고, 생각을 정리하는 것 같기도 했다. 이 면담과정에서 얻은

또 하나의 소득은 바로 구술자에게 자신감을 불어넣어주었다는 점이다. 그
것이 바로 현재 구술자가 닥친 참담한 상황에서 벗어나게 하는 힘이다. 이
에 반해 약탈적이고 공격적인 수집을 통해 도리어 구술자가 마음에 상처를
받는다면, 그런 작업은 하지 말아야 한다.

　필자가 1997년에 경북 안동에 가서 작업을 할 때 일어난 일이다. 일본의
시민단체에서 온 작업팀은 지나치게 열성적인 구성원들이었다. 심층면담을
해야 할 구술대상자 A의 거주지를 알아본 결과 당사자가 사망하였음을 확
인하고는 대신 아들을 찾아 나섰다. 돼지농장을 하던 아들은 작업팀의 갑작
스러운 방문에 당황스러워했다. 구술대상자 A는 일본에 유학을 하고 돌아
온 이후에 일본인 부인과 같이 살고 있었는데, 일제 말기에 보국대장으로서
많은 조선인을 이끌고 일본 미에(三重)현의 구리 광산에 갔다. 같은 작업
장에 근무했던 사람들의 이야기를 들어보면, "체격이 좋고, 학식이 있던 A는
노동현장에서 조선인을 착취한 것이 아니라 도리어 보호하는 역할을 했다"
고 한다. 그 결과 A의 인솔 아래에 있었던 조선인들은 전쟁이 끝난 이후에
안전하게 귀국을 할 수 있었다.

　귀국 이후에 A는 일본인 부인과 이혼을 하고, 한국인 여성과 재혼을 했
다. 일본인 부인이 곧바로 일본으로 돌아갔고, 호적상에 이름이 올라 있는
것도 아니었으며, 재혼한 부인은 다른 지방 출신이었으므로 본인이 재혼이
라는 사실을 알지 못했다. 뿐만 아니라 남편이 보국대장으로서 일본에 다녀
온 사실조차 몰랐다. 그저 유학을 다녀온 사실만 알았을 뿐이다. A의 아들
도 마찬가지였다. 부친의 전력(前歷)에 대해 전혀 알지 못한 상태였다. 그런
데 갑자기 방송사의 카메라 기자까지 동반한 수 명의 일본인과 취재진들이
방문 ― 실제는 들이닥친 것 ― 한 것이다.

　방문자들로부터 부친의 이야기를 들은 아들의 표정은 점점 어두워졌다.
다른 지역에 사는 모친에게 전화를 걸어 몇몇 사실을 확인했는데, 역시 모
친도 금시초문이었다. 이런 상황에서 아들을 상대로 일본시민단체에서 온

활동가들의 질문공세는 계속되었다. 아들이 이 상황을 받아들이기 어려움에도 불구하고… 또한 부친이 남긴 수첩을 모친이 가지고 있다는 말에 방문자들의 적극성은 더욱 강해졌다. 수첩을 보고 싶다는 것이었다.

아들은 상당히 충격을 받은 것 같았다. 비록 부친이 보국대장을 했다고 하여 같은 동포를 착취한 것은 아니라고 하지만, 그런 역할을 했다는 자체가 받아들이기 어려웠던 것 같다. 더구나 일행이 방문했을 때는 얼마 전에 일어난 수해로 돼지가 몰살하여 재산상의 피해를 많이 입은 상황이었다.

필자는 그 '일본인 선생님들'에게 중단해줄 것을 요청했다. 그러나 방문자들은 아들의 입을 통해 해방 이후 시기 부친의 삶에 대해 이야기를 듣고 싶었고, '수첩'에 대한 미련 때문에 자리를 뜰 수 없었다. 방송사의 카메라는 여전히 돌아가고 있고, 불청객인 방문자들은 돌아갈 조짐을 보이지 않는 속에서 그 아들은 얼마나 황망했을 것인가. 결국 거듭된 필자의 채근으로 인해 일행은 '수첩'에 대한 더 이상의 정보를 얻지 못한 채 그 집을 나설 수밖에 없었다. 필자는 숙소로 돌아와서 일행들에게 심층면담 과정에 대한 문제점을 지적했는데, '일본인 선생님들'로부터 돌아온 반응은 "열심히 조사를 하는 과정에서 그럴 수 있는 일", "조사를 위해서라면 그 정도의 무리는 당연한 일"이었다.

이에 대한 필자의 생각은 다르다. 무엇을 위해 무리를 해야 한다는 말인가. 그들에게 구술자는 '조사대상자'였다. 그렇다면 조사대상자가 아닌 조사자를 위한 무리가 아닌가. 이런 것이 적극적인 조사 자세라면, 조사는 중단해야 한다고 생각한다.

면담자는 구술자를 상대로 상처를 줄 자격이 없다. 그것은 심층면담이 아니라 횡포이자 인간에 대한 기본적인 배려를 결여한 행동이다. 공격적이고 무리한 심층면담은, 비록 의도가 좋다하더라도, 아무리 성과가 풍부하다 하더라도 의미가 없다.

그렇다면 성과라는 점에서는 어떠한가. 무엇이 성과인가. '심층면담을 해야 할 사람이 이렇게 많은데, 들을 이야기는 빨리 빨리 듣고 다음으로 넘어 가야지, 언제 구술자의 카타르시스를 해결해 줄 시간이 있는가, 또 다른 사람에게 가서 심층면담을 해 오는 것이 연구를 위해 도움이 된다'고 생각하는 면담자도 있을 것이다. 그러나 구술자가 동일한 사건에 대해 동일하게 이야기하지 않는다는 점, 그리고 '왜 다른 내용을 이야기할까' '그 내용의 차이는 무엇인가' 등을 분석하는 작업이 구술사라는 점을 생각한다면, 어떤 작업 방식이 구술기록수집에 적합한 것인가에 대한 답이 나온다.

약탈적·공격적 수집을 해서 안 되는 이유는 심층면담이 신문기자의 취재나 작가들의 작품 소재 획득 작업과 다른 구술기록수집이기 때문이다. 약탈적·공격적 수집을 하지 않아야 하는 이유는 단지 구술자만을 위해서가 아니다. 면담자를 위해서, 아울러 올바른 연구와 역사 만들기를 위해서도 반드시 필요하기 때문이다.

성과주의의 굴레나 지나친 연구 의욕에서 벗어나 구술사가 무엇인지, 구술기록수집이 무엇을 위한 작업인지 등 근원적인 문제를 다시금 되새겨보자. 이 글 말미에 소개하는 체크 리스트를 통해.

2) 심층면담(인터뷰) 진행

심층면담(인터뷰) 횟수는 일반적으로 예비접촉을 제외하고 2~3회 정도가 적절하다.

원칙적으로 면담자는 1차면담이 끝난 후 2차면담을 할 때 구술자에게 1차면담의 상세목록을 제공한다. 이 방법은 구술자가 자신의 구술내용이 문자화된 것을 보고, 구술기록수집 자체에 대해 신뢰성을 가질 수 있다는 장점이 있다. 또한 자신의 구술내용에서 누락된 부분을 채울 수 있다.

상세목록이 아닌 녹취문을 제공할 경우에는 장점보다는 단점과 부작용이 크다. '문자화의 공포'로 인해 비공개를 요구하거나 구어체가 그대로 문자화

되었다는 점에서 낯설어하여 내용에 대한 대폭적인 삭제를 요구하는 경우가 발생한다. 종종 볼 수 있는 구술자의 반응 사례는 "내가 언제 이런 말을 했어. 난 이렇게 바보같이 말하는 사람이 아니야. 내가 무슨 음, 이, 그, 저, 이런 군소리를 이렇게 많이 한다는 거야!"하는 것이다. 이런 상태로 이후 심층면담 일정이 원만하게 돌아가기를 기대하기는 어렵다.

군이 작성하기도 어렵고 활용도도 낮으며 오류도 불가피한 녹취문을 제공하여 구술자의 신뢰를 떨어트리고 이후 심층면담 일정에 부정적인 영향을 미칠 필요는 없다.

(1) 구술자와 신뢰 유지 : 시간약속 엄수, 편안한 분위기 조성

일반적으로 구술자는 구술허가를 한 이후에 면담자에 대해 스스로 인간적인 신뢰를 갖고자 노력한다. 그것은 '구술을 허가한' 자신의 판단이 옳았음을 유지하고 싶어하는 마음이 있기 때문이다. 면담자는 이러한 구술자의 기대를 유지하기 위해 최소한의 노력을 기울이는 것으로도 효과를 거둘 수 있다.

① 시간 약속 엄수

첫 면담시간에 늦으면 이후 심층면담(인터뷰)의 신뢰에 심각한 금이 갈수 있다. 첫 심층면담을 약간의 긴장감으로 기다리던 구술자에게 여유로움을 기대하기란 어렵다.

전라도 광주에서 경기도 성남으로 심층면담을 하러 가던 어느 면담자는 길이 막혀서 시간이 지체되자, 차 안에서 전화를 걸었으나 구술자는 전화를 받지 않았다. '혹시 심층면담 약속을 잊은 것이 아닌가' 하는 생각에 덜컥 겁이 난 면담자가 서둘러 구술자의 자택에 도착했을 때, 구술자는 집 앞에 서서 기다리고 있었다. 구술자는 '혹시 오늘 안 오는 것이 아닌가' 하는 조바심에, 적지 않은 시간을 집 앞에서 기다리고 있었던 것이다. 면담자 못지않게 구술자가 갖는 긴장감을 다시 한 번 확인할 수 있었던 사례이다.

② 편안한 분위기 조성

심층면담(인터뷰)이 시작되기 전에 가능한 한 빨리 친화감을 형성하여 편안한 대화 분위기를 조성해야 한다. 라포(친화감) 형성에 도움이 되는 방법에는 가족사진 보기가 있다. 일반적으로 구술자의 자택에는 가족사진이 걸려 있으므로 이를 통해 분위기를 편안하게 이끌 수 있다. 어느 연구자는 구술대상자인 할머니와 함께 화투를 친 경험도 있다고 한다. 서로 서먹서먹하게 있다가 방안에 화투가 있길래 화투를 치게 된 것인데, 그 과정에서 친화감이 형성되었을 것임은 미루어 짐작할 수 있다.

면담자는 구술자가 가장 편안한 상황에서 기억을 반추할 수 있도록 도움을 주어야 한다. 이를 위해 면담자의 복장, 말, 태도 등을 구술자에 따라 적절히 조절한다. 특히 면담자가 학문적인 용어를 필요 이상으로 많이 사용하거나 구술자가 살았던 시절에 대한 역사적 지식이 풍부한 것처럼 과시하는 듯한 인상을 남기는 것은 피해야 한다.

또한 필요 이상으로 구술자에 눈높이를 맞추려는 데서 오는 부자연스러움이나 지나친 공손함도 편안한 분위기 조성에 그다지 도움이 되지 않는다. 마음이 불편한데 어찌 자연스러운 회상이 나오겠는가. 충남 논산에서 이루어진 심층면담 녹화 테이프에서 팔순이 넘는 구술자는 허리를 꼿꼿이 세우고 고개를 약간 앞으로 내민 채 매우 경직된 자세로 일관하고 있었다. 매우 공손한 모습이었다. 그 이유는 바로 앞에 앉은 면담자가 무릎을 꿇고 앉아 있었기 때문이다. '대처(大處)에서 오신 공부를 많이 하신 학자님이 무릎을 꿇고 앉으니' 구술자가 자세를 편히 하기 어려웠던 듯하다.

③ 확신 심어주기

구술자 가운데에는 면담자에 대한 불신감을 노골적으로 나타내는 사람도 있다. '당신이 뭘 알겠느냐'라는 불신감을 직접적으로 심층면담(인터뷰) 과정에서 계속 표현하는 경우이다. 이 때, 면담자가 참는 것만이 좋은 방법은 아니다. 구술자의 불신감을 상쇄시켜주지 못하면, 심층면담 내용의 질은 떨어지게 되기 때문이다. 면담자는 상황에 따른 확신을 심어주기 위한 적절한 방법을 개발해야 한다.

심층면담 과정에서 면담자의 실수는 구술자의 신뢰 쌓기 노력에 저해가 되거나 작업 중단의 원인이 되기도 한다. 심층면담이 중단됨은 물론, 구술자가 이후 다른 면담자에게도 마음을 열지 않을 수 있다. 심지어 어떤 구술자는 심층면담 제의가 오면, 동의는 하면서도 막상 심층면담에 들어가면 '불편했던 인터뷰 경험'만을 이야기하여 심층면담이 제대로 이루어지지 못하기도 했다. 이런 경우, 결국은 공공의 자료로서 보존·활용될 수 있었던 기억이 영원히 손실되는 것이다. 그러므로 면담자는 공공의 역사자료로 활용될 구술자의 기억이 소중하게 수집, 보존, 관리, 활용될 수 있도록 연구자로서의 사명감을 가져야 한다.

(2) 파일 첫머리에 기본정보 녹음하기 / 배경 녹화하기

녹음기기의 경우, 면담자는 심층면담(인터뷰)을 시작하기 전에 녹음테이프 앞부분에 과제명, 면담 연월일, 구술자, 면담자, 면담장소를 녹음한다. 시작 전에 하지 못했다면, 심층면담을 마친 이후에라도 해야 한다. 보통은 녹화기기를 설치하는 시간에는 정식 심층면담(이 시작되지 않으므로 이 때 자연스럽게 기본 정보를 녹음할 수 있다. MP3 파일은 컴퓨터에 저장할 때, 파일명에 기본정보를 기록해 두어야 변별성이 유지된다.

녹화의 경우, 심층면담에 들어가기 전에, 과정이나 배경을 녹화한다. 구술자의 집을 찾아가는 과정이나 건물 전경, 실내에 걸린 사진 등은 향후 이용자들이 구술현장과 내용을 이해하는데 유용한 정보이다. 테이프 케이스에도 심층면담 연월일과 구술자의 이름, 번호 정도는 미리 기재해 테이프가 뒤섞이지 않도록 해둔다. 테이프의 양이 늘어나면 나중에 따로 하기 번거로운 업무가 되어 버린다.

(3) 장비 설치 및 관리

녹음이나 녹화 관련 장비는 면담자가 관리할 수 있는 위치에 설치하며 보조자를 배치한다. 장비는 심층면담(인터뷰)이 시작되기 전에 시험작동을 해서 확인한다. 녹음 장비는 책이나 손수건 등을 받치고 놓음으로써 진동에 의한 소음을 줄인다. 녹음이나 녹화 도중에 전원이 나간다거나 작동이 중단되는 일이 없도록 하려면, 심층면담 장소에 보조자가 있는 것이 가장 바람직하다. 심층면담의 보조는 보조 면담자이거나, 녹취문 작성이 필수적인 옵션이라면 이후에 1차 녹취문을 작성할 초벌채록문 작성자들이 담당하는 것이 좋다.

심층면담이 시작된 이후에는 면담자가 장비에 대해 신경을 쓰지 않도록 해야 한다. 주 면담자가 장비 관리에서 자유로워야 하는 이유는 구술의 맥을 끊지 않는다는 점도 있지만, 면담자를 위해서도 필요하다.

녹화기기에 대해서는 구술자의 사전 동의가 필요하다. 상세한 촬영 기법은 다른 장에서 설명하므로 이 장에서는 녹화의 방향을 제시하겠다. 먼저 녹화 비중은 화면이 중요한가, 내용이 중요한가를 고려하여 결정한다.

좋은 화면과 충실한 내용을 모두 얻기 위해서는 많은 준비와 노력이 필요하다. 그러나 준비와 노력에 앞서 해결해야 할 선결과제가 있다. 내용을 주로 하고, 그림 만들기는 보조로 설정할 것인가. 내용과 무관하게 좋은 그림이 필요한가. 전자는, 녹화기기가 이후에 상세목록 작성이나 연구에서 심층면담 상황에 대한 이해를 돕기 위한 최소한의 목적으로 설정된 경우이다. 그러나 후자, 즉 좋은 그림만 필요하다면, 별도의 촬영 일정을 잡는 것이 좋다. 전자의 경우라면, 녹화기기가 이후에 상세목록 작성이나 연구에서 심층면담 상황에 대한 이해를 돕기 위한 최소한의 목적으로 사용될 경우를 생각해보자.

좋은 화면과 충실한 내용을 모두 얻기 위한 선결과제 첫째는 이용자 중심의 화면을 구성(구술자와 면담자가 같은 화면에, 7:3 비율로)한다는 점이다. 구술자는 면담자의 표정에 따라 영향을 받으므로, 연구자들은 구술자와 면담자의 얼굴표정을 봄으로써, 분석을 할 때 참고가 될 수 있다. 그러나 비중은 구술자가 70% 정도는 되어야 한다. 양자가 모두 화면에 나오도록 하기 위해서는 양자 간 좌석배치도 고려해야 한다. 마주앉은 상태로는 두 사람 모두 옆모습만 잡히기 때문이다. 90도 각도로 앉는 것이 좋을 것이다. 줌(zoom) 기능을 자주 사용하는 것도 이용자에게는 도움이 되지 않는다.

촬영자는 본인이 현장 상황을 이해하므로 촬영자 중심으로 화면을 구성하게 된다. 이 경우, 화면에는 늘 구술자의 얼굴만 클로즈업 되어 있다. 그러나 이용자 중심의 화면을 구성하려면 화면에 구술자와 면담자의 모습이 같이 잡히도록 카메라 위치를 잡아야 한다. 면담자의 태도에 따라 구술환경이 달라질 수 있기 때문이다.

둘째는 촬영 환경이 심층면담에 영향을 미치지 않도록 최대한 안정감을 유지해야 한다는 점이다. 구술 도중에 귀중한 화면이 나온다면, 심층면담이 종료된 이후에 다시 촬영하는 방법도 취해야 하는데, 안정감을 유지하는 것은 대단히 어려운 문제이다.

녹화기기를 구석에 설치해 놓고, 구술자가 계속 감지하지 않도록 한다면, 녹화기기의 존재로 인해 심층면담 작업이 지장을 받지는 않는다. 일반적으로 구술자들은 심층면담 초기에는 녹화기기를 의식하지만 막상 시간이 조금 지나면 심층면담에 집중을 하느라 별로 인식하지 못하므로 심층면담 진행에 녹화기기가 방해요인이 되지는 않기 때문이다. 그런데 면담자가 계속 카메라를 들여다보거나 관심을 기울일 경우, 구술자는 불안감을 느끼게 되어 심층면담 자체가 원활하게 수행되지 못하곤 한다. 가능하다면 리모트 콘트롤을 사용하거나 녹화를 전담하는 보조 인력의 도움을 받는 것이 좋고, 녹화 담당자는 구술자의 신경을 거슬리지 않도록 신중히 행동해야 한다.

그러나 녹화물을 이용해 이후에 다양한 활용을 하기 위해 화면 자체를 중요하게 여기는 방식에서는 구술자가 촬영 작업으로부터 매우 큰 영향을 받는다. 즉 영상물 촬영전담자가 카메라 옆에서 계속 카메라 방향을 움직이고 줌(zoom)을 당기는 등, 무엇인가를 열심히 찍고 있다는 것을 구술자가 계속 감지하고 있을 경우에, 구술의 내용은 부실해지기 마련이다. 특히 여러 차례 방송인터뷰를 해본 경험이 있는 명망가들의 경우에는, 화면에 잘 나오도록 포즈를 취해주느라 집중도는 떨어진다. 구술을 하다 말고, '이렇게 하면 잘 잡히는지' 등을 신경을 쓰고, 카메라의 이동에 따라 방향을 바꾸어주느라고 매우 분주하다. 촬영경험이 없는 일반인들도 카메라의 존재가 부담스럽기는 마찬가지이다. 마치 스틸 사진을 찍는 양, 고정 자세를 풀지 않고 있거나 계속 카메라에 얼굴을 들이미는 바람에 심층면담이 끊기는 경우도 있다. 가장 곤란한 경우는, 카메라에 대한 거부감으로 구술자가 심층면담을 거부하는 상황이 발생할 때이다.

이제 심층면담에서 녹화는 필수적인 작업이 되었다. 시각적인 내용이 많을 경우에는 반드시 해야 하는 작업이다. 무용의 경우에는 무용가의 춤사위가 매우 중요하므로 녹화가 필수적이다. 그러나 구술기록수집은 다큐멘터리 작품 촬영과 다르다. 사료수집에서 필요한 것은 화면도 포함될 수 있지만 주인공이 되어야 하는 것은 내용이다. 그러므로 녹화로 인해 내용이 부실해진다면, 아울러 몰래카메라를 설치한 것처럼 구술자가 촬영에 대해 감지를 하지 못하도록 해서 녹화가 구술내용에 미치는 영향을 차단할 수 없다면, 이에 대해서는 전면적인 재고가 필요하다. 두 마리의 토끼를 잡기란 쉬운 일이 아님을 인정해야 한다.

(4) 메 모

녹음이나 녹화 장비가 작동되어도 메모는 필요하다. 메모는 구술자에 대한 예의이자 심층면담(인터뷰)에서 필수적인 행위이다. '이렇게 중요한 이야기를 하는 자리'에서 메모가 없다는 것은 있을 수 없는 일이다.

녹화가 선택사항이었던 시절에는 메모가 사실 확인에 큰 도움이 되었다. 구술자의 표정, 몸짓, 자세 등 비언어적 의사전달을 메모를 통해 기록했다. 그러나 녹화를 하는 시대에는 기능 이상의 의미를 갖는다.

메모의 가장 큰 역할은 구술자에게 주는 신뢰감이다. 열심히 경청하는 모습 가운데 하나이다. 메모는 심층면담 진행을 원활하게 해주는 촉매이다. 구술자는 면담자가 듣고만 있으면, 정확히 전달이 안 될지 모른다는 불안감을 느끼게 된다. 그러나 면담자가 수첩에 메모를 하고 있으면, 성실히 경청한다는 신뢰감을 갖는다. 대부분의 구술자는 면담자가 메모하고 있는 동안에는 구술을 중단했다가 손가락의 움직임이 멈춘 이후에 구술을 계속한다. 이는 메모에 대해 구술자가 갖는 신뢰성과 관심을 나타내주는 점이다.

두 번째 역할은 심층면담의 진행을 원활하게 해준다는 점이다. 비록 면담 주제목록이 있지만 구술은 시기별로 체계적으로 이루어지는 것이 아니므로, 면담자가 심층면담의 전체 흐름을 잡아 나가는 데에도 메모의 역할이 크다.

그 외 면담후기 작성 등 후속작업에서 면담자의 생각을 정리하는 데 도움이 된다.

추천할만한 메모도구는 커버가 딱딱한 기자수첩이다. 간혹 노트북을 활용하는 면담자가 있는데, 한국적 문화풍토에서는 적합하지 않다고 생각한다. 개인적인 경험으로 볼 때, 구술자들이 녹화기기보다 더욱 거부감을 갖는 것은 노트북이나 컴퓨터이다. 구술자들은 자판을 두드리는 소리를 거슬려할 뿐만 아니라 마치 심문을 당하는 것 같은 느낌을 받는다고 토로하기도 한다. 또한 구술자가 면담자와 문화적 이질감을 느끼게 하는 요인이 되기도 한다. 반드시 노트북 작업이 필요한 경우에는 구술자가 볼 수 없는 장소에서 사용할 것을 권한다. 구술기록의 활용을 생각할 때, 심층면담(인터뷰) 작업에 많은 기자재가 동원되는 것은 불가피하지만 심층면담(인터뷰)의 분위기를 유지하고 구술의 흐름에 방해를 받지 않기 위해서는 가능하면, 필수적인 기자재로 제한하여 사용하는 것이 바람직하다.

(5) 기억매체의 활용

사진, 신문, 영화, 특정 장소 등 구술자의 기억에 도움이 될 수 있는 모든 매체를 활용한다. 가능하면 정해진 심층면담(인터뷰) 장소 외에 기억을 살리는 장소에 동행하는 것도 좋다. 구술자의 자택에서 심층면담하는 경우, 실내에 걸어둔 가족사진을 보는 것은 친화감 형성에도 도움이 되지만 옛 시절을 회상하도록 하는 효과도 있다.

심층면담을 마치고 난 이후에 함께 사진첩이나 편지 등 사기록물을 보여주는 구술자도 있는데, 이런 경우에는 비교적 자기 이야기를 잘 하는 사람이다. 의외로 구술자들이 젊은 시절을 회상할 수 있는 개인 기록물을 보여주는 경우가 많다. 그 중에는 연애편지도 있고, 수첩 속에 잘 넣어둔 사진도 있으며 일기도 있다.

(6) 잘 듣기

일반적으로 면담자들은 심층면담(인터뷰)을 수행하는데 있어서 가장 중요한 것은 질문을 어떻게 하는가 하는 점이라고 생각하고, 질문전략에 대해 고심한다. 그러나 질문을 하는 것보다 더 중요한 것은 경청이다. 잘 듣는 것은 기본이다. 잘 듣지 않으면 좋은 질문을 할 수 없을 뿐만 아니라, 구술자와 친화감이 형성되기 어렵다.

많은 질문을 퍼붓기보다 구술자가 자신의 말로 자신의 이야기를 하도록 하는 것이 가장 좋은 심층면담 진행 방법이다. 구체적인 사항을 보면 다음과 같다.

① 구술 방해하지 않기

면담자는 구술자의 말을 끊거나 방해하지 않도록 주의해야 한다. 지극히 상식적인 이야기이고 쉬운 말이지만 실천은 매우 어렵다. 면담자가 면담주제목록에 있는 내용을 시급히 모두 다 물어보고 싶은 조바심을 억누르고 있기란 쉬운 일이 아니기 때문이다.

구술자가 심층면담이 시작되자마자 일사천리로 30분 정도 구술을 하는 경우가 있다. 초보 면담자가 당황하는 경우이다. 마치 지금 이야기하지 않으면 기억이 어디로 사라져 버리기라도 할 것처럼 속사포를 쏘아대는 경우이다. 구술자의 일방적인 이야기로 채워지는 경우도 있다. 이러한 상황에서는 준비해둔 면담주제목록도 소용이 없는 듯 여겨지고, 당황스러워진다. 면담자가 묻고 싶은 이야기는, 물어야 하는 내용은 잔뜩 있는데, 도무지 구술자의 이야기는 그칠 것 같지 않다.

심지어는 질문 자체를 거부하는 구술자도 있었다고 한다. 내가 하고 싶은 말만 한다는 식이다. 메모로 질문을 건네주면 그대로 밀어 내버려서 녹음기기에는 그런 상황이 하나도 담기지 않았다고.

대부분의 구술자는 "내 이야기는 몇날 며칠을 해도 다 못해", "책으로 쓰면 서너 권도 더 나와" 등등의 이야기를 한다. 이는 그만큼 자신의 경험에 대해 스스로 큰 의미를 부여한다는 증거가 된다. 그렇다고 하여 몇 날 며칠간 계속 이야기를 끌어가는 것은 아니다. 대부분은 2~3시간을 넘지 못한다. 구술자는 하고 싶은 이야기를 다 하고 나면, 갑자기 입을 다물어 버리기도 한다. 그 때부터 면담자의 활동이 시작되면 된다. 그때까지는 참고 들어주는 인내가 필요하다. 그러나 보통, 면담자는 그 시간을 기다리는 것이 익숙하지 않다.

또한 면담자는 아무리 경험이 많고 질문전략에 숙달했다 하더라도 구술과정에서 자신이 원하던 내용이 발화되지 않으면 마음이 급해져서 '듣기'를 소홀히 하게 된다. 그래서 말을 도중에 끊거나 면담자 자신이 관심 있는 질문만을 연거푸 질문을 하게 된다. 이 때 이미 구술에 탄력을 받은 구술자는 아주 난감한 표정을 짓는다. "내가 지금 하고 싶은 말이 이렇게 많은데 왜 못하게 해" 하는 심정을 직접 표현하거나 표정으로 나타내는 경우를 볼 수 있다.

② 기다림 : 구술자의 침묵, 머뭇거림

잘 듣는다는 것은, 기다림을 의미한다. 때때로 구술자가 침묵할 때 기다리는 자세가 필요하다. 침묵이나 말의 끊어짐은 웅변 이상의 큰 메시지를 담고 있기 때문이다. 이 때 면담자는 기억나지 않아서 발생하는 침묵과 이야기할 수 없는 상황을 스스로 정리하느라 생기는 침묵을 구별할 수 있어야 한다. 물론 전자의 경우에 기억을 도와줄 필요가 있기도 하지만, 많은 경우에는 구술자의 침묵을 경청함으로써 해결된다.

후자의 경우에 면담자의 기다림은 매우 큰 효과를 발휘한다. '차마 이야기 할 수 없는 내용'이거나 처음 이야기를 열어나가는 것이 버거워서 생기는 침묵은 면담자의 기다림으로 인해 구술자가 극복할 수 있다. 이러한 침묵을 극복하고 말문을 열게 되는 것은 구술자에게 카타르시스이자 정신적 치유과정이 되기도 한다. '일본군위안부피해자'로서 참혹한 기억을 이야기할 때, 또는 가해자로서 자신의 죄행(?)을 털어놓아야 할 때, 무안한 어색함이 계속되기도 하고 침묵에서 통곡으로 이어지기도 한다. 그러나 그 단계가 지나면 구술자는 이러한 기억의 멍에에서 벗어나 비로소 자유로워질 수 있게 된다. 고통의 기억 가운데에 발화를 통해 치유되는 경우가 있음은 정신분석학이나 심리학에서도 확인되는 부분이다.

물론 부작용도 있을 수 있다. 부작용이란 마음속에 담아두었던 이야기가 발화되면서 잠재워두었던 그 고통도 함께 살아나는 것이다. 그럼에도 몇몇 사례는 치유 효과를 증명해주기도 한다. 베트남 전쟁 시기에 민간인 학살에 관여했던 참전군인 가운데 죄의식에서 헤어나지 못하고 파행적인 행태를 보인 사람들이 수십 년이 지난 최근에 베트남 현지를 방문한 일이 있었다. 이미 고엽제의 피해자가 된 이들은 국내 시민단체와 언론기관이 주최하는 '미안해요 베트남' 행사의 일환으로 현지를 방문한 것이다. 이들은 수십년 전에 자신이 쏜 총에 뇌의 반이 잘려나갔지만 목숨을 건진 피해자, 화상을 입어 얼굴을 알아볼 수 없게 된 피해자를 만나 눈물을 쏟으며 진심으로 용서를 빌었다. 자녀들과 동행한 참전 군인들도 있었다. 베트남 피해자들은 한결같이 "괜찮다", "한국군이 하고 싶어서 그렇게 한 것이 아니라는 것을 잘 안다", "이제라도 와서 사과를 하니 고맙다"라고 용서하며 손을 잡아 주었다. 이들이 돌아온 이후에는 악몽이나 파행적인 행태(밤마다 옥상에 올라가 이웃집에 자갈을 던진 이후에 잠이 든다거나, 집안에서 잠을 자지 못하고 마당에 텐트를 펴 놓고 잠을 잔다거나, 가족에게 폭력을 행사한다거나 등등)도 줄어들었다. 한국전쟁 당시 민간인 학살에 관여했던 미군의 경우에도 마찬가지일 것이다.

전자의 경우(기억이 나지 않는 경우)에도 면담자가 차분히 기다리고 있으면, 구술자가 편안한 상황의 도움을 받아, 조바심이라는 난제 없이 기억으로 이르게 되곤 한다. 다만 중요한 것은 구술자의 침묵 상황은 그대로 흘러가버리는 것이 아니라 영상과 면담후기를 통해 기록되어야 한다.

경북 영천에서 기초조사를 할 때 경험이다. 노인의 말이 끊어졌다. 옛 기억을 되살리기 위한 재충전으로 인해 약간의 침묵이 흐르자 동행자가 다른 질문을 한다. 필자가 옆에서 가만히 있으라는 신호를 보냈지만, 눈치 없는 동행자는 "아! 아무 소리도 없는데, 다른 거 물어봐야지" 한다. 그 동행자는 침묵을 견디는 것이 좋은 면담자의 요건 가운데 하나임을 몰랐다.

③ 경청의 자세 : 추임새를 통한 구술자의 몰입을 유도

경청하면서 "네에", "에구", "어머나", "아 그렇군요", "네에, 그런 일이 다 있

었네요" 등으로 추임새를 넣어준다. 추임새 넣기는 구술자의 이야기를 매우 진지하고도 흥미롭게 듣고 있다는 반응을 구술자에게 보이는 것이자 구술자 자신이 상황에 몰입해 가도록 돕는 방법이기도 하다. 아울러 이런 과정을 통해 면담자도 상황에 자연스럽게 몰입해 가게 된다. 이 때 구술자는 스스로 '스타'로 인식하게 되어 회상이 활성화될 수 있다. 면담자가 아무리 진지하게 듣고 있어도 아무 반응이 없으면, 구술자는 불안감을 느껴서 "지금 잘 듣고 있는 거야", "내가 무슨 말을 하는지 알아"하고 묻곤 한다. 그러므로 적당한 추임새는 경청의 한 표현이다.

④ 진정성을 담은 잘 듣기 : 면담자에 대한 신뢰 강화, '왜곡된 진술'을 구술자 자신이 교정할 수 있는 기회

가장 중요한 경청은 면담자가 경청하는 듯이 반응만 보이는 것이 아니다. 실제로 구술자의 입장을 이해하고, 존중하며 경청하는 것이다. 자신들의 이야기를 풀어내는 작업에 익숙하지 않은 구술자인 경우에, 면담자에 대해 전폭적인 신뢰를 보내기 어렵다. 비록 정도의 차이는 있지만, 연구자인 면담자에 대해 "당신같이 똑똑한 사람이 나같은 사람이 겪은 일을 이해할 수 있는가"라는 거리감을 두거나 시대적인 차이를 염려하여 "당신 같은 젊은이들에게 아무리 얘기를 해준다 해도 그 시절을 알 수 있겠는가"라는 불안감은 심층면담(인터뷰) 내내 계속된다. 이러한 걱정을 상쇄시키는 방법은 잘 들어주는 면담자세이다. 또한 '왜곡된 진술'을 하는 구술자의 구술내용을 스스로 교정하도록 하는 데에도 가장 좋은 방법은 면담자의 성실한 '듣기'이다.

⑤ 구술진행과정에서 면담자 간 대화는 금지

구술이 진행되는 동안 면담자들끼리의 대화도 '잘 듣기'와 배치되는 자세이다. 구술내용에 대해 동석한 다른 면담자에게 보충 설명을 요청하기도 하고, 구술자가 제시한 연도가 맞느니 틀리느니, 지금 구술자가 말한 내용이

이것이라느니 아니라느니 하면서 속삭이는 것을 볼 수가 있다. 이러한 행동
이 실례가 되는 줄은 알면서도, 자제가 안 되는 경우는 의외로 많다. 현재의
궁금증이 해소되어야 다음 질문으로 이어질 수 있는 상황도 있고, 면담자들이
구술자의 구술 내용에 대해 각각 달리 받아들이는 경우도 많기 때문이다.
'아는 만큼 들린다'는 말은 단지 녹취문 작성에만 적용되는 이야기가 아니다.

⑥ 주제와 밀접한 구술이 진행될 경우에도, 상황에 개입하여 질문을 퍼부어
  대고 싶어도 참기

면담자들에게 '잘 듣기'란 매우 어려운 작업이다. 주제와 무관하게 구술이
늘어지는 경우에도 '잘 듣기'는 어렵지만, 면담자들이 듣고 싶어 했던 내용
이 구술자를 통해 발화가 되면, 면담자의 '잘 듣기' 노력은 한계를 드러낸다.
앞뒤를 가리지 않고 곧바로 개입하여 질문을 퍼부어대는 것이다. '기다림'은
어렵다. 그러나 어려워도 해야 한다. 심층면담(인터뷰)은 구술기록 수집, 그
자체이기 때문이다.

(7) 질문하기

질문에서는 주면담자와 보조면담자의 역할이 구분되어야 한다.

면담자가 1인 이상일 경우에 면담은 반드시 주면담자를 정하고, 주면담자
가 진행하도록 해야 한다. 주면담자의 심층면담(인터뷰) 진행이 어느 정도
완료되었다고 생각하면, 그 후에 주면담자의 진행 아래, 다른 면담자(공동
면담자, 보조 면담자)들이 관심 주제를 질문하는 방식으로 이루어진다. 이
때, 이미 주면담자가 질문을 한 사항에 대해 중복 질문을 하는 것은 피해야
한다. 그러나 많은 경우에 중복 질문을 한다. 면담자들이 다른 면담자의 질
문 내용에 대해 주의를 기울이지 않고, 자신이 질문하고 싶은 내용만을 신
경 쓰고 있는 경우가 있기 때문이다. 아무리 사전에 토의를 하고 합의를 해
도 이런 상황은 발생한다.

주면담자만이 구술자와 대면하고 보조 면담자들은 옆방에서 내용을 청취하도록 하는 경우도 있다. 이는 구술자가 심적 부담을 가질 경우에 하는 방법이다. 이러한 경우에 보조 면담자들은 메모를 통해 주면담자에게 질문 사항을 전달할 수 있다.

질문은 심층면담 이전에 작성한 면담주제목록을 중심으로 진행하되 순서는 융통성 있게 한다. 심층면담 상황이 예상을 뛰어넘기도 하기 때문이다. 경우에 따라서는 구술자가 20~30분 정도 일방적으로 구술을 진행하는 상황도 적지 않다. 이러한 경우에는 구술자의 구술이 끝나기를 기다린 후, 그 이후에 목록을 중심으로 질문을 시작하는 것이 좋다.

결과적으로 보면, 이러한 경우에도 구술자의 일방적인 구술이 완료된 이후에는 면담자의 질문이 곧 바로 세부적이고 구체적인 질문으로 들어갈 수 있기 때문에 도리어 심층면담 진행에 도움이 된다.

상식적인 수준이지만 기억해야 할 질문 구사법은 다음과 같다.

① 질문은 한 가지씩

일반적으로 사람들은 질문을 동시에 여러 개 받으면, 맨 마지막 질문을 기억한다. 특히 어린이나 노인은 더욱 심하다. 그러므로 동시에 여러 질문을 하는 것은 구술자에게 혼란을 주고 상황을 경직되게 만든다.

② 확인질문 하기 : 내용이 모호하고, 불명확하게 표현되는 경우

구술자의 말을 끊거나 무리하게 요구하는 것이 아니라면, 예의를 지키는 선에서 진행되는 확인 질문은 구술자의 기억을 되살리는데 도움이 되기도 한다.

③ 시각적인 내용을 명확히 하기

구술자가 크기나 규모를 표현할 때, 구체적으로 내용이 명확히 기록될 수 있도록 한다. 단지 시각성을 높이는데 그치지 않고 구술자의 회상을 돕는 역할을 한다.

예 : 구술자 - 물고기가 이만쓱 혀(손으로 가늠해 보이며).
　　면담자 - 그러면 한 자(또는 30센티) 정도 되는군요.

예 : 구술자 - 밥이 요만만해(손으로 주먹을 쥐어 보이며).
　　면담자 - 그럼 그게 얼마나 될까요. 숟가락으로 세 숟가락인가요, 반 공기나 되나요.

④ 면담자가 구술자와 의견이 다를 경우, 구술환경이 예상 외로 흐를 때

면담자가 구술자와 의견이 다를 경우에 적절한 판단력으로 대응해야 한다. 심층면담(인터뷰) 분위기를 중시하여 무조건 구술자의 주장에 수긍을 표하는 것은 좋은 질문전략이 아니다. "제 생각에는…" "혹시 이런 것은 아니었나요" 등의 완곡한 표현으로도 충분히 주장을 피력할 수 있다.

⑤ 닫힌 질문에서 열린 질문으로

구술자의 신상에 관한 몇 가지 질문을 제외하고는 "예/아니오"로 답할 수 있는 단답형식 닫힌 질문은 피한다. 이러한 경우에 단답형 질문과 답변이 반복되면서 구술로 이어지지 못하는 악순환에 빠지게 되기 때문이다.

⑥ 적절한 대응

구술이 주제와 벗어나게 진행될 때, 적절한 대응이 필요하다. 구술자가 심층면담(인터뷰) 중에 자신의 생애에서 정말 중대한 의미를 지닌 일들에 대해 심취되어 구술을 진행하고 있다고 판단되면 가능한 한 경청하는 것이

좋다. 구술된 기록은 면담자 개인의 관심차원으로 의미가 한정되어서는 안
되며, 한 사회에서 소장되고 활용되어야 할 공공의 기억이라는 사실을 상기
할 때, 면담자에게 사소하다고 판단되는 내용이라도 다른 연구자에게는 중
요한 단서가 될 수 있기 때문이다. 그러나 지나치게 맥락에서 벗어날 경우
에는 적절히 대응을 하는 것도 필요하다. 대응하는 방식은 "그 이야기는 조
금 나중에 여쭤보면 안 될까요" 식으로 양해를 구한다거나, 음료수나 담배
를 권하면서 구술자가 한숨 돌리도록 하는 방식이 좋다.

　일제 말기에 군속으로 끌려갔다가 심한 부상을 입은 어떤 할아버지는 유
난히 한시 읊는 것을 좋아하셨다. 1995년도에 경기도 수원의 자택을 방문하
였을 때, 노인은 일제시대 이야기를 하다 말고, 일어서서 부채를 흔들며 한
시를 읊곤 했다. 평소 인터뷰의 경험이 많았던 노인은 방문자들에게 한시를
읊는 것을 보여줌으로써 과시하고 싶은 마음도 있었지만 아울러 기억이 나
지 않는 상황에 대한 자신만의 타개책이었다. 면담자들은 노인만의 심층면
담 방식을 깨트리지 않고, 심층면담이 이어질 방도를 생각하고 있었다. 그런
데 동석을 한 피해자단체의 회장이 "그것 좀 고만하고, 이 사람들한테 거기
그 상처나 보여 주세요"하고 윽박을 지르자 심층면담은 그 시점에서 종료되
어 버렸다. 무안해진 노인이 입을 다물어버린 것이다.

⑦ 구술자 눈높이 맞추기 : 용어, 질문 수준, 구술자의 문화 환경을 이해한
　대화

　구술자의 눈높이에 맞는 용어를 사용한다. 면담자가 무의식적으로 사용
하는 학문적인 용어는 심층면담(인터뷰)작업에 적절하지 않은 경우가 있다.
기층민들을 대상으로 할 경우, 면담자의 질문을 구술자가 잘 못 알아듣는
상황에는 적합하지 않은 용어라는 점을 알고 수정해서 사용해야 한다. 그러
나 눈높이를 맞춘다고 해도 지나치면 오히려 구술자를 불쾌하게 만들 수도,
적절한 질문수준을 유지하지 못할 수 있다.

이주노동자(외국인노동자)에 대한 심층면담을 진행한 어느 연구팀은 '노동자'라는 인식 아래 눈높이를 설정하고 심층면담을 진행했다. 그런데 구술자는 본국에서 대학을 졸업하고 교사 직업을 가졌던 인텔리였다. 그러나 면담자들이 그 점을 간과한 결과, 질문내용은 구술자의 고민과 내적 심리 상황에 접근하지 못하고 겉돌 수밖에 없었다.

⑧ 피해야 하는 질문 스타일

- 직설적인 말투나 인격적 평가에 해당되는 발언, 추궁하는 듯한 말투
  피해야 하는 질문 방식임에도 면담자들이 가장 많이 범하는 실수이기도 하다.

- 말꼬리 잡기
  사소하지만 친화감 저해의 요인이다. 일제시기에 사회운동을 했던 노인은 1940년도 상황을 설명하면서 '상해(上海)임정'이라는 용어를 사용했다. 당시에 임시정부는 상해가 아닌 중경에 있었으므로 연구자들은 중경(重京)임시정부라는 용어를 사용한다. 그러나 많은 사람들은 임시정부를 '상해임시정부'라고 표현한다. 상해에서 결성이 되었으므로 그 용어가 익숙한 것이다. 원래 고지식한 성격의 면담자는 불쑥 "상해가 아닌데요. 중경인데요"라고 했다. 그 말에 구술자는 이내 불편한 심기가 되어 버렸다. 결국 심층면담(인터뷰)은 마쳤으나, 구술자는 그날 저녁에 면담자의 집으로 전화를 해서, "오늘 녹음을 한 내용은 공개할 수 없으니 다시 녹음을 하자"고 했다. 구술자의 의향에 따라야 하는 면담자는 다시 일정을 잡아 심층면담을 했다. 그런데, 새로이 한 내용도 이전에 한 내용과 별반 다를 게 없었다. 면담자가 말꼬리를 잡았다고 생각한 구술자로 인해 면담자는 훈련 한번 제대로 받은 셈이다.

- 강요된 질문이나 유도형 질문

  면담자가 알고자 하는 내용에 대해 반드시 원하는 방향으로 구술을 하도록 강요하는 유도형 질문의 경우는 "다시 한 번 생각해보세요" "잘 생각해보면 아닐 거예요" "그 일에 대해서 다른 사람들은 그렇게 이야기하지 않던데요" 등으로 계속 구술자에게 강요하는 질문이다. 강요성 질문은 면담자가 특정한 사실에 대한 확인의 필요성이 강할 때 더욱 두드러지게 나타난다.

- 구술자의 구술내용에 대해 신뢰하지 못한다는 점을 노골적으로 드러내는 언사

  "맞습니까, 그게 정확한가요?" 라는 질문이나 "정확한지 확인해보겠다"는 엄포성 발언이다.

- 숫자나 일시 등등에서 불필요한 구체성을 강요하는 질문

  "가지고 계신 책이 몇 권입니까?"(그다지 중요하지 않은 숫자이다.)
  "당신은 몇 월 며칠에 부산을 출발했습니까?"
  "당시에 같이 떠난 사람은 정확히 몇 명입니까?" 등등이 해당된다. 정확한 일시를 묻기보다는 계절이나 명절 등 기준점을 제시해주는 것이 좋다.
  '추수를 하기 전인가 한 이후인가' '설날 전인가 후인가' '봄인가 여름인가' '아이가 몇 살일 때인가' 등등.

⑨ 묻기 어려운 곤란한 질문

심층면담(인터뷰) 과정에서 묻기 어려운 질문을 피할 수는 없다. 월남인들의 북한 생활 경험을 이야기하는데, '김일성'과 관련한 내용은 반드시 거쳐야 하는 질문항목이다. 일제 말기에 군인이나 군속으로 강제동원을 당한 피해자들에게 '위안소' 문제도 필요한 질문이다. 그러나 이 내용은 모두 묻기 어려운

질문이다. 월남인을 대상으로 한 자료 수집을 한 연구자는 김일성에 대한 직접적인 질문을 던지지 않고 당시 북한의 생활경험이나 북한의 정책, 사실 등을 질문하는 방식을 취했다. 일제 시기 강제동원의 경험자에게도 다른 피해자의 경험을 묻는 방식이나 보편적인 상황이라는 인식을 전제로 위안소 문제에 접근하는 방식을 취한다. "많이들 가시지요?" "당시에는 (이용하는 사람들이) 많이들 있었지요?"라는 식으로 질문을 하곤 한다. 아울러, 피해자의 약점이라고 여겨지는 내용을 계속 질문하는 것은 '약탈적 심층면담'의 전형으로서 심층면담(인터뷰)이 아니라 추궁이며 예의에 어긋나는 질문이 될 것이다.

(8) 기자재 끄는 시점

"오늘은 이것으로 마치겠습니다" 또는 "오늘 더 하실 말씀 없으시지요. 그럼 이것으로 마치겠습니다" 등 공식적인 멘트에서 종료되지 않는 것이 구술현장이다. 일반적으로 면담자는 구술자에게 심층면담(인터뷰)이 끝났음을 확인한 이후에 바로 장비를 철수한다. 이 과정에서 녹음기기도 꺼진다. 그러나 그렇다고 하여 구술자의 구술이 끝나는 것은 아니다. 기자재가 제거되었을 때 도리어 자연스러운 구술이 나오는 경우가 일반적이다.

녹화기기는 어쩔 수 없지만 녹음기기는 심층면담이 끝난 후에 면담장소를 완전히 나선 이후까지 켜두는 것이 필요하다. 흔히 심층면담 후에 중요한 이야기가 오고가곤 하기 때문이다. 구술자와 면담자가 이제 심층면담이 끝났음을 확인하고, 상호 동의 아래 면담자가 녹음기를 끄고 나면, 도리어 면담자의 긴장감이 풀어지고 자연스러워져서 중요한 시사점이 되는 진술을 하곤 한다. 그 때는 벌써 녹음기를 켜야 하는 시점을 놓친 이후이다. 다음 심층면담 때 그 장면을 재현해달라고 요청을 한다 해도 이미 같은 회상은 두 번 반복되지 않는다. 강물은 흘러가는데, 같은 물에 발을 두 번 담글 수는 없기 때문이다. 그러므로 녹음기는 심층면담 장소를 나서서 완전히 헤어지고 난 후에 끄는 것이 좋다.

또한 '종료 멘트'가 있었다고 하여, 이후에 녹음기기가 켜진 상황을 '몰래 녹음'이라고 생각할 수는 없다. 공식적인 심층면담 작업은 면담장소를 떠나는 것으로 종료되는 것이다. 그럼에도 구술자가 '종료 멘트'를 면담작업의 종료로 인지할 수 있기 때문에, '몰래 녹음'이 아니라는 점을 알 수 있도록 할 필요가 있다. '종료 멘트'와 함께 일단 녹음기를 껐다가 다시 켜는 행동과 같이. 또한 '종료 멘트' 이후의 녹음된 분량은 추후에 구술기록이용공개허가를 받을 때, 허가확인 내용에 포함해야 한다.

이상에서 제시한 방법은 1:1 심층면담일 경우이므로 집단면담(구술자가 다수인 경우)이나 참관자가 다수인 상황에서는 다른 방법이 적용될 수 있다.

① 집단 면담(집단 토론)은 가능한가

전순옥의 작업에서는 집단면담이 많은 성과를 거두고 있었다. 『끝나지 않은 시대의 노래』에 의하면, 전순옥은 총 4회에 걸쳐 28명이 참가하는 집단토론을 진행했는데, 그 계기가 된 것은 1998년 12월 19일, 전태일 열사의 어머니이자 전순옥의 어머니이기도 한 이소선 여사의 칠순잔치 자리였다. 그 잔치에는 당시 영부인이었던 이희호 여사를 포함하여 500여 명이 넘는 정치가와 노동운동가, 학자들이 참석을 했다. 이 자리에서 1970년대 민주노조운동에 관여했던 저명한 활동가들은 자신들이 단순히 개인자격이 아니라 집단적으로 활동한다면, 현재 노동조합운동에 더 크게 기여할 수 있을 것이라는 점에 동의했다. 그래서 1999년 1월에 전직 노조지부장 12명(여성 9명, 남성 3명)이 전태일기념관에서 만나 1970년대 민주노조운동을 기념하는 뜻으로 '70년대 민주노조동지회'라는 조직을 구성했다. 전순옥은 그 준비모임에 초대되었고, 공식적인 문제들을 처리한 후에 당시 전순옥이 연구하던 중심 문제들을 놓고 긴 시간 토론을 하게 되었다.

이렇게 시작된 집단 토론은, 이 자리에서 집단면담의 가능성을 확인한 전순옥에 의해 이후에 본격적으로 재구성되었다. 전순옥이 구체적인 목적을 가지고 다시 팀을 조직함으로써, 이후에 세 차례 더 열리게 되었다. 각기 다른 노동자들로 집단토론이 이루어졌고, 그 자리가 집단면담의 자리가 되었다. 세 번의 집단면담에서 구술자는 모두 여성노동자였고, 모인 인원수는 각각 7명(청계피복노조 활동가)과 6명(동일방직 노조의 여성 노동자), 3명(원풍모방 노조의 여성 노동자)이었다.

같은 작업장에서 활동을 했고, 서로가 아는 사람들이어서 마음을 연 대화가 오고 가기가 어려울 것이라는 전순옥의 우려에도 불구하고 집단면담은 성공적으로 이루어졌다. "언니가 그때 판단을 잘못해서 운동의 방향이 흐트러진 거잖아" 하는 항의성 발언이 심층면담(인터뷰) 상황을 망칠 것 같았으나, 도리어 카타르시스의 효과를 거두었다.

일반적으로 집단 면담은, 심층면담 과정 속에서 보이지 않는 권력관계로 인해 자신의 회상이 억압된다거나 다른 사람의 경험을 마치 자신의 경험으로 받아들일 수 있는 우려가 있다. 그러나 전순옥은 1999년에 실시한 집단면담이 도리어 개인이 가지고 있던 희미한 기억을 분명하게 하는데 도움이 되었다고 평가한다. 참가자들이 당시 상황에 대해 각자가 인식하던 내용을 털어놓음으로써 내용이 더욱 풍부해졌다는 것이다.

이유는 무엇일까. 1970년대 엄청난 폭압적인 상황 속에서 운동을 이끌어간 여성 노동자들이기에 그들 내부의 신뢰가 바탕을 이루고 있어서 가능한 것인가, 아니면 이들이 지금 현재는 노동운동계와 무관하게 살고 있기에, 즉 서로 간 이해관계가 없기에 그래서 순수하게 옛 일을 되돌아보는 자리이기에 가능한 것인가. 아니면, '여성은 공존을 지향하고 남성은 경쟁을 지향한다'는 경험적인 논리를 대입시키는 것으로 답을 얻을 수 있을까. 좀 더 고민해보아야 할 점이다.

예술가들의 심층면담에서도 집단면담은 장점이 더 많아 보인다. 예술가

들 각각의 개성으로 인해 누구의 회상에 억압받을 가능성이 별로 없기 때문
이다. 예술가들을 대상으로 하는 구술증언사(주제별 면담 결과)에서 특히
장점을 발휘할 것으로 보인다.

② 다수의 구술자가 있는 심층면담(인터뷰) 현장

주제별 수집에서 구술자가 다수인 경우가 있다. 집단 면담과 다른 경우이다.
이 경우는 장단점 가운데 단점을 더욱 많이 경험한다. 구술생애사가 아닌
구술증언의 경우에는 다수의 구술자들이 모인 자리를 이용하기도 한다. 이
러한 경우에 기억 회생이라는 점에서는 도움을 주기도 한다. 서로의 설명을
도와주기도 하고, 애매한 상황이나 용어를 명확하게 교정해주기도 한다.

그러나 구술자 간에 진술내용에서 의견이 다른 경우에 심층면담(인터뷰)의
흐름을 끊거나 방해하는 경우가 있다. 이견이 나올 경우에 사실 여부와 무관
하게 여러 의견 가운데 강한 성격을 가진 구술자의 구술내용이 채택되는 예
도 있고, 이로 인해 구술자들 간에 불편한 상황이 발생하여 작업이 중단되는
경우도 있다. 서로 먼저 진술을 하려고 하다가 심층면담 자체가 진행되지 않
는 경우도 있다. 방법적으로는 구술자 간에 순서를 정해서 할 수 있는데, 이러
한 경우에도 순서가 뒤로 정해진 구술자의 방해는 불가피하다.

③ 다수의 동석자(참관자)가 있는 심층면담(인터뷰) 현장

구술자가 아니라 참관자가 동석하는 경우에도 이러한 방해 상황은 동일
하다.

일반적으로 심층면담(인터뷰) 작업은 면담자가 세 명 이상을 넘지 않는
것이 좋다. 주면담자 한 명과 보조면담자 두 명(기기 담당)이 이상적이다.
그러나 10여명 정도의 참관자들 앞에서 구술 작업이 이루어지는 경우도 있
다. 명망가들을 구술자로 할 경우에, 유명세 탓에 모이는 경우이다. 구술자
로부터 연락을 받고 "우리 선생님이 구술하신다니 가서 들어보아야지"하면

서 참관자들이 모이는 경우도 있다. 어떤 이유이든지 심층면담 현장에 참관
자가 많으면, 심층면담 내용에 영향을 주는 것은 분명하다. 명망가인 경우
에는 청중들의 기대치에 부응하기 위해 자연스러운 회상이 어려울 수 있고,
구술자가 결단을 내린 것이 아니라면 내밀한 이야기는 기대하기 어렵다.

그러나 구술자가 원한다면, 굳이 막을 이유는 없다. 심층면담은 단 한번
으로 이루어지는 것이 아니므로, 이 자리를 구술자에 대한 기초자료로 활용
할 수 있기 때문이다. 주의해야할 점은 비록 실현가능성이 희박하다 해도,
참관자들에게 이해를 구해 심층면담에 개입하지 않도록 해야 한다. 참관자
가 10명이 있거나 5명이 있거나 인터뷰 진행은 주면담자에 의해 진행되어야
하기 때문이다.

필자의 몇몇 경험 사례를 소개한다.

참관자가 동석한 경우이다. 2002년 7월에 전남 해남으로 현지 인터뷰를 간
적이 있었다. 오전과 오후에 각각 한 분씩, 심층면담을 진행하기로 하고 면담
장소인 노인회관에 도착을 했는데, 오전에 약속을 한 구술자(A라 약칭) 외에
오후에 심층면담을 하기로 한 구술자(B라 약칭)도 노인회관에 나와 있었다.
그 마을 노인들은 늘 노인회관에 모여서 하루 종일 소일을 하는지라 노인들
에게는 당연한 일이었다. 그런데 노인회관 앞에 자리를 잡고 A노인에 대한
구술을 시작하려 하자, B노인도 동석을 하게 되었다. 마땅히 다른데 갈 데가
없다는 것이다. 이렇게 하여 B노인은 참관자가 되었다. 그런데 막상 A노인의
심층면담이 시작되고 조금 시간이 경과하자 B노인의 인내심은 한계를 드러
내기 시작했다. A노인의 말에 훈수를 두기 시작하다가 점차 불평으로 변했다.
"나는 언제 하는 거야"에서 시작되어 면담자들의 설득에도 불구하고 "뭘 그렇
게 오래 하는 거야", "뭐 그렇게 중요한 얘기도 아니구만서도 오래 하고 그래,
에휴" 등 강도가 강해지게 된 것이다. 이에 불안해지기도 하고 마음이 상한
A노인이 "나는 고만 말 할라니, 저 사람 이야기나 들으시우"하고 입을 다물어

버리는 바람에 심층면담은 중단되었다. 이후 5개월 만에 다시 찾은 해남에서 필자는 A노인만을 별도로 심층면담을 했는데, A노인은 필자를 만나자마자 그 때 불편했던 심사를 털어놓으며, 곧 바로 자신이 미진했다고 생각한 내용을 설명하기에 바빴다.

1996년에 강원도 평창에서 진행한 심층면담 작업에서도 위 사례와 비슷한 상황이 연출되었다. 넓은 노인정의 방에서 심층면담이 진행되고 있었는데, 구술자의 말에 대해, 기다리던 다른 노인들 간에 논쟁이 붙어서 서로가 자신의 말이 옳다는 소란이 벌어진 것이다. 일제 말기의 시대상에 대한 각자의 이해가 다른 것이었는데, 서로 목소리를 높이는 바람에 면담자들의 혼이 빠진 경험이 있다. 결국 어느 정도의 시간이 경과한 이후에 진정은 되었으나 구술자들 간 감정의 골은 여전히 남아서 정상적인 심층면담이 이루어지지 못했다.

『세계의 비참』에서 프랑스 사회학자 피에르 부르디외가 심층면담을 한 르블롱 부부는 한사코 붙어 있으려 했다. 특히 부인은 남편의 곁을 조금도 벗어나지 않으려 하고, 몸을 기대다시피하고 있었다. 면담자는 두 사람과 따로 이야기를 나누어 보고 싶었으나 불가능했다. 부인은 자신이 이야기를 할 때면, 남편이 자신의 말에 동의해주도록 부추겼다. 그러면 남편은 엄숙하게 동의했다. 그러나 아내의 말을 존중하려는 듯 아내의 말에 참견을 하는 법은 없었다. 이 심층면담은 겉으로 보면, 아무런 문제가 없어 보인다. 부부가 다정히 앉아서 매우 협조적으로 심층면담에 임한 것이 되기 때문이다. 그러나 내면에는 부부 상호간의 보이지 않는 억압과 긴장이 자리하고 있는 사례이다. 구술자에 대한 면담자의 내밀한 분석이 더욱 요구되는 경우이기도 하다.

이상에서는 새로이 심층면담 작업을 진행해야 할 면담자들의 이해를 돕기 위해 필자를 비롯한 몇몇 면담자들의 경험을 바탕으로 면담진행과정을 소개했다. 그러나 위에서 언급한 내용은 참고사항일 뿐이다.

가장 좋은 심층면담 방법은 면담자 스스로의 상황판단에 의해 융통성 있게 진행해 나가는 것, 자신의 경험을 토대로 자신만의 심층면담 방식을 개발하는 것이다. 구술사는 학문이자 예술이고, 심층면담은 구술자와 면담자 사이의 대화이므로. 연구주제, 구술자와 면담자의 특징에 따라 방법은 상이할 수 있다.

3) 심층면담(인터뷰) 직후

심층면담(인터뷰) 직후 작업은 자료집성과 보관을 위한 준비단계이다. 사료수집이란 심층면담 작업이 끝나는 것으로 완료되는 것이 아니다. 그러므로 면담진행에 들인 공만큼의 정성을 들여야 한다. 이 단계는 면담자가 연구기관에 결과물을 제출하기 이전에 해야 하는 마지막 단계이기도 하다. 단계별로 제시하면 다음과 같다.

(1) 면담일지(면담후기, 연구일기. Log-File, Personal Log)의 작성

면담일지 작성은 심층면담(인터뷰)이 끝난 후 가장 먼저 하는 작업이다. 심층면담을 마친 직후에 자동차 안에서나 면담장소 근처의 조용한 곳(찻집 등)에 가서 심층면담 상황에 대해 기록한다. 면담일지는 자세할수록 좋다. 구술증언의 중요한 내용이나 면담자가 심층면담 과정에서 느꼈던 소회(所懷)나 구술 과정에 대한 판단·평가 등이 포함되도록 한다. 연구자가 심층면담을 수행하면서 겪었던 어려움이나 시행착오 등도 기록한다. 이후에 해야 할 추가 작업이나 일정에 대한 간단한 메모나 관련자의 연락처, 지도나 명함 등 조사 과정에서 얻은 기록도 함께 편철한다. 면담일지(면담 후기)는 반드시 일관된 형식을 갖출 필요는 없으니, 발주·관리하는 기관의 수집·보존·활용 방향에 따라 항목을 설정한다.

보기 1 : 개인 보관용 사례

면담일자 2000년 ○○월 ○○일

구술자 : ○○○, 면담자 정혜경, 면담장소 : 암사동 자택

예상보다 수월하게 작업을 진행한 것 같다. 평소 집회에서 만났을 때나 지난 번 공주에 동행했을 때와 전혀 다른 인상을 받았다. 공주에 갔을 때에는 너무나 완고하고, 자기 고집이 강해서 심층면담(인터뷰)에서 건질 수 있는 내용이 적을 것이라고 걱정을 했었는데 대단히 협조적이다. 특히 부인에 대해 계속 고마움과 존경의 마음을 표하는 노인은 처음 본 것 같다. 가족에 대한 애정과 결속력이 남다르게 느껴진다. 구술자에게 가졌던 선입견이 사라지면서 상당히 미안한 마음이 들었다. 인간을 그렇게 한쪽 면만을 보고 재단하는 것이 얼마나 어리석은가 하는 것을.

… 〈 중략 〉

중간에 전화가 많이 와서 심층면담의 흐름이 자주 끊어졌다. 가정에서 하는 경우에, 심층면담에 방해가 되는 요인이 적은 것이 아님을 다시 한 번 인식했다. 장애인인 아들이 불쑥 들어온다거나 부인의 동석 등 가족의 개입이 많았고.

외아들이 학내 구타로 정신장애를 얻게 되었다니 학내 구타 문제가 심각한 것 같다.

오사카제철에서의 경험은 자의적인 내용이 많은 듯이 여겨진다. 이는 같은 원고인 신○○ 할아버지에게 확인을 해 보아야 하는 문제이지만, 피해자로서의 인식이 약해 보인다. … 분량상으로도 그렇고. 내가 기대한 것은 오사카제철에서 경험인데, 그 내용보다는 전후의 이야기가 더 많았다.

보기 2 : 기관에 제출한 사례

구술자	김○○	일시	2004. 3. 3(수)
구술 차수	제1차	장소	경기도 파주시 ○○면 ○○리
구술채록연구원	손○○	공동 참여자	녹취(김○○) 촬영(안○○)

내 용	* 내용(주제), 면담상황, 촬영, 녹음 순으로 작성
	
	 1. 내용
	 (1) 진행일정
	   - 오전 10시 20분 서울 서초동 사무실에서 승용차로 출발
	   - 12시 구파발에서 안○○(녹화), 김○○(녹음)과 만나서 동승		

	- 오후 2시 30분 ○○면 ○○리, 김○○ 선생 자택 도착 - 30분간 진행 준비, 14시~16시 40분(휴식 포함, 160분간) 진행 2. 면담상황 (1) 김○○ 선생 관련사항 - 83세의 고령으로 3년 전부터 부인과 단 둘이 이곳 ○○면 ○○리에서 기거 - 건강상태는 비교적 양호한 편 (2) 기타 - 채록 작업 시작 전, 작업의 중요성을 사전 설명을 드림. - 김○○ 선생 부인 김○○여사(73세)도 채록 사업에 공감하여 적극 협조함. (3) 촬영 : 안○○(순조롭게 진행) (4) 녹음 : 김○○(순조롭게 진행)
비 고	김○○선생은 북한의 북청군에서 월남한 실향민. 소식지 '남대천'을 혼자서 취재편집 발행(월간)하는 등 왕성하게 활동하고 있었으며, 건강은 아주 양호한 편이었음. 그러나 증언 채록 이틀 전, 승용차를 타고 가다 허리를 삐끗함. 거동에는 별 다른 지장이 없었으나 허리에 무리를 주지 않기 위해 의자에 앉아서 채록을 진행함.

〈보기 1〉은 개인 연구의 필요성에 의해 작성된 면담후기이고, 〈보기 2〉는 한국문화예술진흥원이 주최하고, 한국예술종합학교 한국예술연구소가 주관하는 프로젝트에서 발주처에 제출하기 위해 작성된 면담일지(면담후기)이다. 후자는 구술진행과정에 대한 보고서적인 성격을 취하고 있어서 면담후기로서의 성격은 약한 편이다. 이와 같이 면담후기의 형식은 다양한데, 이후에 자료를 열람하는 이용자들이 심층면담 상황과 구술자에 대해 이해할 수 있도록 구성되어야 한다. 아울러 기관에 따라 자신들만의 양식을 마련하여 사용하는 것이 바람직하다.

(2) 녹음 · 녹화자료 정리

녹음 파일과 녹화 테이프의 복사본을 제작하고, 간단한 정보를 기록해두는 작업이다.

디지털 녹음기기는 복본을 제작(wave 파일이나 mp3 등 파일로 저장)한다. 디지털 녹음기기의 경우에는 버튼 하나로 녹음자료의 전부를 삭제할 수 있으므로 더욱 조심해야 한다. 녹화 테이프와 CD 케이스에는 각각 프로젝트 제목, 구술자 이름, 연구자 이름, 날짜 및 테이프 번호 등을 기재한다. 아날로그 녹음기를 사용했다면, 복본(디지털 파일)을 제작한 이후에 테이프의 녹음 탭을 제거하여 더 이상 추가 녹음되지 않도록 조치한다.

(3) 구술자 신상기록카드 작성

구술자 신상기록카드에는 생년월일, 가족관계, 주요 학력 및 약력, 연락처(가족의 연락처 포함) 등 구술자의 인적사항을 기록한다. 구술자를 이해하기 위한 자료이므로 필요 이상의 개인정보는 필요하지 않다.

신상기록카드의 존재 여부는 구술자에게 알려야 하며, 비공개를 원하는 항목이 있다면, 존중해야 한다. 개인정보가 안전하게 관리되어 악용 가능성이 거의 없다 해도, 100% 보장할 수 있는 것은 아니기 때문이다. 기록 관리자 입장에서는 신상기록카드가 구술자에게 정신적으로 부담이 될 수도 있다는 점을 간과할 수 있다. (양식은 부록 1 참조)

(4) 상세목록 작성

상세목록 작성은 필수사항이다. 상세목록은 열람자들이 자료에 접근하는 데 도움을 주는 1차적인 안내자이자 연구기관이나 기록관에서 기록관리를 하는데 필수 요소이다.

수집단계를 통해 구술기록물과 관련자료(이상 원사료)가 생산되고, 각종 딸림자료(2차 자료)가 정리된다. 물론 수집단계에서 중요한 것은 '기획단계에서 마련된 실행계획안대로 진행되었는가' '면담자의 진정성이 유지되었는가' 등이다. 그러나 이러한 원사료의 생산과 아울러 중요한 것은 각종 딸림자료이다. 녹취문(선택 사항), 면담후기, 이용 및 공개허가서, 공개여부 검토

의견서, 상세목록 등은 각기 다른 용도를 위해 정리한다.

면담후기와 녹취문이 텍스트분석 및 활용을 위해 필요하고, 이용 및 공개 허가서, 공개여부 검토의견서 등이 활용을 위한 법적인 조치라면, 상세목록 의 용도는 폭이 매우 넓다.

구술 아카이브 구축에서 가장 중요한 것은 단계별로 고민과 정성을 담아 운영하는 것이다. 기획과 수집 및 정리 분류 단계를 거쳐 구술기록물은 열람이 가능하게 되며, 다양하게 활용된다. 아카이브에 이관된 기록물이 활용되는데 가장 중요한 과정은 기술서식(또는 메타 데이터)이다. 분류틀(분류 tree)과 기술서식이 결정되면, 기술서식항목은 기록관리자에 의해 채워진다. 기록관리자가 기술항목을 채우는데 가장 필요한 것은 구술기록물의 내용을 얼마나 정확하게 파악하는가 하는 점이다. 기록관리자가 구술기록물의 내용을 파악하는데 효율적인 자료(souce)는 바로 상세목록과 면담후기이다. 면담후기는 구술환경을 이해하는데 도움이 되고, 상세목록은 심층면담(인터뷰) 내용을 파악하는데 도움이 된다.

디지털 아카이브를 통해 구술기록물(파일 : 원사료) 및 관련자료(사진, 문서 등 : 원사료)와 각종 딸림자료(녹취문, 면담후기, 상세목록, 이용 및 공개 허가서, 공개여부 검토의견서 등 : 2차 자료)가 등록이 되면, 기록관리자는 바로 상세목록의 내용을 통해 기술서식항목의 주요 내용을 채워나간다. 그리고 이 내용은 이후 기록물 활용에 결정적인 영향을 미친다. 아울러 문화콘텐츠 개발을 위한 자원화나 스토리텔링에서도 매우 중요한 자료(souce)이다. 열람자들에게도 요긴한 2차 자료이다. 방대한 양의 녹취문에 접근하지 않는다 해도 상세목록을 통해 구술기록물의 내용을 파악할 수 있기 때문이다.

연구자는 상세목록을 통해 연구의 방향을 설정할 수 있고, 기록관리자는 상세목록을 통해 기술서식항목(메타 데이터 항목)을 채우고, 발간 대상물을 선정하며, 상세목록을 통해 문화콘텐츠 개발을 할 수 있다.

그럼에도 현재 구술기록관리에서 상세목록에 대한 중요성은 간과되었다.

상세목록 작성 기준은 면담자의 자율성과 의존도가 매우 높다. 향후에는 상세목록의 필수구성요소에 대한 고민이 이루어져야 한다. 상세목록 작성 사례는 이 글의 말미에 수록한 참고자료에서 확인할 수 있다.

(5) 녹취문 작성 : 선택 사항

구술기록에서 1차 사료는 녹음테이프나 CD, DVD이고, 녹취문은 2차 자료이다. 녹취문은 활용과 보존 관리를 위해 필요하다. 그러나 녹취문 작성이란 그저 '들리는 대로 풀어쓰는 단순한 작업'이 아니다. 텍스트화 과정은 물리적 소리의 파동이 아닌 녹음된 소리의 의미를 이해하는 작업이다. 아무리 정확히 녹취를 하려 노력한다 해도 원형에 대한 훼손은 불가피하다. 조금이라도 원형에 근접하기 위해서는 최대한의 노력이 필요하다.

필자는 녹취문을 '필수사항'이 아닌 '선택사항'이라고 제시했다. 그 이유는 두 가지이다.

첫째, 녹취문이 원래 성격과 달리 활용됨으로써 나타나는 문제점을 고려해야 하기 때문이다. 본래 녹취문이란 원사료(raw material)가 아닌 2차 기록이다. 녹취문 작성자의 연구 성과로 평가받아야 할 대상이다. 그런데 최근에 '구술(증언)의 텍스트 분석연구'의 비중이 커지면서, 녹취문이 원자료로 잘못 인식되고 활용되는 경우가 증가하고 있다. 일단 연구에서 녹취문이 사료로 활용되면, 다른 연구에서는 이 연구의 성과물을 바탕으로 녹취문에 대한 분석이 진행된다. 본래 해석의 결과물인 녹취문이 또 한 번의 해석이라는 옷을 입고 비만(肥滿)의 상태로, '환골탈태'한다. 연구자들이 녹취문에 대한 해석과 재해석을 반복하는 것은 구술사가 아니라 단지 구술기록을 문헌사적으로 활용한 연구방법에 입각한 역사 쓰기일 뿐이다. 구술자의 입장에서 볼 때에도 '나의 이야기가 나의 의도와는 달리 연구자에 의해 제멋대로 해석되어지는 것을, 앞으로도 계속 참으라고 해야 하는가.'

둘째, 효율성이 낮다. 녹취문 작성에는 많은 시간과 비용이 소요된다. 현재 심층면담(인터뷰) 작업에서 녹화기기의 사용이 일반화되어 있는 상황에서 녹취문의 필요성에 대해서는 회의적일 수밖에 없다. 녹화 테이프를 꺼내어 보면 될 것을 굳이 작성하기 번거롭고 가독성이 떨어지는 녹취문을 작성할 필요가 있을까. '녹화 테이프가 그 당시 상황에 대해 정확히 전달해줄 수 있는가. 화면이 보이는 대로만 이해해도 무방한가'하는 의문도 제기될 수 있다. 그러나 녹화 파일과 화면을 보며 생긴 의문을 녹취문은 절대 해결해줄 수 없다. 화면에서도 이해할 수 없는 점을 텍스트인 녹취문이 어찌 해결한다는 말인가.

그렇다면 생각해보자. 우리는 녹취문을 왜 만드는가. 무슨 용도인가.

자료집을 내기 위해서? 그렇다면 자료집을 발간할 대상 파일만 작성하면 된다. 간투사가 충실한 자료집은 가독성이 너무 떨어져서 이용자의 접근성 또한 떨어진다. 이용자에게는 그저 생생한 '날 자료'라는 의미만 남을 뿐이다. 그러므로 대부분의 기관은 자료집을 발간할 때 윤문이라는 과정을 거친다. 결국 윤문을 통해 간투사를 걸러내고, 매끄러운 문장으로 다듬을 것을 무엇 때문에 녹취문을 만드는가?

기관에 보관하기 위해? 보관용을 위해 그토록 많은 시간과 비용을 충당해야 할까?

아카이빙에 필요해서? 그렇다면 상세목록이 더 효율적이다. 스스로 던진 답을 가지고 다시 생각해보자.

녹취문을 활용하려는 이들을 대상으로 한 제안은 다음과 같다.

첫째, 녹취문을 활용하여 연구하려는 연구자라면, 녹취문에 앞서 구술기록이 어떤 과정을 거쳐서 생산되고 무엇을 위한 사료인가 하는 점을 생각해야 한다. 녹취문은 원사료가 아니라 면담자의 해석과정을 거친 2차 자료라는 점을 명심한다. 또한 녹취문과 함께 분석해야 하는 2차 자료에는 면담후기 등 여러 딸림 자료가 있음도 포함되어야 한다.

둘째, 학계에서는 녹취문이 단지 구술기록에 첨부되는 결과물이 아니라 또 하나의 연구 성과물로 인식하고 평가하는 풍토가 조성되어야 한다. 제대로 된 녹취문을 만드는 일은 연구논문을 생산해내는 정도의 노력과 전문성이 필요하다는 점을 인정하는 풍토를 의미한다.

셋째, 녹취문을 선택사항으로 할 경우에는 녹화 테이프가 있다는 전제에서 가능하다. 이 경우, 소장한 자료에 대해서는 면담후기와 상세목록은 물론이고, 상세목록의 내용을 좀 더 풍부하게 한 양식 작성을 권장한다.

넷째, 구술(증언)에 대한 텍스트분석의 연구 결과물을 참고로 하여 재해석을 통해 연구하려는 연구자라면, 분석과정을 통해 녹취문이 원사료의 원형과 달라져간다는 점을 인지해야 한다.

다섯째, 녹취문을 작성하기로 했다면, 열심히, 성실하게, 각주도 달고, 간투사도 빠짐없이 넣고 작성한다. 작성방법은 이 장의 말미에 수록한 참고자료를 참조하기 바란다. 그러나 그에 그치지 말자. 녹취문의 성격이나 한계에 대해 적시하여 이용자의 편의를 돕는 것이 필수적인 요소이다.

(6) 자료이용공개 허가서(구술자), 공개여부 검토의견서(면담자) 작성

자료이용공개 허가서(release form)는 구술자에게 면담자료가 이후 어디에 소장되고, 어떤 형태로 보관·공개되고, 활용되는지에 대한 내용이다. 이는 구술자의 동의에 기초하여 작성하며, 동의를 끌어내는 방식은 공정해야 한다. 구술자가 자료이용공개허가서에 서명하기를 주저하는 경우, 면담자는 연구와 교육의 목적에 쓰인다는 것을 재차 설명하고, 필요한 경우 제한조건을 달 수 있다는 점을 알린다. 제한조건을 충실히 지키는 것은 윤리이자 책임문제이다. 여러 노력에도 불구하고 서명을 받지 못한 자료는 미공개 상태로 보관한다.

자료이용공개 허가서는 각 연구기관 및 개인마다 외양을 달리하나, 기본적으로 다음과 같은 네 가지 사항을 포함하고 있어야 한다. 첫째, 심층면담(인터뷰)을 통해 생산된 자료의 내용(주제·면담일시·장소·면담자)이다.

기본적으로 자료의 소장·공개(공개 여부 및 범위)·활용 범위이다. 구술자의 제안사항과 마지막으로 구술자의 인적사항과 인증(친필 서명이나 도장)이 있어야 한다. 자료이용공개허가서는 단지 행정절차가 아니다.

자료이용공개허가서는 이후 활용과 직접적인 관련을 갖게 되므로 구술기록수집에서 매우 중요한 과정이다. 그러나 많은 면담자들은 하나의 요식행위로 생각하기도 한다. 구술자들 가운데 글을 읽지 못하는 구술자들은 면담자들이 내미는 자료이용공개허가서의 내용을 이해하지 못한 상태에서 서명하게 된다. 면담자들이 내용을 읽어주기야 하지만, 실제로 그 내용이 어떤 의미를 갖는지에 대해 생각해볼 기회를 갖지 못하는 것이다. 글을 아는 사람들의 경우에도, '으레껏 하는 행정적인 절차' 쯤으로 생각한다. 그리고 종종 면담자는 구술자에게 자료공개허가서의 서명함으로 인해 발생할 수 있는 부작용이나 불이익에 대해서까지 설명하지 않는다. 굳이 감추려 해서 그렇다기보다는 면담자들 자신이 미처 그런 정도까지 고민하지 않기 때문이다. 그래도 이 정도는 양해가 될 수 있다. 더 곤란한 점은 심지어 자료공개이용허가서가 없거나 서명을 받지 못한 사료가 활용되기도 한다는 것이다. 서명여부에 관계없이 활용을 했다 하더라도 특별히 구술자가 문제를 제기하지 않으면 무방할 것이라고 생각한 때문일 것이다. 그러나 이 문제는 절차상·행정상 문제가 아니라 윤리적인 문제이다.

이는 구술기록을 수집하는 과정이 신문기자나 방송인이 인터뷰하는 것과 다르기 때문이다. 면담자의 목적은 흥미나 폭로에 있는 것이 아니라 역사에 대한 새로운 기술, 해석이다. 또한 구술기록은 한번 쓰고 버리는 것이 아니라, 도서관, 기록보존소 등에 영구적으로 보관되는 공공의 기록이며, 면담자 개인의 사적 전유물이 아니다. 그러므로 구술기록의 보관, 공개, 그리고 활용에 대한 권한은 구술자와 면담자, 혹은 구술자와 연구기관 양자에게 공히 주어지되, 이 권한의 일차적인 근거는 구술자의 동의에 있다. 흔히 '우리 기관이 돈을 주고 발주하는 사업이므로 우리 기관의 것'이라는 잘못된 인식을 표출하는 경우가 있다.

또한 동의를 끌어내는 방식은 공정해야 한다. 내용을 정확히 알리지 않고 서명을 받는다거나 주요한 내용을 달리 설명한다거나 하는 것은 동의를 받기에는 손쉬울 수 있지만 공정한 방식은 될 수 없다.

선택사항으로 공개여부 검토의견서를 제안한다. 공개여부 검토의견서란 2003년부터 한국근현대사 구술채록사업을 시작한 한국문화예술진흥원(주관 : 한국예술종합학교 한국예술연구소)에서는 2004년에 제2차년도 사업을 시작하면서 만든 채록연구자(면담자)를 위한 매뉴얼에 추가한 양식이다. 면담자가 녹취문을 작성한 이후에 수집된 사료 내용에 대해 평가를 하고 내용별로 공개여부 검토의견서를 작성하도록 한 것이다. 즉 구술자가 공개를 허가한 경우에도, 이 내용이 공개됨으로 인해 구술자나 또는 구술내용에 등장한 또 다른 인물에게 피해가 될 수 있는 점을 파악하여 면담자 입장에서 공개 보류를 제기할 수 있도록 되어 있다. 즉 구술자가 미처 생각하지 못하는 점을 면담자가 파악하여 발주기관(또는 기록보존소)이 공개여부를 재고하도록 의견을 제시하는 것이다. (서식은 부록 1 참조)

이 서식은 필요하고도 바람직한 제도라고 생각된다. 사료를 이관받는 곳이 기록보존소라면 기록관리전문가(Archivist, 아키비스트)가 평가를 하여 공개 여부를 검토하게 된다. 이 때 기록관리전문가의 판단에 중요한 기준점을 제공하는 것이 바로 공개여부 검토의견서이다. 현재 구술기록만을 전담하는 기록관리전문가가 없는 상황에서, 발주기관의 담당자가 행정적으로 업무를 처리할 수밖에 없는 상황에서 면담자의 검토의견서가 갖는 주요성은 매우 높다.

한국문화예술진흥원이 사업을 진행하면서 이러한 새로운 단계를 추가한 배경은 바로 주관자인 한국예술종합학교 한국예술연구소 담당자와 면담자들이 구술기록에 대해 갖는 인식의 정도에서 찾을 수 있다. 자칫 형식적인 절차의 하나로 전락될 수 있는 자료공개이용허가 단계의 내용을 충실히 채우고, 제도적인 면 외에 가능한 한 구술자에 대해 배려하고자 하는 마음가 짐이 바탕에 있었다고 평가하고 싶다.

이와 같이 사업 발주기관과 주관자의 구술기록에 대한 존중과 배려가 있 다면, 얼마든지 사료수집의 지형을 바꿀 수 있다. 주관처의 이러한 노력으 로 인해 구술자들은 발주기관과 면담자를 신뢰하게 되고, 이러한 신뢰감이 이후 사업에 영향을 미치게 된다. 또한 국내 구술기록수집사업의 새로운 기 준점이 되고 전반적인 수준 향상에 기여함은 물론이다.

(7) 시행착오에 대한 자기성찰

수집의 마지막 단계는 면담자의 자평이다. 이 단계는 체크 리스트를 통한 심층면담(인터뷰) 과정에 대한 점검방법을 통해 이루어진다. 이 단계는 구 술자에 대한 최상의 보상이다. 이를 통해 구술자의 의도를 왜곡하지 않고, 잘 반영하여 연구나 발간물 등으로 활용될 수 있다.

이 장의 말미에 소개한 체크 리스트는 한국구술사연구회가 제시한 체크 리스트이다. 이전에는 미국 구술사연합회의 체크 리스트를 소개해 왔다. 그 러나 내용이 중복되고 한국의 문화와 실정에 맞지 않아, 한국구술사연구회 가 한국판으로 작성, 제안하고 있다.

이 항목은 각각 10점씩으로 만점은 100점이지만, 대부분의 모범적인 면담 자들도 50점을 넘기기 어렵다는 점도 감안하기를 권한다.

➡기타 선택사항 : 심층면담(인터뷰) 기초조사카드

기록보존소에서는 일반적으로 기술(記述 ; description)을 하기 때문에, 기 술요소에 사료의 주요 내용을 담게 된다. 그러나 개인 연구자의 경우에는 전문적인 기록학의 영역인 기술요소를 적용할 필요까지는 없다. 그에 대한 보완책으로써 면담자(연구자)의 개인 작업의 경우에는 윤택림이 『문화와 역사연구를 위한 질적 연구 방법론』에서 예시한 다음과 같은 기초조사카드

('구술생애사 기초조사 내용')를 작성해서 보관하는 것도 좋은 방법이다.

이름		성별	
출생연도		출생지	
학력		직업	
종교		월수입/수입원	
혼인여부		결혼기간	
가족	출신가족(자신이 태어난 가족)		
	생식가족(자신이 결혼하여 생긴 가족)		
현 주거지			
연락처			
면접장소			
면접시간			
면접자			
면접상황			

위에서 소개한 '구술생애사 기초조사 내용'은 구술자의 인적사항과 면담 후기가 혼합된 형식이다. 현재 기관에 따라서 사용하는 면담후기의 양식이나 체제가 다양한데, 면담후기를 중심으로 새로운 형태의 기초조사내용을 작성하는 방법도 고려할 만하다.

➡ 구술자에 대한 보상

구술자에 대한 가장 좋은 보상은 구술자의 의도를 왜곡하지 않고, 잘 반영하여 연구나 발간물 등으로 활용하는 것이다. 그러나 물질적인 보상도 필요하다. 아무리 심층면담(인터뷰) 작업이 영리 목적이 아니고, 구술자와 면담자가 상호 물질적인 것 이상의 소득을 얻을 수 있다고 하지만, 프로젝트로 수행할 경우에는 기본적인 물질적 보상 방안을 예산에 책정해두어야 한다. 현재 구술기록수집사업이 프로젝트로 진행될 경우에는 소정의 구술자 사례비(총 30만 원~100만 원 정도)가 제공되고 있다.

개인 연구자들의 작업에서는 현금으로 사례비를 지불하는 것은 쉬운 일이 아니므로 택하기 어렵다. 보상의 의미는 아니지만 구술자의 집을 방문하여 폐를 끼치는 것이므로 간단한 선물로 최소한의 성의 표시를 할 것을 권한다. 작업의 진행을 원만하게 하게 위해서도 최소한의 성의표시는 필요하다. 건강드링크류는 도농(都農)을 막론하고 가장 호평받는 품목이고, 케이크나 쿠키, 사탕류도 부담이 적은 선물이다. 명망가들에게는 꽃도 좋은 인상을 남기는 선물이다. 건강드링크류는 심층면담 도중에도 쓰임새가 많다.

　물질적인 보상 외에 또 다른 보상은 활용물로 발간이 될 책이나 논문이다. 비록 구술자와 직접 관련이 없더라도 발주 기관이나 개인 연구자가 발간한 책 · 논문을 제공함으로써, 추후 활용될 구술기록의 결과물을 미리 보여주는 방법이다.

　작업이 완료된 이후에 전화로 안부를 묻거나, 촬영한 사진을 전달하거나 연말연시에 발주 기관 명의의 연하장을 보내는 것도 사후 보상의 한 방법이기도 하다.

　요즘같이 각종 장비가 손쉽게 구비되는 상황에서 구술기록수집은 누구나 할 수 있다. 그렇게 되어야 한다. 그러나 구술기록수집은 아무나 할 수 있는 작업이 아니다. 아무나 해서도 안 된다. 심층면담은 준비된 사람이 해야 한다.

　좋은 심층면담에는 준비가 필요하다. 상식적인 연구자라면 적어도 준비되지 않은 심층면담이 불러올 수 있는 문제의 심각성을 알아야 한다. 설사 구체적인 심각성의 내용은 모른다 하더라도, 최소한 심각성이 있다는 정도는 알아야 한다. 나아가 가장 심각한 점은 구술자에게 상처를 줄 수 있다는 점이라는 것도 알아야 한다.

　심층면담에 나서기 전에, 구술사가 데일 트릴레븐(Dale Treleven)의 말을 떠올려보자.

"아무렇게나 한 인터뷰는 역사 기록에는 위험천만한 것이고, 기록관의 아
카비스트들에게는 고통이며, 연구자들에게는 민폐를 끼치는 것이다. 그
러한 인터뷰는 무엇보다도 후손을 위해 기꺼이 자신의 기억을 공유하고
자 하는 구술자를 모욕하는 것이다."

양계장에 가서 따끈따끈한 달걀을 깨뜨리지 않고 많이 가져오려면 바구
니가 필요하다. 혹시 인터뷰 전에, 달걀을 담아오기 위한 바구니가 필요하
다는 것을 몰랐다면, 또는 준비되지 않았다고 생각된다면, 과감히 심층면담
일정을 연기하라. 바구니를 마련하는 것은 노력하면 가능하지만 바구니를
준비하지 않아 달걀을 깨뜨린다면, 안타깝기 때문이다.

단계별 체크 리스트 소개

(한국구술사연구회 www.oralhistory.or.kr)

〈실행단계 체크 리스트 예시문〉

1. 약속시간을 지켰는가?

2. 라포를 형성했는가?

3. 구술자가 이해하기 쉽게 구어체로 질문하였는가?

4. 경청했는가?

5. 적절할 때 공감을 보였는가?

6. 구술자의 구술을 방해하지 않고 잘 따라갔는가?

7. 주제가 바뀌는 등 구술자의 이해가 필요할 때 적절하게 설명하였는가?

8. 감수성 있게 의욕적으로 질문하였는가?

9. 구술내용과 상관없이 면담자의 지식으로 추론하여 구술을 진행시키지 않았는가?

10. 유도적인 질문을 하지 않았는가?

11. 소음을 잘 통제하였는가?

12. 영상을 기획한 대로 촬영하였는가?

13. 장소가 적절하였는가?

14. 면담자의 차림새(손톱, 화장 등 청결과 향기 포함)가 단정하였는가?

15. 구술자의 도움에 감사를 표했는가?

16. 보조 면담자와 협조가 긴밀히 이루어졌는가?

17. 녹음기를 인터뷰 장소를 나온 이후에 껐는가?

18. 면담후기를 작성하였는가?

19. 신상기록카드를 작성하였는가?

20. 필요한 서류, 동의서 등을 받았는가?

※ 항목별 5점씩

※ 위 항목은 사용자에 따라 항목 내용을 변경할 수 있음

(작성 : 김선정

한국구술사연구회 www.oralhistory.or.kr)

참고자료 1

〈 상세목록 사례1 : 다카하시 기쿠에 〉(총 분량 257분)[1]

1. 조선에서 태어난 계기와 아버지 다카하시 도오루(15:50~20:26)

(鄭) 오늘 자리 마련한 것은 두 분의 소중한 경험 듣고자. 먼저 다카하시 선생님께 질문을 해도 괜찮은지?

(기쿠에) 예

(정) 어떻게 조선에서 태어나게 되었는지?

(기쿠에) 아버님(다카하시 토오루)께서 한일합방 이전에 조선에 이주.

 - 그다지 그 시절 얘기는 자세히 모르지만, 대구의 사범학교에 다녔다는 얘기 들은 적 있음.
 - 그 이후 서울대학이 된 것이 1924년경으로 추측하는데, 서울대학 설립할 때 무슨 위원인가 하고 조선총독부의 동의를 받고 경성제국대학 교수로 임명됨.
 - 유교, 동양철학, 한문을 도쿄대에서 배우다가, 그 이후 케이죠(京城)에 가심.
 - 한국에 간 다음에 제주도 민요 조사를 위해, 제주도에 2번 방문해 연구.
 - 제주도 민요에 대해 쓴 아버지 책은 본인도 갖고 있음.

2. 출생 장소(20:26~23:00)

(鄭) 어릴 때 얘기를 들었으면 좋겠는데, 경성에서 출생했나요?

(기쿠에) 당시 경성의 아사히마치 공무원 관사에서 출생

(鄭) 그 동네 주변은 전부 일본인만 살았는지?

---

[1] 작성자 - 김혜숙 ; 면담일 - 2010.2.16 ; 구술자 - 요시오카 마리코 · 다카하시 기쿠에 ; 면담자 - 정혜경 · 이대화 · 김혜숙 ; 통역자 - 양대륭 ; 장소 - 일본 도쿄 요시오카 마리코 할머니 자택.

(기쿠에) (*출생 이후 어릴 때 사진 보여주면서 설명) 일곱 형제, 자매였
고, 여기는 아사히마치에서 이사간 곳으로 현재 청와대 뒤편에 위
치한 곳, 청와대 가서 5분쯤 걸어서 가면 이 집이 있었는데 당시는
'미하이쵸'라고 불렀음.

3. 조선과 조선 사람들에 대한 느낌 / 소학교 입학(23:00~ 32:19)

(鄭) 어릴 때 일본에서 살지 않고 조선에서 태어났다는 것에 대한 느낌은?

(기쿠에) 미국에게 지기 전에는 거의 생각한 적 없고, 감각적으로 모순을
느꼈지만, 당연한 일로 생각.

(鄭) 어렸을 때 나가서 조선 사람들을 보면 어떤 느낌?

(기쿠에) 아빠도 엄마도 일을 했고, 거의 가족들끼리 생활해서 주변사람
들과의 교류 없었고
- 주변에 조선 사람들이 어렵게 살고 있었다는 자체는 인식은 하고
있었지만 왜 인지까지는 생각한 적 없음.
- 아주 어릴 때에, 학교 다니기 전에는 주변 친구들하고 논 적이 있었
지만
- 주변 조선인들은 아이를 학교에 보내지 않는 사람도 많고 어려운
사람도 많아서 접할 기회는 거의 없었다. 조선인에 대해서 별로 경
멸이라든지 그런 느낌은 없었다. 결국 특별히 사귈 기회도 없었다.
- 아빠가 결정한 것인지 엄마가 결정한 것인지는 모르겠지만, 나는
집 근처 학교가 아니라 멀리 전차 타고 광화문에서 갈아타고 동대
문에서 내려서 경성고등사범학교 부속 소학교 다님.
- 거의 일본인이었고…. 이 때문에 일본인, 조선인 모두 사귀지 못 했
음.
- 경성제일공립고등여학교 15회에 시험을 봐서 입학.
- 그 때문에 몸이 안 좋게 되어 결핵에 걸려 1학년 여름까지 조선에
있다가 일본 야마구치현에 어머니랑 가서 요양. 고등학교를 다 다
니지 못했음.

- 야마구치현은 시골이어서 여성들은 가정에서 일하고, 서울에서 배운 학력은 필요치 않아서, 그런 방향으로 흘러간다.
- 돌이켜보면 평생에서 자신의 학력은 경성에서 한 공부가 가장 크게 차지.

〈 상세목록 사례2 : 강○○ 〉(총 분량 38분)[2]

1. 부친(강진○)과 오빠(강군○)의 '전환배치(이중징용이라고 진술)' (00:00~09:38분)

   - 고향은 전남 승주군 황전면 월산리
   - 1893년생, 농사를 지음. 조선에서 결혼을 함
   - 1942년 사할린 도로 탄광(삭조르스크 소재)으로 동원되었다가 다시 규슈로 동원됨(전환배치)
   - 오빠, 언니, 본인, 남동생 2명이 모두 조선에서 출생하였고, 1943년 가을에 어머니와 함께 3년 기한으로 사할린으로 옴. 집과 농토를 모두 두고 떠나옴. 군대에 간 오빠는 같이 오지 못함
   - 오빠가(1924년생) 1943년에 군대에 징집이 되었다가 형제가 그리워 피병을 하고 집으로 돌아와서 사할린으로 찾아왔음. 아버지와 함께 삭죠르스크 탄광에서 일을 했으나 6개월 일을 하다가 전환배치로 규슈로 동원됨. 이후에 한국에서 자살을 함
   - 조선에서 학교에는 다니지 못했는데, 오빠는 야학을 다녀서 글을 읽을 줄 알았음
   - 조선에서는 공출이 매우 심했으므로 살기가 어려워서 학교에 다니지 못했음
   - 전환배치로 동원되기 이전에는 배급을 받아서 생활을 함

2. 가족의 이산 이후(10:00~12:00분)

   - 부친과 오빠가 일본으로 송출된 이후에 회사에서 석탄을 제공하고

---

[2] 강제동원위원회 소장 자료.

송금을 해준 것 같음
- 종전 이후에는 아무도 생활을 도와주지 않아 어머니는 영화관에서 청소를 하고, 산의 열매를 팔고, 농촌에 가서 삯일을 해서 생활을 이 어나감
- 나가야(長屋)에서 살았는데, 모두 4가구가 거주하고 있었음. 그 가 운데 1칸에서 생활
- 오빠는 늘 밤늦게까지 글을 읽으며, "공부를 하지 않으면, 봉사(*소 경) 한가지입니다. 누가 죽으라 해도 죽을 수밖에 없습니다."라고 이야기를 했다고 함
- 너무나 추운 생활. 식사는 주로 감자를 먹었음
- 철이 든 후에는 러시아 사람이 부러웠음. 자신의 고국에 사는 러시 아 사람이 부러웠음. 서울 올림픽이 열리기 전까지는 고국이 없다 는 이유로 차별대우가 심했음

3. 이산 가족의 고통(12:24~16:54분)
- 부친과 오빠는 목숨을 걸고라도 도둑배를 타고 사할린으로 돌아오 려고 배에 탔으나 책임자가 "지금 화태는 폭발이 되어서 사람들이 모두 잿더미가 되었는데 무엇하러 돌아가겠는가. 조선에 가서 자기 집이 있는 사람은 거기 가서 살자"고 하여 배에서 내리고 조선으로 귀환했다고 함.
- 1948년에 조선에서 편지를 받았음. 큰집을 통해 부친과 연락이 되 었는데 아버지의 편지가 북한을 통해 사할린으로 돌아갈 것이니 기 다리라는 내용이었음. 이에 대해 금방 돌아갈 것 같으니 기다리라 고 답장을 했으나 6·25 전쟁으로 남북이 끊어지면서 연락도 두절 되고 돌아가지 못함
- 그 후에 오빠는 형제를 만나지 못하는 것을 비관해서 자살을 했다 고 함. 유서가 있다고 하는데, 아버지가 큰 어머니에게 보여주지 않 았다고 함
- "우리를 너무나 사랑하셨던 오빠"

- 부친은 이후에 재혼을 했으나 사할린의 가족을 그리워하며 늘 술을 마시고 울면서 생활을 했다고 함. 이복동생 강금○과 연락이 되어 내용을 알게 되었음
- 1990년부터 편지를 왕래함. 1991년도에 모국을 방문하여 큰어머니로부터 그간의 사정을 들을 수 있었음

4. 사할린의 생활(17:00~38:00분)
- 강정○은 1951년도에 결혼을 함
- 1995년도부터 교회에 다니기 시작
- 아버지가 아침에 탄광에 일을 하러 갈 때에는 어머니가 자식들에게 "아버지가 일을 하러 갈 때에는 절대로 말을 하지 말라. 재수 없다. 탄광 일은 위험하니까 기분 좋게 나가야 한다"고 늘 당부를 한 기억이 있음. 당시에 탄광에는 사고가 있었음. 탄광이 무너지면 30여 명이 죽었음. 사고로 조선인도 많이 죽었음
- 동석한 아주머니의 이야기 : "우리 삼촌이 다 무너져서 탄광에서 돌아가셨는데, (*유골을) 다 조선으로 보냈어요. 이번에 한국에 가서 물어보니께 화장한 유골이 들어왔다고 해요. 엄마 아부지가 화장을 해 가지고…"
- "일본사람의 책임이니까 보내주었겠네"(강정○)
- 탄광사고가 나면 동네가 난리를 함. 집집마다 난리가 남. 다른 사람 대신 교대를 해주었다가 사고로 사망을 한 사람들이 있으면, 서로가 관계가 좋지 않음
- 탄광에서는 교대제로 일을 함
- 일본어를 모른다고 일본인에게 천대를 많이 받았음. 도리가 없었음
- 冬三(한 겨울을 의미)에 고무장화도 없이 살았음. 학교에서 장화를 1년에 1켤레 정도 나눠주었으나 그것을 배당받지 못해서 겨울에도 게다를 신고 다녔음
- 학교에 다닐 나이가 지나서 일본학교 2학년을 다녔으나 해방 이후에는 생활난으로 정식 학교에는 다니지 못하고 야학교에 다님

- 해방 이후에 너무 추우니까 삭죠르스크를 떠나게 됨. 삭죠르스크 → 빠레츠 → 다른 지역의 농촌에서 농사를 지음 → 우글레고르스크로 이주(이곳이 일 자리가 많았음. 탄광, 건축부, 공장, 항구, 산판 등 일 자리가 많았음)

- 남동생 2명은 우다르네 지역의 기숙사학교에 다녔음. 누나인 강정○이 돈을 벌어서 1인당 매달 50루블씩 부담. 유학을 위해 소련 본토로 갔는데, 어렵게 되었음. 남동생들에게 조선인이므로 러시아국적을 취득하지 못하게 하여 무국적 상태로 지냈음. 국적이 있으면 학비 없이도 공부할 수 있으나 국적이 없어서 러시아대학으로 진학을 하지 못했음. 북한에서 대학생을 모집하러 와서, 모집에 응해서 남동생 1명이 북으로 유학을 감. 처음에 제시한 조건은 학교가 마음에 들지 않으면, 되돌아올 수 있다고 했으므로 진학을 결심하게 됨. 공부를 잘해서 북한의 김책공업대학으로 진학했으나 학교가 마음에 들지 않아 중퇴를 하고 돌아오려 했으나 불가능하게 됨. 학교를 마쳤으나 다시 돌아오지 못하고 북한에서 생활을 함. 초청장을 보냈으나 러시아 방문도 못하고 있음

- 국적이 없을 때에는 '광주리의 새'와 같아서 자유가 없었음. 삭죠르스크 지역 내에서만 이동의 자유가 있을 뿐, 다른 지역으로는 나가기 어려웠음. 고국으로 되돌아가겠다는 일념으로 국적을 취득하지 않았음

- 현재 한국민의 노력으로 한국이 발전을 했음. 사할린의 동포들이 한국민들에게 아무런 도움도 주지 못했는데, 발전을 했다는 점이 감사할 뿐임. 한국민들에게 감사를 드림(눈물을 흘림)

- 병원에서 쓸개 안에 돌이 찼다고 하여 수술을 해야 한다고 하는데, 수술을 받지 않을 생각임

- 자살을 했다고 하지만, 오빠 얼굴을 한번만이라도 보는 것이 소원임

〈 상세목록 사례3 : 장○○ 상세목록 〉(총 분량 01:03:38)[3]

1. 사할린 이동 이전의 상황(00:39~13:44)
    - 본명은 장□□인데, 탄광에서 도망을 가면서 장○○로 개명
    - 고향인 부안군 줄포 이야기
    - 형님이 징병으로 상해로 끌려감
    - 1945년 2월, 탄광으로 가는 징용영장이 나와서 일본인 3명에 의해 연행됨(사할린 탄광)
    - 5남매 중 2명이 징병과 징용으로 동원됨
    - 12세 때 일본인 상점에서 일을 함
    - 16세 때에 평북 강계군 소재 노동판으로 가서 1년간 노동
    - 강계군 노동 상황 : 1일 임금이 70전, 3일간 식비가 2원 10전(임금 전체가 식비), 늘 허기진 생활(적은 양의 콩밥과 청어 말린 것)
    - 1943년~1944년 8월, 만주(안산) 공장으로 가서 일을 함('자유 모집'이라고 표현. 징용을 피할 수 있다고 하여 모집에 응함)
    - 만주 안산의 노동 상황 : 1일 임금이 3원, 고량미(수수)와 콩이 섞인 밥을 배급받음, 군속이 많이 있었음, 1일 8시간 노동
    - 폭격이 심해서 사망자가 많이 발생하자 일이 중단되어 귀가함, 친구들이 모두 사망

2. 사할린 생활(13:45~36:48)
    - 사할린 브이코프 탄광(미츠비시 탄광 소속)으로 오게 됨
    - 현지 사람 6,000명, 조선 사람 1,000명이 노동을 함
    - 함바 생활(도주를 방지하기 위한 감시용 유리창 설치)
    - 춥고, 늘 허기진 생활(덜 익은 콩밥으로 연명), 점심 도시락을 미리 먹었다고 폭행을 당함
    - 평일은 8시간 노동, 공휴일은 10시간 연장 노동(공휴일에는 추가로

---

3) 정혜경, 「기획에서 활용까지」, 『구술사 : 방법과 사례』, 도서출판 선인, 2005, 151~152쪽.

주먹밥을 지급)
- 공휴일에는 연장노동을 하는 외에 조석으로 학교마당에서 군사훈
  련을 받음(20~23세 정도의 젊은이들이 대상)
- 노무관리자는 일본인
- 모집으로 들어간 사람들은 계약기간이 끝나도 귀국을 시키지 않고,
  결혼을 하도록 하여 가족을 불러들임
- 장○○은 1944년 8월, 조선인에 대한 전환배치가 된 이후 시기에 사
  할린으로 동원됨
- 라디오를 통해 해방된 사실을 알게 됨
- 해방 전에 야학에서 공부를 함(일본어 학습)
- 임금은 책정이 되어 있었으나 강제저금을 하고, 1개월에 용돈 3원
  을 지급, 임금에 대해 문의를 하면 폭행을 당함
- 감자 삶은 것을 3원에 사다 먹음
- 외부에 나가서 음식물을 사다먹다가 걸리면 폭행을 당함
- 탄광매몰사고로 6명이 사망한 사건이나 갱내 전차사고 등이 있었음
- 징역살이와 같은 탄광 생활
- 출발 당시에 부안에서 30명이 출발했는데, 부산에서는 모두 136명
  이 사할린으로 떠남
- 동원과정 : 부안군→부산(1박, 연락선 이용)→下關→아오모리(기차)
  →樺太(2주간 소요)→콜사코프(화물선 이용)→브이코프. 부산에서
  연락선이 밤낮없이 수송. 아오모리로 이동할 때는 폭격을 피하느라
  매우 오랜 시간을 지체함. 사할린에 도착해서는 주변 지형을 모르
  게 하기 위해 야간을 이용해 이동하도록 함
- 일본 본토에서 수송할 때, 도주하는 자가 있었음(오사카에서 도주.
  일본에 있던 친척과 미리 연락이 되어있었던 듯함)
- 고국에서 떠날 때, 의복이 얇아서 추위를 이기는 것이 고통스러웠
  음
- 조선요리옥 1개소 : 일본에서 자유모집으로 온 사람들이나 간부들
  이 출입하는 곳. 돈이 많이 필요하므로 일반 노동자는 이용할 수 없

음. 여성이 7명 근무. 동향인 2명이 일을 함. 최길수의 누나가 있던 곳. 하루에 1인당 7~11명의 손님을 상대. 해방 이후에 현지에서 결혼을 하거나 귀국을 한 것으로 알고 있음.

3. 귀국(36:52~01:03:38)
   - 귀국준비, 일본 임산부와 젊은 일본 남성만이 귀국선을 탈 수 있었음
   - 각지에서 일어난 조선인에 대한 학살사건
   - 귀국을 하기 위해 조선인들이 콜사코프 항구로 이동
   - 좌절된 귀국, 정착을 위한 노력 : 종전 이후에도 탄광에서 일을 함 (일본인의 철수 이후)
   - 콜사코프로 이동하여 막일을 하다가 사진사가 됨
   - 사진기술을 배우던 중 동료들이 암실에서 화재를 내서 형무소에서 수형 생활을 함
   - 결혼을 하여 1남 3녀를 두었으나 아들은 사고로 잃고 두 딸도 병사를 함
   - 현재 심장병 후유증으로 위와 간에 이상이 있으며, 당뇨 등 여러 후유증을 앓고 있음
   - 심장병이 심하고 연금이 없어서 생활이 곤란하고 치료를 받기 어려우므로 대창양로원에 영주귀국을 했음
   - 불면증이 심했으나 대창양로원에 와서 불면증도 완화되었고, 치료도 받고 있음
   - 부지런한 한인들

참고자료 2

〈 녹취문 작성하기 〉
- 면담자가 직접 작성하기/ 꼼꼼히 검독하기
- 신속히 작성하기 : 면담이 끝난 이후 가급적 빠른 시일 내에 작성
- 녹취문 작성의 기본 원칙
  - 녹음된 내용은 '하나도 빠짐없이 있는 그대로, 생생하게' 표현. 문법적으로 틀린 말이라고 해도 그대로 적어야 하며 사투리도 그대로 싣는다.
  - 가능한 한 음가를 살리기 위해 노력. 예 : 하아아얀, 허~, 에휴~ 등
  - 반복적으로 나타나는 구술자의 간투사(느낌씨 : 사전적 의미로는 독립적으로 또는 마디 앞에서 느낌이나 부름, 대답의 뜻을 나타내는 낱말 갈래를 의미)도 일일이 기록. 예 : <u>그러니까는</u> 우리 어머니가 영감님을 은으셨더라구. 나오니까, 한국에 나오니까. <u>그러니까</u> 어머니 계신 데를 몰라서 금곡으로 둘째 언니가 있었다구요. 그래, 거길 갔지. <u>그러니까</u> 우리 어머니도 몰라보더라구.
  - 한자 등 외래어 원문 표기가 필요한 경우에도 괄호를 통해 표시.
  - 녹취문은 대화체로 표현.

- 검독 작업
  - 지문을 통해 구술자의 구술 상황이나 언어화되지 않는 기호들(몸짓, 표정, 분위기, 침묵 등)을 기록.
  - 구술내용의 맥락을 파악하는데 도움이 될 지명이나 주변인물, 사건 등에 대한 부가설명을 각주를 통해 표시.
  - 인터뷰 완료 이후, 검독작업 과정에서 구술자의 교정 요청 및 이의 제기사항은 원문은 그대로 유지하여 녹취문을 작성하되 각주에서 그 사유, 이의 제기 일시 장소 등을 명기하여 교정.

- 내용에서 오해가 야기될 우려가 있어 모호하여 면담자로서 적극적인 개입이 요청되는 경우에는 각주로 기재.
- 사실과 명백히 배치되는 왜곡된 증언이라 판단되는 경우, 그 근거를 밝혀 각주로 기재.
- 구술이 기존의 인식이나 연구 성과와 크게 다르거나 새로운 사실이 발견되어 상호비교를 통해 그 차이점을 명백히 할 필요가 있을 경우, 각주에 기재.

〈 녹취문 작성 요령 〉

- 전체 내용을 여러 번 들어서 숙지. → 녹취 중에 내용을 놓치더라도 앞으로 되돌리지 않고 공백을 남긴 채 진행. → 공백을 남긴 상태에서 녹음파일 1개를 다 녹취한 후에 다시 앞에서부터 들으면서 누락된 부분을 채워나감. → 확인이 어려운 부분은 녹화 테이프를 통해 보충.

참고자료 3

국사편찬위원회, 『현황과 방법, 구술·구술자료·구술사』, 2005.

김귀옥, 「지역조사와 구술사방법론」, 『서울대학교 사회과학연구원 사회발전연구소 연구논문 시리즈』16, 1999.

김기석·이향규, 「구술사: 무엇을, 왜, 어떻게 할 것인가」 제12회 현대사연구소 집담회(7월 22) 발표문, 1998.

김순천 외, 『마지막 공간 - 청계천 사람들의 삶의 기록』, 삶이 보이는 창, 2004.

남신동, 「'역사의 민주화'와 구술사연구의 윤리적 쟁점」, 『한국예술종합학교 논문집』6, 2003.

남신동, 「국외 구술사 연구동향 : 미국구술사의 발달과 연구동향」, 국사편찬위원회 2003년도 연구과제.

사카모토 치즈코, 「전 일본군 '위안부' 생존자 '증언'의 정치학」, 연세대학교 사회학과 석사학위논문, 2004.

월터 J. 옹, 이기우·임명진 옮김, 『구술문화와 문자문화』, 문예출판사, 1995.

윤택림, 『문화와 역사연구를 위한 질적연구방법론』, 아르케, 2004.

이선형, 「일본군 '위안부' 생존자 증언의 방법론적 고찰」, 서울대학교 협동과정 여성학전공 석사학위논문, 2002.

이인범, 「구술 한국현대예술사, 새로운 지평을 향하여」, 『한국근현대예술사 구술채록의 방향과 전망』(한국근현대 예술사 증언채록사업 기초설계를 위한 공개세미나 자료집), 2003년 9월 6일.

전순옥, 『끝나지 않은 시다의 노래』, 한겨레신문사, 2004.

정혜경, 「한국의 구술자료관리현황」, '한국역사기록의 관리와 발전방안' 학술심포지엄 발표문(한국역사연구회, 대전대학교 인문과학연구소 공동주최), 2000.

정혜경, 「한국근현대사 구술자료수집 실행연구」, 국사편찬위원회 2003년도 연구과제.

정혜경, 「문화콘텐츠 활용을 위한 구술기록관리」, 한국외대 문화콘텐츠학과 콜로키움(4월 28일) 발표문, 2010.

제임스 홉스, 유병용 옮김, 『증언사 입문』, 한울, 1995.

한국교육사고, 『구술사이론방법워크샵 자료집』, 2003(프린트 본).

한국구술사연구회, 『구술사 : 방법과 사례』, 선인, 2005.

한국예술종합학교 한국예술연구소, 「샘플채록 결과 보고서」(내부 보고용), 2003년 9월 30일.

한국예술종합학교 한국예술연구소, 「한국 근현대예술사 구술채록사업 2004년도 제2차 구술채록연구자 워크숍 세부 사업시행 매뉴얼 및 발제초록」(내부용), 2004년, 10월 30일.

P. Thompson, *The Voice of The Past : Oral History*, London : Oxford University Press, 2002.

Frederick J. Stielow, *The Management of Oral History Sound Archives*, N.Y. : Greenwood Press, 1986.

Dale Treleven, "Oral History and the Archival Community: Common Concerns about Documenting Twentieth Century Life", *International Journal of Oral History 10*, 1989.

한국구술사연구회 누리집(www.oralhistory.or.kr)

구술 영상 기록 만들기 _조용성

1. 기술의 발전과 디지털 구술 영상의 등장
2. 구술기록 생산 장비
   1) 영상촬영 장비(캠코더)
   2) 영상촬영 보조 장비
   3) 음성채록 장비
   4) 장비의 관리
3. 구술 영상촬영의 실제
   1) 구술 영상 생산의 특성
   2) 구술 영상촬영 절차

1. 기술의 발전과 디지털 구술 영상의 등장

우리나라에서 구술 채록은 1990년 중후반에 와서 본격화되기 시작하였고, 2000년대에 들어서는 이전부터 꾸준히 구술사 방법론으로 연구를 진행해 왔던 문화인류학과 사회학 영역을 넘어 다양한 학문 영역에서 활발하게 진행되고 있다. 최근에 와서는 개인 연구자들을 중심으로 진행되었던 기존의 구술기록 생산과 관리 활동이 공공영역을 포함한 다양한 단체에서 중·대규모, 장기 사업의 형태로 진행되는 등 점차 사업 범위나 규모가 확장되고 있다.

이제 구술사 영역에서의 방법론적 논의는 기존의, 생산에 초점을 맞추어 진행한 것을 넘어 그간 축적된 구술기록의 효율적 보존과 더불어 다양한 활용을 감안한 생산에 주목하여 점차 변화하고 있다. 여기에 각종 멀티미디어 자료 생산기술의 발전에 따른 디지털 장비의 대중화, 경량화, 고성능화 경향과 정보통신기술의 성장은 구술기록의 생산 및 활용과 관련한 방법론적 논의를 활발하게 하였다. 구술사 방법론에 대한 관심이 확산됨에 따라 다양한 계층의 이용자 요구가 증대되기 시작하였고, 콘텐츠 개발 등 다방면의 활용 가능성이 대두되었다. 이러한 흐름 속에서 과거 연구자들의 전유물로만 인식되어 새롭게 생산된 대부분의 구술기록이 텍스트화되고, 단순히 문헌자료와 동일시되어 일차적으로만 활용되었던 것에서 벗어나 다방면적인 활용을 고려하는 차원에서 구술사 영역에서도 영상촬영의 필요성이 제기되기 시작하였다.

디지털 구술 영상의 등장은 구술기록을 쉽게 저장할 수 있게 하고, 오랜 시간 동안 보존을 가능하게 하며, 검색·가공이 용이하여 이를 통한 폭넓은 자료 공유와 다양한 활용으로 이용자에게 질 높은 자료를 제공하는 것을 가능하게 하였다. 여기에 이러한 기술적 쾌거는 면담자와 구술자간의 '상호작용'을 통하여 생산되는 구술기록의 특성과 '구술성'을 부각시켜 드러내는 것을 가능하게 한다. 또한 구술 내용 이외의 구술면담 배경맥락을 보다 생동감 있게 복합적이고 유기적으로 담아내어 구술기록의 가치를 높이는 역할 수행하기 때문에 최근 구술기록의 생산에 있어서 영상촬영의 도입과 디지털 구술기록의 생산은 점차 보편화 되어가고 있다. 이와 같은 디지털 구술기록은 컴퓨터 등 정보처리능력을 가진 장치에 의해 비트스트림의 조합으로 생성된 기계가독형 구술기록을 의미하며, 보이스 레코더·디지털 캠코더 등과 같이 디지털 장비로 생산한 구술기록으로 정의할 수 있다.[1] 최근 디지

---

[1] 최근 기록학 영역에서 구술기록 관리 필요성이 대두되면서 이와 관련한 다양한 연구가 진행되고 있는데, 디지털 구술기록이라는 용어는 이러한 연구들에서 제시된 용어이다. 여기서 '전자적', '디지털'의 의미는 기존 텍스트 자료와 대비되는 개념으로 0과 1의 비트스트림으로 구성되어 있어 기계 의존적이며, 휘발성이 강하고, 시공을 초월한 접근이 가능하다는 특징이 있는, 다분히 물리적인 특성이 가미된 개념으로 이해할 수 있다. 이에 대한 자세한 사항은 정영록, 「구술기록의 디지털아카이빙에 관한 연구-디지털구술기록의 생산·관리 및 보존전략을 중심으로」, 한국외국어대학교 정보·기록관리학과 석사학위논문, 2010, 26~37쪽 참조.

털 구술기록의 생산이 보편화됨에 따라 생산과 관리에 있어서 안정적인 생산을 도모하고, 무단 삭제 및 도용을 방지하며, 호환성 있는 활용을 도모해야 하는 등 기존보다 다양한 측면에서의 구술기록 관리에 대한 논의 또한 활발해지고 있는 추세이다.

비록 영상촬영은 구술자의 지나친 카메라 의식이나 거부감의 유발, 촬영 과정에서 다양한 기술적인 문제를 야기하는 등 구술면담에 직·간접적으로 영향을 미칠 소지가 있지만, '기억의 기록화' 과정을 가장 생생하게 드러낼 수 있다는 점에서 효과적인 도구로 각광받고 있다.

한 가지 더 덧붙이자면 최근 기술의 발전 속도는 이전과 비교할 수 없을 정도로 점점 더 빨라지고 있다. 특히 우리 생활과 밀접하게 연관되어 있는 정보통신분야에서의 변화의 양상은 상상 이상이다. 불과 20~30년 전까지만 해도 획기적이라고 불리며 이동식 컴퓨터 보조 기억 장치로 각광 받던 8인치 크기의 플로피 디스크는 CD-R, CD-RW에 밀려 최근 생산이 중단되었으며, 수십 기가바이트의 용량을 담아낼 수 있는 블루레이 디스크와 초소형 USB 플래시 드라이브가 등장하기 시작하였다. 가까운 미래에는 이보다 더 고용량, 초소형 사양에 저렴하고, 휴대 용이한 각종 기술들이 쏟아질 것이 자명하다. 아래에서 제시할 디지털 구술기록 장비 및 정보통신 포맷 등은 현재 국내에서 활발하게 구술영상을 생산하고 있는 단체들의 일반적인 사양에 준한 것이다. 앞으로도 계속될 시시각각으로 변하는 기술의 변화의 흐름을 지속적으로 체크하는 것은 생산의 효율성 차원에서, 자료의 관리 맥락과 관련하여 필요한 사항이다.

구술 영상 기록 만들기

2. 구술기록 생산 장비

1) 영상촬영 장비 (캠코더)

구술기록 생산에 많이 활용되고 있는 카메라는 디지털 Mini DV 6mm 캠코더이다. 캠코더는 촬상판을 이용하여 초소형 6mm 테이프에 디지털 방식으로 동영상을 녹화하며, 캠코더의 화질을 나타내는 수평해상도[2]가 500 이상인 제품을 말한다. 비디오 카메라와 녹화 재생장치가 한 몸체로 이루어진 휴대용 영상 생산 장치로 촬영한 영상의 저장 방식에 따라 아날로그와 디지털 방식으로 구분된다. 캠코더는 작동이 비교적 쉽고, 고음질의 외부 마이크 부착이 용이하며, 외장 하드디스크를 통하여 손쉽게 디지털 기록을 생산할 수 있다는 장점이 있다. 디지털 방식으로 생산하면 반복적인 녹화 및 재생에도 화질 손상이 없다는 점과 고화질, 입체음향, 와이드 화면을 지원하는 기능은 기록된 구술 영상이 추후 다양하게 활용되는 것을 가능하게 한다. 일반적인 방송용 카메라와 비교하였을 때 생산되는 영상의 화질 차이가 적은 대신 가격이 상대적으로 저렴하고, 초소형, 초경량이어서 이동성을 고려해야 하는 구술기록 생산에 많이 활용되고 있다. 부착된 뷰파인더와 LCD 모니터를 통하여 촬영 영상을 쉽고 즉각적으로 확인할 수 있고, 추후 편집 보드를 통하여 디지털 파일의 다양한 편집을 쉽고 빠르게 할 수 있다는 장점이 있다.

주로 가정에서 활용되는 보급형 핸디캠은 생산되는 디지털 영상 파일이 전문가용 캠코더보다는 상대적으로 저용량, 저화질 파일로 생산된다는 단점 때문에 구술기록의 보존 및 활용이라는 측면을 고려하였을 때 메인 촬영

---

[2] 화질을 평가하는 기분의 하나로 화면에 표시할 수 있는 가로선의 최대 수를 말한다. 선의 수가 많을수록 화면의 세밀한 부분까지 표현해 주기 때문에 좋은 화질을 얻을 수 있다.

캠코더   핸디캠

그림 1. 영상촬영 장비의 예

장비보다는 구술자 단독 촬영이나 배경 맥락을 촬영하는데 등에 주로 쓰여왔다. 하지만 FULL HD의 방송용급 화질로 영상 기록이 가능하고, 16 : 9 와이드 화면과 5.1채널의 서라운드 음향을 지원하는 고성능 장비가 등장하면서 이러한 핸디캠도 최근 들어 메인 촬영 장비로 많이 활용되고 있다. 고성능 핸디캠의 큰 장점은 전문가용 캠코더에 비하여 가격이 저렴하고, 휴대가 용이하다는 점이다. 또한 내장하드가 탑재되어 있어 별도로 디지털 하드디스크를 구입하지 않아도 되는 장점이 있다. 기술적인 측면에서 수동형 고급 기능을 주로 다루는 전문가가 아니더라도 탑재되어 있는 정밀한 수동 기능을 간편하게 조작할 수 있도록 설계되어 있어 복잡한 카메라 작동이 익숙하지 않은 촬영자가 사용하기에 크게 무리가 없다. 특히 노출과 화이트 밸런스, 데이터의 분포를 자동으로 조절하여 최적화하는 기능이 탑재되어 있어 인물 위주의 촬영을 진행하는 구술 채록에 적합한 장비로 활용될 수 있다. 또한 무게가 가볍고, 망원 줌에서도 안정적으로 손 떨림을 보정해 주는 고급 기능을 지원하기 때문에 좁은 구술 장소에서 줌 기능을 활용하여 구술 맥락 정보를 촬영하는데 있어서도 유용하다. 비록 아날로그 방식의 원본 테이프로 산출물을 얻어낼 수 없다는 단점이 있지만, 다양한 구술 장면과 맥락을 보다 생생하게 담아낸다는 측면에서 갈수록 성능이 우수해지는 여러

장비를 혼용하는 것은 추후 활용을 감안할 때 고려해볼 만한 사항이다.

한편 우리나라의 기록관리 전반의 사항을 관장하는 국가기록원에서는 「영상기록의 생산 및 관리 지침(2009)」을 통해 '영상기록은 HD 촬영방식으로 하고, 촬영 장비는 영상기록의 촬영 포맷, 해상도 등을 지원할 수 있는 장비를 사용'하도록 권장하고 있다.

2) 영상촬영 보조 장비

(1) 핀 마이크

일반적으로 캠코더에 내장되어 있는 마이크는 '무지향성' 마이크로, 피사체의 말소리와 주변 소음 등 모든 방향의 오디오를 받아들이게 된다. 따라서 구술 면담에서와 같이 특정 방향의 오디오만을 받아들일 필요가 있는 경우에는 지향성 마이크와 같은 오디오 장비를 별도로 캠코더와 연동시켜 사용하는 것이 좋다. 핀 마이크는 수음패턴이 지향성으로 구술자의 음성을 정확하게 잡아 낼 수 있으며 와이어리스 형태로 신체에 부착되어 사용되기 때문에 있으므로 음량이 일정하고, 구술자와 면담자가 마이크를 의식하지 않고 자연스럽게 면담을 진행할 수 있게 유도할 수 있다.

핀 마이크는 신체의 움직임에 민감하게 반응하기 때문에 마이크를 부착시킬 때 옷에 마이크 헤드가 닿지 않도록 주의해야 한다. 보통 입에서 20~25cm 정도 떨어진 아래쪽에 달아주는데 구술자가 고개를 많이 돌리거나 들고 숙이기를 반복하여 치찰음이 많이 생기거나 음질이 일정하지 않을 경우에는 마이크를 좀 더 아래에 내려서 달아준다.

(2) 삼각대

삼각대는 흔들리지 않고 안정감 있는 화면을 얻기 위한 필수 장비이다. 구술 촬영은 대부분 카메라가 바닥에 고정된 채로 렌즈 각도를 좌우 · 수직 방향으로만 움직이면서 진행되는데 이러한 작업을 부드럽게 할 수 있는 유압식 삼각대를 사용하는 것이 좋다. 또한 캠코더 본체와 연결된 핸들 리모트 컨트롤을 사용하여 촬영을 보다 손쉽고 안정적으로 진행할 수 있다.

촬영준비 시 가장 선행되어야 하는 것은 삼각대의 설치로 '1. 평평한 곳을 중심으로 촬영 구도에 적합한 곳에 삼각대를 고정, 2. 촬영 구도를 고려하여 삼각대의 높이 조정, 3. 카메라 장착 및 삼각대 수평 조정, 4. 핸들 리모트 컨트롤 및 펜 바 고정, 5. 삼각대에 고정된 카메라의 상하좌우 이동 움직임을 체크'하는 순서로 설치한다.

(3) 하드디스크 기록장치

하드디스크 기록장치는 캠코더와의 케이블 연결을 통하여 6mm 테이프에서 생성되고 있는 영상 기록과 똑같은 내용의 전자 파일을 동시에 생산하는 것을 가능하게 하는 외부 저장 장치로 HDV, DV급으로 촬영된 수 시간 분량의 영상 파일을 저장할 수 있다. 영상 기록을 별도의 디지털 변환 과정 없이 바로 편집하고, 활용하는 것을 가능하게 해 준다.

이 밖에 고가의 영상촬영 장비의 기능을 떨어뜨릴 수 있는 다양한 환경 변화와 외부 충격 등으로부터 보호하는 기능을 하는 하드케이스, 오디오 모니터링에 필수적인 장비인 헤드폰, 어두운 실내 촬영에 유용하게 쓰이는 라이트 등의 장비는 영상촬영 시 필수 장비라고 할 수 있다.

3) 음성채록 장비

구술 채록에 흔히 쓰이는 음성채록 장비로는 아날로그 테이프 레코더와 MP3 플레이어 등의 기능이 지원되는 보이스 레코더를 들 수 있다.

구술 영상 기록 만들기

아날로그 테이프 레코더는 다루기가 비교적 쉽고, 안정성 면에서 뛰어나며, 원본 테이프를 물리적으로 획득할 수 있다는 이점이 있다. 또한 디지털 장비에 비하여 버튼 작동 미숙으로 인해 저장 자료가 쉽게 손실될 위험성이 적다. 그러나 웹상에서의 서비스가 일반화 되어가고 있는 추세에서 추가적으로 별도의 디지털화 작업을 거쳐야 한다는 번거로움 때문에 디지털 매체에 비하여 효용성이 떨어진다고 볼 수 있다.

MP3 플레이어는 비교적 저렴한 가격에 구입할 수 있어서 구술 채록에 많이 활용되고 있다. 하지만 사용 목적이 주로 음성 파일의 재생이기 때문에 내장된 마이크의 신뢰성을 담보할 수 없다. 즉, 작동은 비교적 용이한 측면이 있지만 소리의 증폭 문제 등 환경적인 문제에 취약하다는 단점이 있다. 만약 MP3 플레이어를 사용해야 한다면 mp3, wma 등의 압축을 지원하는 형식 외에 wav와 같은 무압축 파일을 생산할 수 있는 mp3 플레이어를 사용해야 하며[3], 녹음 등 단순한 기능만을 지원하는 제품을 사용하는 것이 좋다.

최근 구술 채록이 활성화되고 이용자들을 고려한 양질의 구술 산출물 획득이 중요해짐에 따라 구술 채록 장비도 점차 전문화 되어가고 있다. 전문성이 강화된 음성 레코더로는 왜곡과 잡음에 강한 PCM(Pulse Code Modulation, 펄스 코드 변조) 시스템의 장점을 활용한 PCM 레코더를 들 수 있다. PCM 레코더는 낮은 주파수에서 안정적인 주파수 특성을 실현하여 풍부한 음질 녹음이 가능하고, 소음에 대한 민감도가 과도하지 않아 자연스러운 음질을 구현하게끔 하는 마이크가 내장되어 있어 고성능 오디오 녹음에 효과적인 전문 인터뷰를 위해 개발된 레코더이다. 다양한 소리를 양질로 담아낼 필요성이 있다면 PCM 레코더와 같은 음성 녹음에 특화된 레코더의 사용을 고려해 봄직하다.

---

3) 정영록, 앞의 글, 26~37쪽.

핀 마이크	삼각대	라이트

188 채널, 16개 모듈 동시
(멀티 채널) 사용 가능
공간 다이버시티 수신 및
톤 스켈치 기능
PLL 합성 시스템

최대 높이 1,505mm /
최저 높이 700mm
3.3kg
리모트 컨트롤러 내장

라이트 / 플래시 일체형
플래시 사용거리 1~5m

알루미늄 하드 케이스	헤드폰	하드디스크 기록장치

W524 x H368 x D244 mm
알루미늄 재질

스테레오 헤드폰

HDD 스마트 프로텍션
견고한 녹화 및 충격저하

전문가용 캠코더 배터리	PCM 음성 레코더

배터리 타입 리튬 이온
6600mAh 용량
캠코더와 호환 고려

음질 왜곡 방지
고감도 마이크
비압축 고음질 녹음

그림 2. 구술기록 생산 장비

구술 영상 기록 만들기

영상촬영 장비의 성능이 나날이 발전하면서 별도의 음성채록 효율성에 의문을 제기하는 시선이 늘고 있지만 유일성과 한시성에 민감하게 반응해야 하는 구술 채록의 특성상 작동 미숙이나 순간의 실수로 소중한 기록을 담아내지 못하는 상황을 예방하는 차원에서라도 음성채록을 통한 중복 생산은 필요한 사항이라고 볼 수 있다.

4) 장비의 관리

(1) 배터리 보관법

캠코더용 리튬 이온 배터리는 상온에 보관하는 것이 좋으며 뜨거운 열에 닿지 않도록 하는 것이 좋다. 또한 배터리를 오랫동안 사용하지 않을 때에는 배터리를 완전히 충전한 후에 건조한 곳에 보관한다. 배터리는 반드시 캠코더와 분리하여 보관해야 하며, 분리하지 않은 상태로 오랫동안 방치해 두면 배터리 수명이 현저하게 줄어들 수 있다.

(2) 6mm 테이프 보관법

LP판, 테이프 매체 등 자기 매체는 표면에 미세한 자석이 늘러 붙거나 하여 주로 훼손되는데, 사용하지 않는 테이프는 정기적으로 상태를 점검하고 공회전해 주어 테이프가 들러붙는 것을 방지해야 한다. 또한 습도가 낮거나, 지나치게 높은 곳에 보관을 하면 정전기가 발생하여 먼지를 많이 끌어들이게 되거나 테이프가 들러붙는 경우가 생기므로 적당한 습도 유지가 중요하다. 급격한 온도 변화가 있는 곳으로 갑자기 이동할 시에는 캠코더에서 테이프를 꺼낸 후 캠코더를 먼저 켜서 예열한 후 테이프를 넣어 주는 것이 좋다. 중요 테이프의 경우, 이미 기록된 테이프에 다시 녹화 되지 못하도록 녹화 방지 저장(save)을 설정해 관리하는 것이 필수이다.

(3) 촬영 후 장비 보관 방법

캠코더를 오랫동안 사용하지 않을 경우 정기적으로 테이프를 3분 이상 재생하는 것이 좋으며 추운 곳에서 더운 곳으로 이동하면 캠코더 내부나 렌즈, 테이프 표면에 물방울이 맺힐 수 있는데, 이 경우 카세트를 열고 일정시간 동안 건조시켜 물방울을 제거한 후 사용하는 것이 필요하다.

3. 구술 영상촬영의 실제

1) 구술 영상 생산의 특성[4]

구술영상촬영은 구술사 연구의 목적과 취지에 공감하고 구술 고유의 특성이 무엇인지 이해하고 있는 구술자 연구자에 의하여 수행되는 것이 무엇보다 중요하다고 할 수 있다. 구술 영상을 생산할 때에는 몇 가지 고려해야 할 점들이 있는데 이는 구술사 방법론과 구술 영상 생산이 가지고 있는 몇몇 특징으로부터 비롯된다.

첫째, 구술 영상의 생산은 의도된 기록화 과정이라는 점이다. 영상촬영이 갖고 있는 의도적, 주관적 측면은 구술 영상의 생산이 단순히 구술 내용을 시각적 측면에서 보완하는 보조적 장치가 아니라 면담 주체, 즉 촬영자, 면담자, 면담 기획 주체의 '자율성'이 반영된 적극적인 기록화 과정이라는 점을 드러낸다. 즉 이는 촬영기를 조작하는 촬영자의 의도 혹은 편집자의 의

---

[4] 현실적으로 구술기록 수집 기관 및 프로젝트 집단은 영상촬영과 관련한 인적·물적 문제에 직면해 있어 채록 장비의 구성 및 운용에 대한 몰이해, 촬영 위탁 기관을 활용하는 데에서 오는 비용의 문제, 정형화 되어 있지 않은 촬영 방식 등의 문제로 어려움을 겪고 있지만 일반적으로 구술 영상촬영 시에는 기본적으로 영상구술기록 생산에 대한 특징적인 부분을 고려해야 한다. 이에 대한 자세한 사항은 정영록, 앞의 글, 26~37쪽 참조.

도에 따라 구술 영상이 담고 있는 내용과 분위기가 달라질 수 있고, 이용자에게 구술 본래의 취지와는 다른 해석의 여지를 남길 수 있다는 것을 의미하는 것으로 이러한 점을 고려하여 구술자의 구술을 왜곡 없이 담아낼 수 있도록 유의하여야 한다.

둘째, 구술 영상을 생산하는 작업은 면담 공간에 존재하는 주체들의 구술성을 적극적으로 포착하는 과정으로 이해하여야 한다. 구술 영상은 구술 내용은 물론 구술자와 면담자의 언어적 · 비언어적 요소 및 다양한 환경 요소, 구술자와 면담자간의 교감 장면에 이르기까지 구술 상황 전반의 맥락을 포괄적이고 총체적으로 담아낼 수 있어야 한다. 구술 영상의 이러한 표현전달력은 구술기록의 올바른 이해를 돕고, 이용자의 몰입도를 증가시키는 기능을 수행한다. 반대로 구술기록이 갖고 있는 고유한 특성, 즉 구술성, 상호작용성 등이 고려되지 않은 맹목적인 영상촬영은 단순 음성 녹음과 다를 바 없으며 이는 구술 영상촬영이 갖는 다양한 이점을 상실케 한다.

셋째, 구술 영상을 생산할 때에는 추후 있을 잠재적 활용을 고려하여야 한다. 구술 영상 생산의 궁극적인 목적인 활용을 감안하여 이용자가 자료화면을 볼 때 불편하거나 어색하지 않도록 화면의 구도와 진행을 고려하여야 한다. 구술 내용을 파악하는데 있어 무리가 없게 함은 물론 현장성이 잘 드러나도록 화면구성 및 촬영 기법 등을 적절하게 조율하여 이용자 중심적 생산을 지향해야 한다.

2) 구술 영상촬영 절차

실제 구술 면담 시에 촬영자는 단순히 면담 장면을 물리적으로 담아내는 역할만을 수행하는 것이 아니라 면담 진행 전반에 참여하여 구술 면담 기획 의도와 목적을 정확히 이해하고 이를 적절히 기록하는 역할이 요구된다. 이는 위에서도 언급하였듯이 구술 영상의 생산 작업은 의도된 기록화 과정이

기 때문에 다양하게 해석될 수 있는 구술기록을 가능한 기획 의도와 취지에
적합하게 왜곡 없이 기록하는 것이 중요하기 때문이다.

구술 촬영 과정이 명확히 정형화되어 있는 것은 아니지만 일반적으로 다
음에 제시되는 표와 같이 일정한 절차 속에서 이루어진다. 또한 면담자와
촬영자는 나름의 역할이 있지만 촬영은 촬영자와 면담자와의 다양한 소통
과 조율 속에서 진행된다.

실제 촬영은 면담자의 구술 면담 선언과 함께 시작되지만 촬영자는 그 이
전 단계에서부터 다양한 면담 정보들을 숙지하여 구술 진행 전 과정을 화면
속에 적절히 담아낼 수 있어야 한다. 또한 실제 촬영 장소에서 다양하게 발

표 1. 구술 영상 생산 시 면담자와 촬영자의 역할

	면담자	촬영자
기획	· 구술면담 전반의 검토	
	· 사전준비 및 구술자 예비접촉	· 구술자 예비접촉 및 촬영환경 점검
면담실행	· 구술자와 사전 대화 · 구술 취지 및 목적 재확인	· 배경 촬영
		· 촬영 위치 선정 및 촬영 준비
		· 장비설치 및 점검, 조명 확인, 촬영 각도 확인
	· 본 면담 수행	· 촬영 수행 · 촬영 일지 메모 · 사진 촬영
	· 구술 산출물 정리 · 활용 절차를 구술자에게 공지 · 추후 면담 일정 논의	· 보충 촬영 · 추후 면담이 있을 경우 촬영 위치, 장소 등 개선사항을 구술자에게 건의 · 기초 라벨링 · 장비 정리
정리 및 자료화	· 구술 산출물 정리	

생할 수 있는 기타 돌발 상황에도 기민하게 대처할 수 있도록 다양한 상황을 리허설을 통해 몸에 익히는 것도 필요하다.

(1) 촬영 기획

가) 구술면담 전반의 검토

구술면담은 구술자와 면담자의 소통과 교감 속에서 진행된다. 촬영자가 이러한 교감 장면을 왜곡 없이 카메라에 고스란히 담아내고자 한다면 사전에 면담자를 포함한 면담 주체와의 많은 소통을 필요로 한다. 촬영 기획 단계에서 촬영자는 구술면담 전반의 취지와 기획 의도를 파악하면서 면담의 기본적인 흐름을 숙지한다. 또한 사전에 면담질문지를 면담자와 함께 검토하는 작업을 통하여 면담주체의 의도를 반영한 전반적인 촬영 콘티를 기획할 수 있는데, 이를 통하여 촬영기법이나 구도를 사전에 조율할 수 있다.

나) 구술자 예비접촉 및 촬영환경 점검

구술자 예비 접촉의 일정에 촬영자가 함께 동행하여 본 촬영 이전에 면담 장소를 확인하는 것은 좋은 화면을 생산하는 데 큰 도움이 될 수 있다. 만약 촬영자의 동행이 힘들다면 면담자가 관련된 정보를 파악하여 촬영자에게 미리 알려주는 것도 좋은 방법이다. 이와 같은 작업을 통하여 면담 장소 주위의 소음여부, 빛의 위치, 촬영 장비 설치를 위한 전기기기 연결 가능 여부 등 면담 장소와 관련된 특징적인 사항들을 미리 파악할 수 있어 낯선 장소에서도 촬영을 원활하게 진행할 수 있다. 또한 사전에 파악한 촬영 환경 정보를 토대로 모의 리허설을 수행할 수 있다. 리허설이 반드시 필요한 사항은 아니지만 장비의 숙련, 긴장감의 해소 차원에서 어느 정도 효과를 기대할 수 있다. 특히나 최근 다양한 형태로 수행되는 구술 채록 사업의 경우 대개 프로젝트 형식으로 진행되어 사업주관처가 제공한 장비를 사용하는 경우가 많은데, 이러한 점을 감안한다면 반복된 리허설을 통하여 촬영 절차를 몸에 익히고 실수를 줄이기 위해 장비가 손에 익도록 연습하는 것도 좋은 방법이 될 수 있다.

(2) 촬영의 실행

가) 배경 및 면담 장소 내부 촬영

본 촬영 전에는 구술 장소 내외부의 환경이나 구술자 관련 상황을 영상으로 담아냄으로써 구술자의 구술을 이해하는데 도움이 되는 다양한 자료를 생산할 수 있다. 이는 추후 본 면담 장면과 함께 적절하게 편집되어 다양한 콘텐츠를 구성할 수 있는 기초 자료로 활용된다.

외부 면담 배경은 면담장소를 찾아가는 과정이나, 건물 출입구, 간판, 표지판, 주위 배경 등이 주를 이루는데 면담자와 함께 주변 환경을 배경으로 면담의 취지와 대략적인 개요를 연출하여 담아내는 것도 이용자를 고려한 좋은 영상이 될 수 있다. 정형화된 촬영 기법은 없지만 외부 사전 촬영 시에는 3~5분 정도 분량에 카메라의 움직임을 최소화하는 가운데 화면 사이즈만 다르게 하여 촬영하는 것이 일반적이다.

본 면담 시작 전에는 면담자의 자연스러운 유도로 면담 장소 내부에 있는 구술자 관련 자료나 현장 분위기를 담아내어 구술자의 구술을 이해하는데 도움이 되는 자료를 생산할 수 있다. 내부 사전 촬영은 공간이 협소한 점을 감안하여 주로 카메라를 직접 들고 진행하는 hand held 촬영이 주를 이루는데 많은 연습으로 흔들림 없는 촬영이 되도록 해야 한다.

나) 촬영 환경의 검토

촬영 장소는 기본적으로 소음이나 날씨 등 다양한 변수에 노출되어 있는 야외나 외부 공공장소보다는 구술자의 사무실이나 자택 등 개인 공간이 적합하다. 이는 구술자와 관련한 다양한 자료를 비교적 구술자의 거부감이 없게 많이 담아낼 수 있다는 장점도 있다.

카메라 등 장비를 설치하기 이전에 구술자와 면담자의 자리 배치는 화면의 질이나 구성에 큰 영향을 미치기 때문에 최초 자리 배치는 영상촬영에 있어서 가장 기본적이고 중요한 사항이라고 볼 수 있다. 구술 면담의 특성상 구술자가 주로 고령자임을 감안한다면 구술자가 최초 자리를 잡은 후에는 이동을 권유하기가 힘든 경우가 발생할 수 있다. 또한 자리를 잡은 직후 곧바로 이야기를 시작하는 구술자를 종종 보게 된다. 이러한 점을 미리 고려하여 촬영자는 면담 장소에 도착한 직후 바로 촬영에 적합한 장소를 빠르게 파악하여 구술자와 면담자의 자리 위치를 유도하는 것이 필요하다. 물론 구술자 예비접촉 시에 촬영자가 동행하여 사전에 촬영 장소를 미리 파악하였다면 이러한 수고는 줄게 된다. 불가피한 경우 면담 장소 내의 가구배치를 재조정하는 것도 필요하나 구술자가 거부감을 느낄 정도의 행동은 피하는 것이 좋다. 구술자 앞에 탁자를 이용할 경우 주피사체(구술자)의 메인이 되는 상체 부분이 많이 드러나고, 질문지 등의 사물에 구술자가 자주 가려지는 것을 막기 위해 구술자의 좌석이 높게 위치하도록 미리 조치를 취하는 것이 좋다.

촬영 장소의 조명은 구술자를 기준으로 역광을 피하는 것을 원칙으로 하되, 실내조명과 자연광이 적절하게 조화되어 구술자의 얼굴이 지나치게 밝게 나오는 것을 지양하는 것이 이상적이다. 또한 자연광의 상태에 따라 구술자의 노출 정도가 수시로 바뀔 경우 자연광을 블라인드 등으로 적절하게 차단하는 것도 필요하다. 라이트 등 조명 기구의 사용은 자칫 구술자로 하여금 거부감을 느끼게 하거나 라이트를 크게 의식하는 경우를 야기할 수 있기 때문에 불가피한 상황이 아니라면 사용을 자제하는 것이 좋다.

일반적으로 구술자와 면담자는 마주보고 면담을 진행하기 때문에 구술자와 면담자의 화면 비율을 7 : 3으로 놓고 촬영을 고려한다면 구술자와 면담자의 배치는 마주보거나 나란히 위치하는 것보다 〈그림 3〉의 1번 사례와 같이 직각으로 위치하는 것이 이상적이다. 이 때 구술자와 면담자 사이의 거

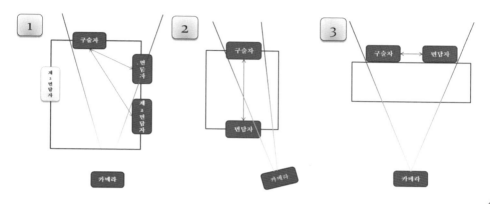

그림 3. 면담 공간의 자리 배치

리가 너무 떨어져 있으면 안정적인 구도가 나오지 않으므로 직선거리를 기준으로 1~1.5m 정도의 거리유지가 좋다고 여겨진다. 만약 보조 면담자를 포함한 참여 면담자가 두 명 이상이라면 이 두 사람의 위치는 한 방향으로 몰아서 배치하는 것이 좋은데, 이는 구술자의 시선과 얼굴 각도가 구술 도중 자주 분산되는 것을 막아 보는 사람에게 안정적인 화면을 제공할 수 있기 때문이다. 〈그림 3〉의 2번과 같은 자리 배치는 구술자가 카메라를 의식하지 않는 한 구술자의 정면 모습을 담아내기 어렵고, 면담자의 경우 뒷모습 위주로 촬영이 되기 때문에 면담자의 표정이나 면담자와 구술자의 소통 장면을 담아내기 어렵다는 단점이 있다. 또한 면담자의 뒷모습 장면은 화면 구성을 답답하게 만들 수 있는 소지가 있다. 3번과 같은 자리 배치는 면담자와 구술자 정면을 모두 담아낼 수 없고 화면 구성이 넓게 형성되어 산만해 보일 수 있다.

　카메라 앵글에 잡히는 구술자 뒤의 배경은 산만하지 않은 선에서 구술자의 현재 모습이나 구술 기획을 잘 드러내 줄 수 있는 배경이 이상적이다. 또한 배경에 액자나 거울이 위치하면 조명이 반사되거나 촬영 모습이 카메라에 잡혀 화면을 산만하게 만들 수 있으므로 촬영 전에 이러한 사항을 미리 파악하여 조치를 취해야 한다.

카메라의 위치는 구술자를 정면에 두고 면담자 쪽으로 약간 치우치게 하여 면담자는 옆·뒷모습 위주로, 구술자는 정면에 가깝게 촬영하는 것이 좋으며 카메라의 높이는 구술자 얼굴을 기준으로 수평이거나 약간 높게 설치하는 것이 좋다. 카메라의 높이를 구술자보다 아래에 두고 촬영을 진행할 경우 화면 구성이 답답하게 보일 수 있고, 구술자의 시선 처리가 부자연스럽게 느껴질 수 있기 때문이다.

예비접촉 시 영상촬영에 대한 동의가 있었더라도 현장에서 다시 구술자의 촬영 동의를 구해야 한다. 특히 면담 도중에 촬영자는 사진 촬영을 하게 되는데 이를 사전에 구술자에게 알리지 않았을 경우 구술자가 면담 도중 당황하는 상황이 발생하여 면담을 방해할 우려가 있으므로 반드시 사전에 동의를 구하는 것은 필요하다.

다) 장비의 설치 및 점검

대략적인 면담 환경 점검 및 조율을 마치고 나면 촬영자는 삼각대를 평평한 곳에 위치시켜 비디오 카메라, 카메라 음향 장비, 녹음 장비, 스틸 컷 카메라 등의 장비를 설치, 점검한다. 6mm 테이프, 배터리 등 각종 장비의 소모품 상태를 점검하고 여분의 소모품을 촬영 중에 언제든지 신속하게 교체할 수 있도록 촬영자 옆에 놓아둔다. 일단 한 번 사용한 배터리는 충전 잔량이 있더라도 새로 교체하여 사용하는 것이 좋으며, 촬영 예상 시간의 2배수 이상의 테이프를 준비하는 것은 필수이다. 실제로 촬영에 적합한 구술자와 면담자의 자리 배치를 마치고 난 후 장비설치 시 카메라의 전원 공급 위치에 문제가 생겨 자리배치를 새로 해야 하는 등 면담을 방해하는 상황이 발생하기도 하는데 원활한 전원공급을 위하여 별도로 전원 연결 장치(멀티 탭 등)를 준비하는 등 면담을 방해하는 다양한 돌발 상황을 최소화하는 것이 필요하다. 이후에는 구술자에게 무선 핀 마이크를 부착, 이어폰으로 음향에코 상태를 체크하고 소모품이 사용될 장비들의 정상 작동 여부를 점검함으로써 본격적인 촬영 준비를 마치게 된다.

장비가 모두 설치되었으면 뷰파인더를 통하여 앵글 상태를 점검하고 화면에 나타나는 면담에 불필요한 사물들을 제거하거나 이동시켜 화면 구성에 방해가 되지 않도록 해야 하며 특히 여름철에 구술 면담이 진행되는 경우 선풍기 등 냉방기기에 의하여 마이크에 잡음이 섞이는 것을 적절히 조절할 필요도 있다. 이 모든 준비를 마쳤다면 본격적인 촬영이 시작된다.

라) 촬영 수행

본격적으로 면담이 시작되면 카메라를 고정시키고 앵글에 구술자와 면담자가 모두 나오도록 와이드 화면에서 촬영을 시작하는데, 면담자가 구술자에게 구술의 취지를 설명하고 이에 대한 구술동의를 서면으로 받을 경우 이 과정과 표제 장면을 모두 담아내는 것이 좋다.

촬영 화면은 구술자 위주로 구성하되 면담자의 질문이 있을 시에는 모두 잡아주는 것이 좋으며, 기본적으로 구술자의 손동작 등 다양한 제스처도 앵글 속에서 담아낼 수 있어야 한다. 면담의 흐름을 고려하여 지나친 줌인아웃을 삼가고, 줌인아웃 시에는 되도록 천천히 하는 것이 좋다.

촬영 앵글 설정 시 고려해야 할 또 하나의 사항은 적정 헤드 룸(Head Room)[5]과 노즈 룸(Nose Room)[6]을 유지하는 것이다. 헤드 룸은 피사체의

구술 영상 기록 만들기

---

[5] 우리 일상생활에서는 사람의 머리 위에 공간이 있기 때문에 대부분의 샷에는 헤드 룸이라는 공간을 두어야 한다. 헤드 룸이 적당하면 화면을 통해 보이는 피사체가 편안해 보이며, 프레임 안에 가두어 놓은 것 같은 느낌도 들지 않는다. 너무 넓으면 느슨해져서 집중도를 떨어뜨린다.

[6] 인물이 특정 방향을 바라보고 있을 때, 바라보는 방향에 어느 정도 공간을 두어야 한다. 이를 looking room이라고도 한다. 노즈 룸이 부족하면 출연자가 벽을 보고 있는 상황이 되어 화면이 균형을 잃은 것처럼 보이고 프레임의 좌우 끝 부분에 의해 출연자가 제재를 당하는 느낌을 준다. 출연자의 3/4 샷(쿼터 샷)에서 완전 측면 샷으로 갈수록 화면의 균형 유지를 위해 노즈 룸을 더 많이 두어야 한다.

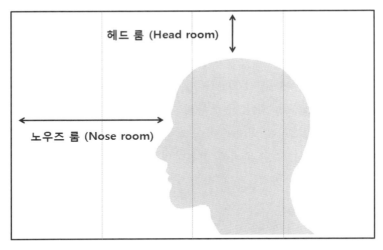

그림 4. 카메라 앵글과 공간

머리 위나 대상물의 맨 위쪽 끝 부분과 프레임 천장 사이의 공간이며, 노즈 룸은 피사체가 카메라를 쳐다보지 않고 좌우의 어느 한 방향을 쳐다볼 때 그 쳐다보는 쪽으로 비워 놓는 공간을 말한다. 헤드 룸과 노즈 룸이 너무 좁으면 화면이 답답하고, 너무 넓으면 느슨해지기 때문에 보기 좋은 적정 상태를 유지하는 것이 필요하다. 헤드 룸이 절대적으로 요구되는 또 한 가지 이유는 텔레비전 화면 프레임 설정 시 화면의 일부가 전송되는 도중에 상실되기 때문이다. 이는 최근 구술영상이 방송 등을 통해 다양하게 활용된다는 점을 볼 때 고려해야할 사항이다. 구술자가 감격하는 장면, 민감한 사항에 장시간 골똘히 생각하는 장면 등 극적인 장면을 더욱 잘 묘사하기 위하여 구술자를 극단적으로 가까이 잡는 클로저 촬영 기법을 활용하기도 하는데, 촬영에 익숙하지 않으면 오히려 그 효과가 역으로 드러나기 때문에 가급적이면 자제하는 것이 좋다.

　면담 도중 인터뷰 상황이나 구술자와 면담자의 모습, 구술자 관련 자료 등을 스틸 컷으로 담아내는 작업도 촬영자의 몫이다. 이는 추후 영상 자료와 하나의 컬렉션을 이루며 구술면담을 소개하는 데에 활용되거나 면담 전반을 이해하기 쉽게 도와주는 역할을 수행한다.

면담자의 면담종료 멘트 후에도 중요 구술 내용을 언급할 수 있고, 추가 구술이 이루어지는 경우가 발생할 수 있으므로 장비 정리 과정에서도 가급적 카메라의 전원을 바로 끄지 않고 정리 작업을 수행하는 것이 좋다.

바) 촬영 일지 메모

면담이 시작되면 촬영자는 촬영에 지장이 없는 선에서 추후 기재하게 될 촬영 일지에 포함할 다양한 면담 및 촬영 정보 등을 메모한다. 촬영일지에는 기본적으로 촬영 분위기 및 카메라 배치, 사용된 장비에 대한 상세정보, 현장 상황, 촬영자가 느낀 개선점, 기타 발생한 특징적인 사항 등 면담 현장과 관련된 사항에서부터 촬영 장비 및 산출물에 대한 물리적인 상세 정보에 이르기까지 비교적 포괄적인 내용이 포함된다. 특히 이러한 정보들은 추후 생산된 맥락 및 물리적 매체에 대한 상세 메타데이터를 작성할 때 중요 자료가 될 수 있기 때문에 촬영자에 의하여 꼼꼼히 작성되고 관리되어야 한다.

사) 촬영자의 면담 정리

본 촬영이 마무리가 되었다면 촬영 장비를 정리하고 가구배치를 원위치로 하는 등 현장을 정리하는데 이전에 촬영자는 면담 중 구술자가 언급했던 부분이나 추가적으로 촬영이 필요한 부분에 대하여 면담자가 면담 상황을 정리할 때 보충 촬영을 실시한다. 이때 보충 촬영의 범위는 구술자와 면담자의 의견을 적극 반영하여 진행하는 것이 좋다. 또한 같은 장소에서 같은 구술자를 대상으로 추후 면담이 계속될 경우 촬영 위치 및 장소 등 개선 사항을 구술자에게 건의할 수도 있다. 생산된 테이프에 녹화 시간 및 구술자명을 적어 넣는 기초 라벨링 작업도 면담 정리 작업에 수행하는 것이 좋다.

구술 영상 기록 만들기

아) 촬영 중 점검 사항

촬영 도중 촬영자는 지속적인 모니터링을 통하여 구술 장면과 내용이 카메라에 정확하게 기록되는지 확인해야 한다. 또한 생산된 테이프 산출물은 즉시 저장(save) 조치를 취하여 보관해야 하며 배터리 등 전원 공급 및 소모품의 상태도 점검하는 것이 필요하다.

구술자의 상황에 따라서 면담 시간은 유동적이지만 회차 당 보통 2시간여 남짓 진행된다고 보았을 때 60분용 테이프를 활용할 경우 중간에 테이프 교체 시간을 갖게 된다. 보통 테이프 소모 5~10분여를 남겨두고 사전에 약속한 방법으로 면담자와의 사인을 통하여 테이프 교체의 필요성을 전달하게 되는데 주로 구술자의 구술에 방해되지 않는 선에서 작은 메모지를 통하여 의사를 전달한다. 이에 앞서 본 면담 전에 테이프 교체의 필요성을 면담자가 구술자에게 미리 고지하는 것이 좋다.

한편 실제 면담 촬영 시에는 예기치 못한 다양한 상황이 발생하기도 한다. 구술자의 요청으로 야외에서 면담이 진행되는 경우 예상하지 못했던 갑작스러운 기온이나 기후의 변화로 면담에 어려움을 겪게 되는 것은 물론이고 자연광의 심한 변화에 따른 촬영의 어려움, 장비의 오작동 문제, 소모품으로 인한 촬영 기술적인 문제에 이르기까지 그 상황은 다양하다. 또한 구술자가 기억 매체를 동원하기 위하여 자료를 가지러 가거나 구술도중 흥분을 참지 못하고 일어서는 경우 등 카메라 앵글을 벗어나는 경우는 흔한 일이고, 구술도중 구술자가 촬영자에게 질문을 하는 상황이 발생하기도 하고, 전화나 방문 등으로 면담이 중단되기도 한다. 환경적인 문제에 의하여 면담 및 촬영 진행에 어려움이 있다면 구술자의 대부분이 고령임을 감안하여 촬영 위치를 변경하는 것은 당연한 일이고, 자연광에 변화에 따른 촬영의 어려움이 심하게 느껴진다면 테이프 교체 시간(테이프 교체 시간을 좀 더 빨리 가져가는 것도 좋은 방법이 될 수 있다)에 구술자에게 양해를 구하여 면담 장소를 이동하는 것을 고려해 봄직하다. 촬영 도중 소모품, 장비 오작동 등 기술적인 문제가 발생하여 산출물 생산에 어려움이 있을 경우에는 실례를 무릅쓰고 면담 중단을 고려하여야 한다. 구술 채록의 과정은 '기억을 기록화'하는 과정이기 때문에 한번 밖으로 나온 구술자의 기억을 똑같이 다시 담아내는 것은 불가능에 가깝고, 추후 그러한 과정을 처음부터 다시 진행하는 것은 구술자에게 더할 나위 없이 힘든 작업이기 때문이다. 무엇보다도 이러한 상황은 구술자로 하여금 불안감과 불쾌함을 갖게 할 수 있고, 신뢰성을 잃게 하는 행동이 될 수 있기 때문에 기술적인 문제로 면담이 중단되는 상황은 만들지 않는 것이 최선이다. 구술자가 면담 도중 촬영자에게 특정한 질문에 대한 개인적인 답변을 요구하는 경우 촬영자는 되도록 일반적이고 짧은 답변으로 대응하여 면담에 개입하지 않는 것이 좋다. 또한 구술자의 돌발행동이나 개인적인 사정으로 인하여 잠시 면담이 중단되는 경우 카메라 앵글을 넓게 잡아 촬영 상태를 유지하는 것이 좋다. 촬영 시 발생할 수 있는 예기치 못한 상황에 대처할 수 있는 방법은 다양할 수 있지만 무엇보다도 우선적으로 고려해야 할 점은 촬영은 구술 면담의 일부로 구술자의 구술을 방해하지 않고 구술자의 입장에서 최선의 조치를 취해야 한다는 점이다.

(3) 정리 및 자료화

구술면담에서 생산되는 산출물은 크게 아날로그 혹은 디지털 형태의 영상자료, 음성자료 및 디지털 사진자료 등으로 나눌 수 있으며 가급적 면담 직후 빠른 시간 내에 정리 작업을 수행하는 것이 바람직하다. 또한 정리 직후에는 이들 산출물을 일정 서버나 외장하드 장치, DVD 매체 등 복수의 장소에 나누어서 중복 관리하는 것이 필요하다. 정리 작업에는 아날로그 산출물의 라벨링과 디지털 산출물의 백업 및 자료화 작업 등을 포함한다.

물리적 산출물은 일차적으로 라벨을 활용하여 관리하는데 라벨에는 구술 사업명, 구술자와 면담자, 촬영자 명, 면담 회차, 면담 일자, 재생 시간 등

기본적인 정보 등을 표기하여 외형적으로 쉽게 전반적인 표제 내용이 식별
이 가능하도록 구성해야 한다.

OOO(구술자명) 구술			
등록 번호			
사업명			
회차	1회차 - 1	구술자	
면담자		촬영자	
구술 장소			
재생 유형	DVD NTSC (MPEG-2)	재생시간	00:00:00
일자	0000년 00월 00일	시간	오전 00시 00분

그림 5. 구술 산출물 라벨링 예시

HD급 고화질로 생산되는 구술기록은 용량이 크고, 가용성이 떨어져 별도
의 편집 보드를 이용하여 자료화 과정을 거쳐야 한다. HDV용 캠코더로 촬
영하여 생성한 파일은 일반적인 재생 프로그램과 호환되지 않고 용량이 방
대하여 가용성이 떨어지는데 이를 저용량 범용 포맷으로 변환하는 인코딩
(Encoding) 작업이 필요하다. 실제로 HD급으로 생성되는 디지털 영상 자료
는 디지털 영상과 소리를 다중화하고 출력을 동기화하기 위하여 디지털 컨
테이너 포맷의 형태로 생성되는데, 보통 1시간 분량의 구술 영상을 담아 낼
경우 그 용량은 10~12GB에 이른다. 바로 아래에서 언급할 MPEG-4의 경우
같은 분량의 영상이 차지하는 용량은 1/3 이하 수준이며, WMV 포맷의 경우
400MB 내외인 점을 본다면 웹상에서의 자료 공유를 감안하여 용량이 큰 파
일을 가볍게 하고, 전송 속도를 높이는 인코딩 작업은 필수 사항이라고 볼
수 있다.

일반적으로 변환할 수 있는 형식, 즉 음성 및 영상 자료를 하나의 파일 안에 담아내는 개념의 멀티미디어 컨테이너 포맷은 현재 여러 종류가 존재하지만 기본이 되는 것은 마이크로소프트사에서 개발한 AVI(Audio Video Interleaved)와 1988년 설립된 동화상전문가그룹(MPEG, Motion Picture Expert Group)에서 표준화시킨 동영상 코덱 MPEG이 있으며, MPEG은 그 쓰임새에 따라 MPEG 1, 2, 4로 나뉜다.

표 2. MPEG 종류

종 류	설 명
MPEG-1	1991년 ISO에서 규격화한 압축 코덱으로, 기본으로 CD-ROM에서 VHS 수준의 영상과 음향을 입력시키기 위한 코덱. 흔히 볼 수 있는 VCD, MP3 등이 MPEG-1으로 만들어진 것.
MPEG-2	MPEG-1 방식을 개선하여 보다 높은 화질과 음질을 지원하기 위한 코덱. 디지털 TV, 유선방송, DVD, 영화, 광고 등에 사용.
MPEG-4	멀티미디어 환경에 알맞게 만들어진 코덱으로 인터넷이나 이동통신에 사용. 낮은 전송률로 동화상을 실행할 수 있도록 초마다 64Kbps나 19.2Kbps의 저속으로 동영상 파일을 전송함.
MPEG-7	증가하고 있는 영상, 음성 정보의 검색을 쉽게 할 수 있도록 표준화된 멀티미디어 표현방식

마이크로소프트가 1992년 소개한 AVI 포맷은 윈도우 운영체제에서 기본으로 지원하는 동영상 파일 포맷으로 일반 개인 사용자들이 별도의 소프트웨어 지원 없이 사용이 가능하다. 그러나 화질은 뛰어난 대신 용량이 크기 때문에 인터넷 사용자들이 많이 사용하는 실시간 동영상의 교환에는 적합하지 않다.

이외에 인텔에서 개발한 인디오(Indio)와 애플사가 만들었으며 Quick time 플레이어로 재생하는 MOV, 리얼네트워크사에서 만든 리얼플레이어에서 사용되는 RA/RM/RAM 등이 있으며, DVD 화질의 DivX, 마이크로소프트사에서 실시간 감상용 액티브 무비 규격으로 인터넷에 올리기에 적합한 ASF/WMV/WMA 등이 있다.

이 중 MPEG 형식은 AVI나 MOV 등 다른 코덱에 비하여 압축률이 우수하여 용량이 작고 화질의 저하가 거의 없어 CD 제작 및 동영상 인터넷 스트리밍 서비스에 많이 활용되고 있으며 MPEG-2는 보존용 포맷으로, 이보다 압축률이 더 우수한 MPEG-4 웹상에서의 서비스용으로 많이 활용되고 있다. 우리나라에서 기록 관리에 필요한 전반의 사항을 규정하고 감독하는 기관인 국가기록원에서도 「영상기록의 생산 및 관리 지침」을 통하여 "인코딩 후의 영상기록 데이터는 일정 수준(HD) 이상의 화질을 보장"하여야 한다고 규정하고 있으며, 보존포맷으로 'MPEG-2(고품질 profile) 보존포맷을 권장'하고 있다.

이와 같은 파일 포맷 변환이나 각종 편집은 SONY사에서 나온 Vegas나 어도비(Adobe)사의 프리미어와 같은 범용 편집 보드를 통하여 할 수 있으며 이때 컴퓨터와 캠코더를 연결해주는 호환성 있는 연결 장치인 IEEE 1394 인터페이스가 필요하다. IEEE 1394는 애플사와 텍사스 인스트루먼트사가 공동으로 제창한 Serial interface 규격이다. 흔히 FireWire(Apple) 또는 i-Link(Sony)로 불리는 IEEE 1394는 디지털 캠코더가 발전하면서 급격히 각광을 받게 되었으며, IEEE 1394의 가장 큰 장점은 일반적인 USB보다 약 33배 빠른 전송 속도에 있다. 캠코더의 디지털 파일 전송과 같이 고용량의 빠른 전송을 위하여 IEEE 1394는 필수적이다.

사람의 '기억을 기록화'하는 구술채록 과정은 매순간이 유일하고, 한시성이 작용한다. 촬영에 있어서 최종 기록자는 구술자도, 장비 자체도 아닌 촬영자로, 숙달되지 않은 촬영 기술은 구술자와 이용자 모두를 곤란에 빠뜨릴 수 있기 때문에 철저한 사전 준비를 통해 소중한 기록을 온전히 담아내는 것이 필요하다. 따라서 구술 촬영 시에는 경험을 통해서 왜곡과 실수를 줄여 나가고자 하는 노력보다는 많은 고민과 연습 속에서 시행착오를 최소화하고자 하는 방향으로 촬영 작업이 진행되어야 한다는 생각을 해보게 된다.

또한 구술기록만이 갖고 있는 고유의 특성 등이 고려되지 않은 수동적인 영상촬영은 기존 텍스트 자료 이상의 효과를 기대할 수 없으며, 오히려 이용자에게 왜곡된 정보를 제공할 소지도 있다. 이는 구술기록이 갖는 가치를 훼손시키는 것으로 촬영자는 이점을 간과하지 말고 진정성을 갖고 영상촬영에 임하는 자세가 항상 요구된다.

구술 영상 기록 만들기

제 3 부

기획 · 수집

: 따라하기

재미한인 역사 만들기 _김선정

1. 재미한인 역사 만들기를 시작하며
2. 첫 번째로 한 일: 개설적인 글쓰기 - 기초 조사 연구
3. 두 번째로 한 일: 구술사 연구 실행계획안 만들기
   1) 연구주제 확정하기
   2) 연구방법 정하기
   3) 전략계획 수립하기
   4) 연구내용 정리하기
   5) 구술자 선정하기
   6) 인터뷰 준비하기
   7) 인터뷰 후 할 일 점검하기
4. 세 번째로 한 일: 인터뷰하기
5. 네 번째로 한 일: 구술사 인터뷰 실행보고서 만들기
   1) 면담 일지
   2) 녹음, 녹화 자료
   3) 구술자 신상기록카드
   4) 녹취문과 상세목록
   5) 자료공개 및 이용허가서
   6) 시행착오에 대한 성찰
6. 재미한인 역사 만들기를 마치며

1. 재미한인 역사 만들기를 시작하며

구술사를 시작한 지 이제 갓 10년째 접어든다. 2004년 겨울 박사논문을 쓰기 위해 처음 미국 한인들의 구술을 들으러 다니던 때를 생각하니 구술자료 수집은 '흐르는 강물에 두 발을 동시에 담글 수 없다'는 뼈저린 글귀가 가슴을 파고든다. 즉 한 번 한 구술작업은 돌이킬 수 없다는 말이다.

한국에서 서양사를 연구하는 사람들의 궁극적 고민은 '이 학문이 우리사회에 어떻게 도움을 줄 수 있을까?'이다. 미국사를 전공으로 한 필자도 예외는 아니었다. 필자의 처음 관심은 미국 흑인여성의 역사였으나, 한국에서 지도해줄 마땅한 교수와 과정을 찾을 수 없었기에 흑인여성에 관한 연구를 지속시킬 수 없었다. 그러던 중 자료 수집 차 미국에 자주 드나들면서 재미한인에 대해 관심을 갖게 되었다. 사실 이민의 나라인 미국의 소수민족인 재미한인에 관한 연구는 주류 미국사는 아니지만 한국의 역사가라면 언젠가 꼭 연구해야할, 아프지만 감당해내야 할 장미의 가시같은 존재였다. 더욱이 한인디아스포라와 연결되어 한국의 근현대사의 중요한 지점을 자리매김하고 있는 미국의 한인 이주 문제는 서양사 전공자로서 우리사회에 도움이 되는 연구를 할 수 있는 좋은 주제였다.

미국의 한인사회는 1965년 미국의 이민법 개정으로 인해 한인들의 이주가 자유로워짐에 따라 로스앤젤레스(Los Angeles, 이하 L.A.)나 뉴욕(New York) 등의 대도시뿐 아니라 미국 전역에 활발하게 형성되었다. 그러나 재미한인에 관한 역사 연구는 초기 이주사나 L.A., 뉴욕 등과 같은 대도시 중심의 한인사회에 관한 연구가 주로 일색이다. 중소도시 한인사회에 관한 연구는 거의 없는 실정이다. 문헌사료도 교회 주보와 한인회 회보이외에는 거의 없는 상황이었다.

중소도시의 한인들은 왜, 어떻게 오게 되었으며, 어떤 특징을 갖는지, 중소도시 한인사회는 대도시 한인사회와는 어떻게 다른지. 필자는 이러한 점에 착안하고 중소도시의 한인사회 형성과 한인들의 삶을 중심으로 그들의 의식체계에 관한 연구하고 싶었다. 그리고 한인들의 삶이 연구 대상이므로 문헌자료가 거의 없는 상황에서 구술사 방법론이 절실했다.

2003년만 하더라도 구술사연구방법에 관한 안내서가 국내에 출판되기 이전이라 처음 어떻게 시작해야하는지 몰랐다. 그 당시 구술사로 박사학위를 받은 유명한 선생님께 인터뷰 방법에 대해서 준비해야할 것들에 대해 여쭈

었더니 "녹음기하나 들고 맨땅에 헤딩하라"고 하셨다. 구술자료 활용 및 공개동의서에 관한 이야기는 듣지도 못하였다. 지금 생각해 보니 얼마나 어리석은 일이었는지. 정말 녹음기하나 들고 미국으로 갔다.

대부분의 구술사 연구자들이 경험하였듯이 엄청난 고생과 경비를 들이며 미국 중소도시의 대표적 면모를 갖추고 있는 인디애나폴리스(Indianapolis)에 사는 재미한인들의 구술을 받아왔다. 그분들은 고국에서 자신들의 이야기에 관심을 갖고 그 이야기를 들으러 와준 한국의 여학생에게 숙식을 제공해 가며 자신들의 길고 긴 삶과 아픔들을 이야기해 주셨다. 학위논문에라도 자신들의 삶의 흔적이 남아있기를 바라면서.

그렇게 2004년 초겨울을 보내고 봄에 이 책의 '구술사 아카이브 시작과 끝 : 기획'을 집필하신 정혜경 선생님을 만나게 되면서 구술사연구방법론에 대해 공부하게 되었고 연구회 모임도 참석하게 되었다. 그 당시 한 달에 두 번씩 모였는데 구술사라는 학문이 한국학계에서 뿌리를 내리는 과정이라 공부할 게 많아 어떻게 시간이 가는지도 몰랐다. 읽어나가는 책이 많아질수록 고민과 토론을 거쳐 방법론과 해석의 문제에 대해 차근차근 정리해 갈 수 있었다.

정말 몰랐다. 녹음기만 가지고 가면 안 된다는 것을. 2008년 필자의 논문이 나오고, 여러 곳에서 책으로 엮어내고 싶다는 연락이 왔다. 그런데 구술사 연구 방법론을 공부하지 않고 녹음기 하나만 들고 미국 땅에 헤딩하면서 수집한 구술자료는 활용 동의서가 없으니 책을 출판하려면 일일이 구술자들을 찾아가 다시 동의를 구해야 하는 어려움으로 인해 엄두가 나지 않고 세월만 축내고 있다. 구술인터뷰 전 준비가 제대로 되지 않아서 그분들의 삶이, 필자를 믿고 이야기해 준 그분들의 이야기가 세상에 나오지 못하고 현실의 문제로 인해 아직 갇혀있는 중이다. 구술사 연구방법에 대해 미리 공부하고 준비를 했지만 달걀 담을 바구니를 준비하지 못한 채 달걀만 주섬주섬 위험한 방법으로 챙겨온 꼴이 되고 말았다. 제대로 된 재미한인연구를 위해 배운 대로 처음부터, 서양사 연구자의 고민부터 구술사 방법론과 함께 다시 시작해야만 했다.

재미한인 역사를 재구성하면서 먼저 초창기 이주민들에 대한 연구를 시작하였다. 초창기 인디애나폴리스에 살고 있던 분들은 주로 유학생이나 의사와 같은 전문직 종사자였다. 그분들 중에는 지금까지 인디애나폴리스에서 살고 있는 분도 있고 미국의 타 지역으로 이주한 분, 그리고 한국으로 귀국한 분들도 있었다. 한국으로 오신 분들은 초창기 미국의 한인사회에서 주로 유학생 신분이었는데 그분들 중에는 현재 한국사회의 학계나 정계 또는 종교계 등 사회 전반에서 굵직한 역할을 담당하고 있는 분들이 많이 있었다. 그분들의 경험이 유학생으로서의 경험이라 미진한 것일 수도 있겠지만 일단 그 사회 내부에서 어느 정도 관찰자적인 입장에서의 관점과 유학생이라는 위치에서의 관점은 재미한인 역사 만들기에 있어서 중요한 조각을 제공할 수 있는 측면이 있다. 또한 구술사는 항상 현재의 관점이 들어갈 수밖에 없는 연구의 특성 때문에 현재 한국사회의 지도층에 있는 분들이 그 시대와 그 사회를 지금 어떻게 보고 있는가 하는 의견을 연구에 반영할 수 있는 것 또한 기대되었다. 필자는 한국으로 귀국한 분들을 수소문한 끝에 인디애나폴리스 초창기 한인사회에 대해 구술해 주실 분을 찾을 수 있었다. 이글은 그분을 인터뷰하면서 달걀 담을 바구니를 준비하지 못한 미국에서의 그 실패 후 한국에서 제대로 배운 방법론을 적용한 실습기이다.

내가 안고 있는 문제에 대한 변명을 늘어놓다 보니 사설이 너무 길었다. 한국에서 재미한인 역사 만들기에서 그것도 구술사 만들기의 과정에서 실제로 어떠한 것들이 필요한지, 어떻게 만들었는지가 이 글을 읽는 분들에게는 더 관심거리일터인데 말이다. 너무 만연체로 늘어지는 것을 방지하는 차원에서, 그리고 독자들의 이해와 편의를 돕기 위해서 연구 과정을 단계별로 나누어 정리를 해 보도록 하겠다.

필자는 일단 재미한인 역사만들기를 다섯 단계로 나누어 추진하였다.

첫 번째로 한 일 : 개설적인 글쓰기 - 기초 조사 연구
두 번째로 한 일 : 구술사 연구 실행계획안 만들기
세 번째로 한 일 : 인터뷰하기
네 번째로 한 일 : 구술사 인터뷰 실행보고서 만들기
다섯 번째로 한 일 : 구술사 연구서 쓰기

이 글에서는 세 번째와 다섯 번째에 대한 내용은 생략하기로 한다. 세 번째는 이 책 앞부분 정혜경 선생님의 심층면담 진행에 자세히 나와 있어 생략하기로 하고, 다섯 번째는 필자의 박사학위논문 김선정, 「미국 중소도시 한인사회와 한인들의 삶 -인디애나폴리스 올드타이머를 중심으로-」, 한국외국어대학교 대학원, 2008을 참고하길 바란다.

2. 첫 번째로 한 일 : 개설적인 글쓰기 - 기초 조사 연구

필자는 일단 선정한 주제 - 미국 중소도시의 재미 한인사회와 한인교회의 관계 - 에 관한 일반적인 기초 지식을 탐독하여 정리차원에서 소논문을 작성하였다. 소논문 작성은 앞으로의 연구에 대한 기본 지식과 방향 그리고 의의와 논점 등을 정리하는 것에 중점을 두었기에 연구의 커다란 윤곽을 구상할 수 있어 매우 도움이 되었다. 또한 이 작업은 구술사 연구 실행계획안을 만들 때 실질적인 도움이 되며, 또 인터뷰 질문지를 작성할 때와 실제 인터뷰를 진행할 때 핵심적인 질문을 할 수 있는 기초가 된다. 또한 문제제기와 논점들을 정리해보았다. 물론 보다 심층적인 연구와 구술 작업 후에는 바뀔 수도 있지만, 먼저 이러한 문제들을 구상해 놓는 것이 논리를 발전시

키고 전개하는데 도움이 된다.

　필자의 경우에는 중소도시 재미 한인사회에 관한 문헌 정보는 거의 없는 실정이어서 대도시 중심이거나 전체 재미한인 이민사와 한인사회에 관한 글, 이민과 종교의 문제를 다룬 서적 등을 참고로 이민 사회 내에서 중심적 역할을 하고 있는 교회의 성격과 특징 그리고 역할 등을 정리하였고, 한계와 전망들을 구상해 보았다.

3. 두 번째로 한 일 : 구술사 연구 실행계획안 만들기

　구술사 연구 실행계획안은 1. 연구 주제 2. 연구 방법 3. 전략 계획 4. 연구 내용 5. 구술자 선정 6. 인터뷰 준비 7. 인터뷰 후 할 일, 이렇게 일곱 분야로 분류하여 계획을 세웠다. 연구주제와 연구방법, 연구내용은 나중에 논문을 쓸 때를 대비해 생각을 정리해 놓는 차원에서 요지만 간단히 다루었고 이전에 써 놓은 개설적인 글쓰기를 참조하여 정리하였다. 연구 주제에는 이 연구가 왜 필요한지에 대한 의의를 중점으로 연구의 타당성을 피력하는 것을 중점으로 삼아야 한다. 또한 연구 방법에는 왜 이 연구에 이러한 방법을 채택하였는지와 이 연구 방법에 대한 기존의 성과들을 예로 들어 자신의 주장을 뒷받침하는 것도 좋다. 3의 전략 계획은 실제 구술자 확보라든지 구술자에게 접근 방법 등을 가장 효과적으로 구상할 수 있는 부분이어서 실제 인터뷰 전에 꼭 점검해야할 사항이라고 여겨진다. 일단 어떤 구술자를 선정할 것인가에서부터 구술자와 연결할 수 있는 모든 가능성을 구상해보고 타진해 보는 것이다. 필자의 경우는 연구대상이 한인사회이므로 한인사회에서 중추적 역할을 하고 있는 교회에 어떻게 접근할 것인가를 고려하였다. 경험상 어느 경우에도 막무가내로 찾아가서 부딪치는 것보다는 신뢰감이 있는 중간자를 통하는 것이 더 효과가 있는 경우가 많았다. 물론 간혹 운이 좋아서 구술자가 면담자의 열정에 감동하는 경우도 있기는 하지만 말이다. 그러나 중간자가 전혀 없으면 할 수 없는 일이다. 몸과 열정으로 때우는 수밖에…

중간자를 선정하는 데 있어서도 섬세한 고려가 필요하다. 중간자가 사회적 평판과 인격, 실력 모두 갖추고 있을 경우는 금상첨화이지만, 그렇지 못한 경우에는 최소한 인격만은 갖추어야 한다. 그렇지 않을 경우에는 오히려 더 해가 되는 경우도 있다. 4의 연구내용은 이미 준비된 소논문을 토대로 기본적인 사항부터 전개하며, 인터뷰 설문지에 충분히 포함될 수 있도록 구상하는 것이 중요하다. 필자의 경우에는 미국의 중소도시 한인사회가 언제 어떻게 시작되었으며, 어떠한 사람들이 이주하였는지에 대한 내용부터 시작하여 초기 한인들의 모임 성격, 교회의 생성, 역할, 발전, 분열과 타 민족 커뮤니티와의 관계 등을 한인사회와 연관하여 연구내용을 정리하였다. 5의 구술자 선정 시 가장 유의할 점은 연구의 객관성을 유지할 수 있도록 다양한 입장과 다양한 계층의 사람들로 구성하여야 한다는 것이다. 필자의 경우에는 초기 이주민들과 교회 원로와 신진 세력들, 소외된 계층들 또한 이전에 교회를 떠난 분들, 교회에 출석하지 않은 사람들, 한인회 역대 임원들 등으로 구성해 보았다.

다음의 글들은 실제 필자의 구술사 연구 실행계획안 중 일부 요약한 것이다.

1) 연구주제 확정하기

미국으로의 한인 이민이 시작된 지 100년이 넘었다. 이민의 나라라고 할 수 있는 미국의 다른 민족의 이민 사회와 비교하여 볼 때 길다고 할 수는 없지만, 이민의 역사가 비슷한 다른 이민 사회와는 달리 한인 이민은 미국 전역에서 정치, 경제, 사회적인 측면에서 나름대로 중요한 역할을 맡아오며 성장하고 있다.

한인들의 미국 이민은 하와이 이주로 시작하여 L.A.나 뉴욕 등 대도시를 중심으로 형성, 전개 되어왔고, 중소도시로의 확산은 1960년도 이후의 일이다. 중소도시의 한인사회는 대도시의 한인사회와는 다른 역사와 형성과정을 가지고 있다.

'인구도 얼마 되지 않은 중소도시에 역사도 짧고 인구도 적은 소수 민족의 한인사회가 어떻게 형성되었고, 존립하게 되었을까?'하는 의문 뒤에 한인교회가 있었다. 바로 한인교회가 한인사회의 중추적 기능을 감당하고 있었기 때문이었다. 대부분의 한인사회에서는 한인의 약 70%정도가 한인교회에 출석을 하고 있으며, 종교적인 측면뿐만 아니라 이민 생활에서 필요한 사회적 필요를 충족시키며, 또한 자아실현의 장으로 한인교회를 활용하고 있다.

따라서 미국의 중소도시에서의 한인사회의 형성과 전개를 한인교회와의 관계 속에서 분석하는 것이 타당하다고 여겼고, 그 속에서 일상을 살아내는 평범한 한인들이 재미한인 역사의 주인공이 되었다. 대도시 중심의 영웅적 인물이나 사건 중심의 역사서술에서 소외당하고 자칫 잊혀질 수 있는 중소도시의 일상사를 드러냄으로써 기존의 재미한인사 연구의 빠진 조각을 맞추는 시도가 되기를 희망한다.

2) 연구방법 정하기

미국 이민에 대한 연구는 대도시의 한인사회에 대한 연구 일색으로 실제로 중 소 도시의 한인사회에 대한 연구는 거의 없다고 해도 과언이 아니며, 자료 자체도 수집이 힘든 실정이다. 따라서 현재 생존해 계시는 초기 정착 이주민들과 여러 다양한 계층의 이주민들의 구술을 중심으로 한 구술사를 연구방법으로 택하였다.

또한 이 연구의 의의가 기존의 역사서의 빠진 조각 맞추기라는 측면에서 기존의 역사서가 성공담의 영웅적 서사 등 거대 역사의 한 일면을 보여준 것이었다면, 또 다른 일상사적이고 개인적인 측면을 드러냄으로써 재미 한인 이주사를 균형 있게 발전시킨다는 의미에서도 구술사 연구 방법이 가장 적절하다고 고려된다.

인터뷰 내용은 개인의 생애사적 측면과 주제별 질문에 대한 구술을 효과적으로 절충하고자 한다. 그 이유는 구술사는 구술자의 삶에 대한 구술을 통해서 관련된 지역사회를 조망해볼 수 있으며, 덧붙여 그 시대에 대한 구술자의 평가와 대응, 가치관도 개인의 삶에 대한 구술 속에서 찾아 볼 수 있기 때문이다. 이렇게 구술사는 개인의 이야기가 녹아있어야만 그 진가가 발휘된다.

지역은 중서부에서의 한 도시 인디애나폴리스와 동부에서의 한 도시 올바니(Albany)를 중심으로 사례들을 모을 것이다. 그 이유는 두 도시는 필자가 경험한 중소도시로서 접근이 용이하였고, 조건이 비슷하였다. 두 도시 모두 주도(主都, Capital)로서, 보수적이며, 전체 인구도 비슷하고 타 인종 분포도 비슷한 양상을 보이므로 전반적인 환경이 비슷하다.

그리고 우연인지 아니면 일종의 유형인지 아직 밝힐 수는 없지만 두 지역의 한인사회 형성과 교회 형성이 비슷한 과정을 겪은 것을 초기 조사로 알게 되었다. 따라서 비슷한 조건을 갖춘 두 도시의 한인사회와 한인교회의 관계가 비슷한 양상을 드러내는 것은 아닌가 하는 기대와 만약 연구 조사 후 어떠한 유형이 드러나게 된다면 재미 중소도시 한인사회의 일종의 유형을 발견할 수 있지 않을까 하는 기대에서이다.

3) 전략계획 수립하기

인디애나폴리스를 선택한 계기는 필자의 지도교수가 그곳에서 안식년을 지내면서 많은 정보와 루트를 가지고 있어 접근하기 용이하다는 점이었다. 더구나 인디애나폴리스 한인 장로교회가 창립 25주년을 맞이하여 자교회사

(自敎會史)를 출간하려는 차에 지도교수의 도움이 큰 힘이 되고 있는 터였다.

지난 겨울 필자가 지도교수의 소개로 인디애나폴리스 한인 장로교회를 방문하여 여러 도움을 받았고 기본적인 구술을 받을 수가 있었다. 특히 이 기회를 이용하여 한인교회의 목사님들을 중심으로 라포를 형성하였다. 대도시와는 달리 중소도시 한인사회 교회의 특징은 한인들이 계층별로 교회를 구성하여 모이는 끼리끼리의 문화를 찾아볼 수 있었다. 따라서 각 교회별로 다양한 목소리의 구술이 예상되고 필요하므로 해당 교회의 목사님들과의 라포를 형성하는 것이 중요한 점이라 여겼다. 이러한 라포를 통해 차기 방문 시 더욱 계획적이고 심도 있는 구술을 기대할 수 있을 것이다.

올바니는 이미 필자가 1년 정도 머물렀던 곳이라 다방면의 접근이 용이할 것이라 여겨 이 지역을 선택했다. 이 지역에서는 필자의 출석 교회를 중심으로 연구를 진행할 것이다. 이곳도 마찬가지로 교회별로 교인들의 계층이 구분되어 있으며, 한인사회의 형성과정도 인디애나폴리스와 비슷하다.

이들 지역의 한인들의 구성을 보면, 지식인 계층인 의사와 교수, 전문가 집단, 중산층인 경제인들, 주로 점포를 경영하고 있는 소상인들, 유학생들, 국제 결혼한 분들로 구분할 수 있으며, 각 그룹이 주로 출석하는 교회가 다르다. 따라서 교회의 목사님과 사모님들을 통하여 다양한 계층의 한인들의 적극 협조를 중심으로 구술자를 확보하려고 한다.

4) 연구내용 정리하기

먼저 구술자들의 한국에서의 출생과 성장 배경에 대하여 구술을 받는다. 왜냐하면 이 시기의 삶을 이해해야만 미국으로의 이주 동기 유형을 추론할 수 있기 때문이다. 그리고 어떻게 미국에 오게 되었는지, 언제 오게 되었는지, 처음 정착한 곳이 어디인지에 대한 구술을 받음으로써 그들의 인생의 행적을 따라가고 이주 경로를 추적한다. 그리고 정착과 생활에 대한 구술을 통해 그들의 일상생활을 재구성하며 이주민의 삶을 드러낼 것이다. 또한 일상생활에서 교회와의 관계를 중점으로 교회 역할에 대한 증언을 받음으로써 교회가 한인사회에서 중심적인 기능을 수행하였다는 사실과, 역으로 20세기 다문화 사회에서 교회가 가지고 있는 한계와 전망에 대하여 연구한다. 더불어 일상에서의 여러 사건과 상황들을 예를 들어 소수 민족과 인종간의 갈등 등에 어떻게 반응하고 받아들이며 해결하고 있는지를 일상사적 관점에서 고찰한다.

5) 구술자 선정하기

앞에서도 이야기하였듯이 구술자를 선정하는 데 있어서 가장 중요한 것은 연구의 객관성을 위한 다양한 계층과 다양한 분야에서의 선정이 중요하다고 할 수 있다. 그 외에도 그 지역과 역사에 대하여 가장 잘 알고 있으며 덕망 높고 신임 있는 분들, 그 지역의 'role model'이 될만한 분들, 이주 시기별로 차이가 있는 이주민들, 예를 들면 이주한 지 1년 차 · 3년 차 · 5년 차 · 10년 차의 이주민들, 청소년기 이상의 이민 2세들, 소외된 분들, 교회 분립의 주체 등으로 되도록이면 한인사회의 다양한 분야와 다양한 계층을 포함하고자 하였다. 대략 정리해 보면 다음과 같다.

1. 한인회 역대 임원
2. 이주한 지 오래되었지만 한인회 임원이 아니었던 사람
3. 2번의 인물 중, 여성
4. 각 교회 목사와 장로(주로 장로들이 전문가 집단임)
5. 이주한 지 오래되었고 여러 교회를 순회하는 사람
6. 초신자(이주 시기별로 분류가 필요)
7. 교회에서 직분을 잘 감당하고 있는 30대와 40대 초 · 중반의 사람

8. 교회에서 불만을 품고 교회 분열을 일으킨 사람

9. 각 지역의 경영인 연합 총무

10. 사업에 실패한 사람

11. 오랫동안 지역 경제활동에 참여한 사람

12. 미군과 결혼한 여인들

13. 미군 이외의 사람들과 국제 결혼한 여인들

14. 지역사회를 위해서 헌신한 자로 정평이 나있는 사람

15. 초창기에 그 지역에 살다가 지금은 다른 지역에 사는 사람

16. 초창기 그 지역 출신으로 지금 저명인사가 되어있는 사람

17. 초창기 원로

18. 청소년기 이상의 이민 2·3세

여기서는 인터뷰한 사례를 다 소개할 수 없으므로 한국에서 구술 면담이 가능한 분이며 위의 선정 조건 중 15, 16, 17번에 해당하는 인터뷰 사례를 소개하겠다. 김○○ 목사님은 한국 기독교의 거성으로 1970년에 인디애나폴리스에서 유학 생활을 하였다. 필자가 그분을 택한 이유는 1970년대 인디애나폴리스 한인회 회보를 검색하던 중 그분이 쓴 칼럼을 보고 난 후였다. 그 칼럼은 '한인회가 일은 안하고 돈만 없다고 투덜댄다'는 내용이었다. 필자는 이 칼럼을 보고 김○○ 목사가 그 당시 지식인으로서 한인사회에 대한 조망을 분명히 가지고 있으리라는 확신이 들었다.

일단 3월 중에 그분이 모 신학대학원의 졸업식에 참석하신다는 정보를 입수하여 졸업식에 찾아갔다. 북적거리는 가운데 자연스럽게 인사를 드리고, 필자가 재미한인사회에 대한 연구를 하고 있으며 인디애나폴리스 한인사회에 특별히 관심을 가지고 있다고 말씀드리면서 목사님의 도움이 필요하다고 했다. 목사님은 듣던 대로 훌륭한 인격자답게 그리고 목자의 마음으로 시간을 내 줄 것을 약속하였다. 비서에게 6월 4일 금요일 오전 10시부터

12시까지의 시간을 할애받았다. 지금부터가 문제이다.

6) 인터뷰 준비하기

먼저 계획표를 세웠다. 면담은 필자와 필자의 후배, 이렇게 둘이서 하기로 했다. 주 면담자는 필자로 정하고 필자의 후배는 보충적인 질문과 인터뷰의 분위기를 위해서 감초역할을 하기로 했다. 사실 감초가 더 문제인 경우가 많지만 필자의 후배는 필자와 교분이 두터웠기 때문에 서로 호흡이 잘 맞았으며, 인터뷰를 위해서 사전 대화와 학습을 마친 상태였다.

사전준비로 5월 19일부터 28일까지 열흘간 인디애나폴리스 한인회 회보와 인디애나폴리스의 한인사회에 대한 문헌사료 탐독으로 기초를 다졌다. 구술자의 정보도 필요하였는데, 구술자가 사회 명사라서 그에 대한 정보를 구하기는 어렵지 않았다. 구술자에 대한 정보 수집과 학습도 이시기에 했다. 그리고 이를 토대로 질문지를 만들었다. 질문은 일단 생애사 중심으로 시작하고 재미한인사회와 교회의 관계에서 한계와 전망으로 마치기로 대충 윤곽을 구성하였다. 6월 1일 설문지를 메일로 먼저 보내고 약속을 확인하였다.

장비는 많을수록 좋겠지만 비디오 카메라와 아날로그 녹음기, 이렇게 두 개만 준비하기로 했다. 이전에 디지털 녹음기도 준비했었는데, 별로 좋은 성과를 거두지 못했다. 일단 장비가 많으면 면담자의 신경이 분산되고 분주해져서 집중이 잘 되지 않는다. 구술자 역시 신경을 쓰게 되므로 구술을 방해받기도 한다. 디지털은 음질도 좋고 작동도 편하지만 만약 실수로 버튼하나 잘못 누르게 되면 모든 것이 지워져버리는 위험성 때문에 아날로그 녹음기를 선택하였다. 필자의 취향과 익숙함 때문이었다. 그래도 두 개 이상은 준비를 해야만 하기 때문에 비디오와 오디오를 각각 하나씩 준비하였다. 만약 보조 면담자가 여러 명 함께 갈 경우에는 각 장비를 전담시킬 수 있으므로 여러 장비를 준비해도 무방할 것이라고 생각된다. 건전지와 녹음, 녹화 테이프는 충분한 분량을 가져가야 한다. 예상 인터뷰 시간이 3시간이라면 적어도 9시간 정도의 분량을 가져가는 것이 바람직하다. 인터뷰가 예상외로 길어질 수 있으며 항상, 정말 늘 불량 건전지와 테이프는 꼭 있기 때문이다. 각 테이프 앞부분에 주제와 면담자, 구술자, 일시와 장소에 대해 녹음해 둘 것을 명심하였다.

인터뷰의 진행을 돕기 위해서 한인회 회보에 있던 구술자의 글을 복사했다. 원활한 구술을 위해 기억 매체를 활용하는 차원에서 준비를 한 것이지만, 혹시 구술자가 자신의 글을 소장하지 못하고 있는 경우 매우 좋은 선물이 될 수 있으며, 면담자를 더욱 신뢰할 수 있게 하는 역할을 하기 때문이다.

이 밖에 소소한 것들을 챙기면서 메모하였다. 약속시간 15분전에 도착할 것과 인터뷰 장소인 목사님 사무실 위치, 방문 선물, 옷차림새와 화장 등에 대해 정리해 보았다. 방문 선물로 무엇이 좋을지 한참을 고민했다. 빈손으로 넙죽 가서 필요한 정보만 가져가는 깍쟁이는 되기 싫었고, 음료수를 가지고 가는 것은 너무 형식적인 것 같아서, 구술자의 마음을 활짝 열게 할 수 있는 것은 없을까 하고 고민하다가 꽃으로 결정하였다. 남자들은 일반적으로 꽃을 선물 받을 기회가 적기에 꽃 선물은 구술자에게 색다른 의미가 있을 것 같았다. 또한 구술 장소가 구술자의 사무실이기에 꽃이 적합할 것 같았다.

그 다음은 차림새가 신경이 쓰였다. 화장은 수수하게 하고 복장은 연하거나 무채색으로 구술자가 편하게 느낄 수 있도록 배려한다. 강렬한 색이나 복잡한 무늬가 있는 경우에는 구술자의 집중도가 흐려지기 쉽다. 또한 가는 줄무늬 옷은 카메라 촬영 시 화면이 어른거리는 현상을 일으키므로 조심해야 한다. 명품도 피한다. 명품은 구술자가 명품을 착용하든 안하든 간에 상관없이 구술자에게 면담자에 대한 선입견을 심어 줄 수 있으므로 피하는 게 좋다. 향수도 피하는 게 좋다. 왜냐하면 향기는 구술자의 집중을 방해하기 때문이다. 깔끔한 비누향 정도면 좋을 듯싶다. 결론은 단정하고 깔끔해야 한다. 면담자가 얕보이면 제대로 된 구술을 받을 수 없다. 면담자는 성실성과 준비된 자세를 갖춤으로 구술자와 신뢰를 유지하여야만 한다.

면담자의 자세도 점검하였다. 제일 중요한 것은 듣는 자세이다. 무엇을 말하는지가 아니라 어떻게 말해지고 있는지, 구술자의 관점이 무엇인지, 실제 말로 표현하지 않았지만 표현되는 그의 해석과 반응에 중점을 두어야 한다. 또한 인터뷰 시 인내를 가지고 구술자의 말에 집중해야 할 것이며 도중에 구술자의 말을 막지 않는 것도 중요하다. 또한 약탈적 수집을 위한 의도적인 질문을 하지 않는다. 질문은 구술자의 구술을 도와주는 형태로 진행하며, '예'나 '아니오'로 답할 수 있는 질문을 피한다. 감정이나 심정, 느낌에 대해서 질문하는 것을 잊으면 안 된다. 즉 어떻게 느꼈으며 어떻게 받아들였고 어떻게 행동하였는가가 중심이 되어야 할 것이다. 녹취문 완성 후 녹취문을 드리고 구술 공개 허가서를 받는 약속을 한다.

7) 인터뷰 후 할 일 점검하기

가장 먼저 면담후기를 작성해야 한다. 왜냐하면 구술사에서 가장 중요한 것은 '무엇을 말했는가'가 아니라 '어떻게 말해지고 있는가'이기 때문이다. 면담후기를 바로 작성하게 되면 이러한 부분을 중점적으로 더욱 세밀하게 기록하게 되어 나중에 다른 인터뷰와 연구서 작성에 매우 큰 도움이 된다. 사실 인터뷰 후 많은 시간이 지나 논문을 쓸 즈음이 되면, 인터뷰의 분위기나 소소한 일들이 희미해지는 경우가 적지 않다. 이런 경우에 미리 작성해 놓은 면담 후기의 도움을 받으면 연구서에 활력을 불어넣는 효과도 기대할 수 있다.

면담후기는 주 면담자와 보조 면담자가 따로 작성하여 나중에 서로 교환하기로 했다. 이렇게 하는 것이 다음 인터뷰 시 도움이 된다고 여겼다. 서로의 느낌과 생각을 확인하고 교환함으로 객관성을 보완할 수 있으며, 그 밖에 미비한 점을 개선하여 다음 인터뷰 시에는 더욱 잘할 수 있을 것 같기 때문이었다.

두 번째 할 일은 녹취문을 작성하는 것이다. 이 일은 6월 7 · 8 · 9일 사흘에 걸쳐 하기로 했다. 녹취문은 가능한 한 있는 그대로 작성한다. 녹화 테이프도 구술내용에 따라 목록을 작성한다. 목록 작성 시 테이프 시간을 반드시 적어둔다. 나중에 필요해서 필름을 되돌려 볼 때 시간을 기록해 두면 매우 용이하기 때문이다.

6월 11일에 녹취문을 구술자에게 드리고 구술 공개 허가서를 받기로 했다. 공개 허가서를 받으러 갈 때 추가 질문이나 구술이 있을 수 있으므로 녹음 장비를 챙겨가는 것을 잊지 않는다. 6월 14일부터 17일까지 평가 보고서를 작성하고 6월 18일에는 평가 모임을 갖기로 하였다.

4. 세 번째로 한 일 : 인터뷰하기

5. 네 번째로 한 일 : 구술사 인터뷰 실행보고서 만들기

인터뷰 실행 보고서를 작성하는 특별한 기준은 없지만 필자는 몇 가지 기준을 가지고 있었다. 학위논문을 지상과제로 삼고 있는 필자에게 이 주제와 관련된 어떠한 문건이나 사항도 그냥 지나칠 수 없는 관건이었다. 이 보고서도 연구 결과물인 논문을 지원할 수 있는 것이어야만 했다. 따라서 가능한 한 많은 정보를 기록해야하고 연구를 위한 보다 풍부한 자료와 객관성을 위해서 면담자의 자아성찰을 중점으로 삼아 보고서를 작성하였다.

일단 기본적인 사항으로 구술자 · 면담자 · 일시 · 장소 · 주제와 목차를 제일 먼저 기록한다.

구술자 : 김○○ 목사님(현 ○○교회 담임목사)

면담자 : 김선정(한국외대 사학과 박사과정)

　　　　박지미(한국외대 사학과 석사과정)

일　시 : 2004년 6월 4일 금요일 오전 10시

장　소 : ○○ 교회 당회장실

주　제 : 미국의 중소도시 재미한인사회와 한인교회

목　차

1) 면담 일지

2) 녹음, 녹화 자료

3) 구술자 신상기록카드

4) 녹취문과 상세목록

5) 자료공개 및 이용허가서

6) 시행착오에 대한 성찰

1) 면담일지

　면담일지는 주 면담자와 보조 면담자 모두를 실었다. 면담일지에는 가능한 많은 내용을 쓰는 것이 좋다. 필자들의 경우에는 구술자와의 견해 차이까지 기록을 하였다.

주 면담자의 면담일지

　구술자가 기독교계의 명망 높은 유명인사이고 권력층의 한 사람이므로 만나기 전까지 막연한 긴장감과 어려움이 있었다. 그러나 실제로 만났을 때 너무나 반갑게 맞아주시고 성실하고 겸손하게 구술을 해 주셔서 깊은 감동을 받았다. 헤어질 때 우리에게 무엇인가를 자꾸 더 주고 싶으셔서 자신의 서고와 책상을 뒤지면서 구술자의 저서와 음악악보 등 자신의 것을 나누시려는 모습에서 성직자로서 인격자로서 또한 한국사회의 어른으로서 감동을 받았다.

만남은 면담자들의 소개와 이 주제에 대한 대략적 설명과 더불어 준비해간 질문지의 순서대로 목사님의 구술로 이루어졌다. 구술 내내 당신의 괴로웠던 과거와 아픔들까지도 매우 환한 미소와 밝은 모습으로 일관하시며 구술하셨다. 자신의 아픈 과거까지 모두 신앙의 힘으로 극복하고 초월한 전형적인 기독교도의 모습이었고 인도자였다. 그러나 구술 내용에 있어서 어쩔 수 없었겠지만 모두 종교와 신앙문제로 초점이 모아지고, 구술자의 의견이나 가치관이 신앙을 기초로 형성되어 실제 답변에서 면담자의 기대와는 많이 빗나가는 것을 느꼈다.

또한 구술자에게 기본적으로 기대했던 것은 인디애나폴리스 한인사회에 관한 것이었는데 구술자의 그 때의 상황과 시기가 한인사회에 적극 참여할 수 없었기 때문에 구체적이고 자세한 구술을 못 받은 미진함이 있었지만 조금 떨어진 관찰자적인 입장에서의 구술은 나름대로 의미가 있다고 여겨진다. 그 밖에 워싱턴에서의 구술자의 활동과 워싱턴 한인사회와 교회의 역할에 대한 구술에서 다민족·인종 국가인 미국 사회에서 한인사회가 어떻게 이들과 소통·공존 하여야 하는 지에 대한 전망을 들을 수 있었던 것은 큰 수확이었다.

사람을 만나는 일은 언제나 즐겁지만 항상 엄청난 에너지를 필요로 하는 일이다. 순간순간 순발력과 흐름의 큰 줄을 놓치지 말아야 한다는 신경의 줄을 단단히 쥐고 만나는 일은 더욱 그러하다. 오늘도 빠뜨린 것이, 미진한 것이 너무도 많았다. 특히 일상사적인 관점과 심경이나 느낌에 대한 질문이 약했고 심도 있게 파고 들어가지 못했던 것 같다.

항상 그렇듯이 인터뷰를 끝냈다는 속 시원함과 막연한 부족함, 미진함에 복잡하고 답답한 마음으로 돌아오는 길이었다. 어찌 알았는지 술 푸러 오라는 선배의 전화가 반갑기만 했다.

보조 면담자의 면담후기

처음에 선배와 함께 인터뷰를 하기로 했을 때 내 할 일이 아무것도 없어 한편으로는 편하고 다른 한편으로는 아쉽기도 했다. 나도 이 주제에 뭔가를 기여하고 싶은 기대감이 있었나 보다. 하지만 지금은 교수님의 말씀밖에 생각이 나지를 않는다. 입에서 단내가 날 거라고 ….

지난주부터 시작해서 새벽 4시가 다 되어서야 90분 가량의 구술을 풀었고 60분짜리 녹취문이 완성되었다. 들리지 않는 말과 겹쳐버리는 대화들 때문에 받은 스트레스와 글로 써내려가는 무모함 때문에 또 받은 스트레스가 어깨통증으로 내게 남겨졌다. 하지만 입가에 미소가 번지는 이유는 뭘까? 이번 작업을(물론 내가 한 것은 고작해야 녹취문과 상세목록에 불과하다) 위해 그동안의 프린트를 여러 번 읽었지만 마지막에 본 구술사 이론, 방법 워크숍 자료집이 가장 도움이 됐다. 왜 처음부터 그걸 읽지 못했는지 아쉽다. 그 책에는 구술사의 정의부터 방법과 관리에 이르는 모든 부분을 다루고 있었고, 특히 내가 해야 할 녹취문 작성에 대한 예문과 설명이 이해하기 쉽게 나와 있었다. 이 책의 도움으로, 특히 정혜경 선생님의 예문의 도움으로 작업을 마칠 수 있게 되었다. 물론 잘하지 못했지만 어떻게 하는지 알 수 있었다는 것이 매우 감사하다.

4일 진행된 면담은 오전에 목사님의 사무실에서 진행되었다. 미리 마련해온 질문지가 있었지만 중반부분부터는 결코 그대로 진행되지는 않았다. 의견의 차이가 있었기 때문으로 보인다. 목사님은 이민사회를 경제적 목표를 위해 고국을 떠나 타국에 사는 사람들의 사회로 보았고, 그들을 묶어주는 게 한인교회라고 보았다. 이는 내가 보는 견해와 같다. 그러나 한인교회가 다른 커뮤니티와의 단절을 가져오는 결정적 역할을 한다고 보는 나의 견해와 달리 목사님은 이민자들의 삶의 고단함과 언어적 장애가 타 커뮤니티와의 단절을 가져온다고 보았다. 그러나 그러한 논리에 따른다면 한인교회는 종교적 기능 외에는 기대할 수 없으며 커뮤니티 센터로서의 역할을 부정하는 것이 된다. 결국 이 구술의 의미가 사라질 위험에 처하는 것이다. 그리고 다음으로 나와 다른 의견은 앞으로 한인교회가 커뮤니티의 중심으로 기능을 하기위한 방법론에 있다. 우선 목사님은 영적인 기치를 올림으로써 영적 안정과 정체성을 찾을 수 있다고 보셨고 앞으로 다민족 교회로 변모해 갈 것이라고 보았다. 이에 반해 나는 다민족 교회로의 변화는 동의하지만 영적인 강화를 통한 구심적 역할에 대해서는 반대한다. 왜냐하면 이민 사회의 규모가 늘어날수록 다양한 개성을 가진 사람들이 늘어날 텐데 영적인 것만으로 공감을 얻는다는 것은 불가능하다. 그리고 세계는 종교의 무조건적 믿음에서 자아의 완성을 중시하는 방향으로 향하고 있다. 이는 동양 사상이라든지 요가, 기(氣)와 같은 정신 활동이 유행하는 것을 보아도 알 수 있다. 그렇다면 교회는 영적인 강화의 방법만으로는 살아남을 수 없다. 다른 생존 전략을 세워야 하며 합리적인 관계 설정이 필요하다고 보인다. 마지막으로 목사님이 B시에서 하신 흑인 학생을 위한 장학금 제도는 매우 훌륭하다고 생각된다.

2) 녹음, 녹화 자료

녹음은 아날로그 녹음기로 60분짜리 테이프 세(3) 개이고 녹화는 60분짜리 두(2) 개의 분량이다. 녹화는 뒷부분을 하지 않았다. 인터뷰 분량 중 나머지 내용은 녹음 테이프만으로 충분하다고 고려했기 때문이다. 하지만 이러한 일은 매우 위험한 일이다. 만약 녹음기에 문제가 생길 경우 그 구술내용은 그냥 사라지는 것이 아닌가! 뻔히 알고 있으면서도 순간적인 잘못된 상황판단으로 쉽게 원칙을 저버리는 우(愚)를 또 범하고 말았다. 녹음 테이프는 wav와 mp3으로 디지털화 하였고, 녹화 테이프도 화질을 고려해 m2t 파일을 보관하고 활용을 위해 mpeg4로 변환하였다.

3) 구술자 신상기록카드

이 부분의 실제 내용은 구술자의 신상을 보호하기 위해 생략하기로 한다. 그러나 반드시 구술자의 사망 후에도 구술자료는 후대에 남겨지기 때문에 구술자의 자녀나 가족의 연락처를 기재하였다. 구술자료의 활용에 있어 유가족의 동의가 필요할 경우가 발생하기 때문이다.

4) 녹취문과 상세목록

상세목록을 작성할 시에는 가급적 소제목을 정하고, 구술 진행 순서 즉 녹화 순서대로 메모하였다. 가능하면 해당 구술내용의 시간을 옆에 기록해 두는 것도 효과적이다.

재미한인 역사 만들기

녹화 Tape 1

1. 구술자 사진
2. 교회 전경
3. 구술자의 활동사진
4. 구술자의 사무실 전경
5. 이북에서의 유년기
6. 이남으로 온 이주 동기 - 기독교도에 대한 핍박과 박해
7. 이남에서의 생활, 힘든 청소년기 - 신앙으로 극복 (00:10:16)
8. 결혼 및 대학 입학 (00:12:00)
9. 통역 조사관으로서의 활동
10. 미국으로 가게 된 동기
    - 고등학교 시절 JOY 선교회 창설 및 활동
    - 교수의 꿈을 갖게 됨.
    - 후원자와의 만남
* 중간 휴식 (00:22:48)
11. 대학 시절 활동 - 새 생활 운동 전개
12. 기독교 철학을 공부하게 된 동기
13. 미국에 처음 가게 된 곳과 그 이유와 생활
    - P시의 유학 생활과 하나님과의 만남
14. N주의 T장로교회에서 시무하게 된 사연
15. 인디애나폴리스로의 이주
    - S 교회에서의 사역
16. 한인사회, 한인교회와의 만남과 활동
    - 한인사회 내에서의 내재된 갈등

녹화 Tape 2

1. 한인교회의 역할
2. 인종차별 문제
   - 무도인(武道人) 박 선생의 철공소에서의 경험

* 점심 (00:07:00)

3. 한인교회의 커뮤니티 센터로서의 기능

 - 재미한인들의 정체성

 - 한인교회의 계속되는 센터로서의 가능성

4. 북 미주 청소년 지도자 협의회 (00:16:00)

5. 청소년 집회 수련회 (00:20:00)

6. 한인교회의 폐쇄성에 대한 의견

7. 한인교회의 변모 가능성과 전망 (00:27:30)

8. New Song Church : Multi Asian Church

9. 교회 사역자들의 역량 문제 (00:35:30)

10. 한인교회의 시대착오성 (00:36:30)

11. 한인교회간의 단절에 대한 의견 (00:38:00)

12. 한인교회의 대외 활동 (00:40:00)

13. 한인사회의주된 세력으로서의 교회 연합 (00:42:00)

14. 한인교회와 미국사회와의 교류 (00:45:35)

  - 흑인사회와의 문제에 대한 대응

15. 인디애나폴리스에서의 한국문화 소개 등 매스컴에서의 활동.
    (00:52:00)

16. 유신헌법에 대한 한인사회의 반응 (00:55:00)

17. 통일 문제에 대한 한인사회의 80년대 반응 (00:58:23)

18. 흑인 사회에 대한 지역 상인들의 대처 (00:59:30)

19. 아시안 계 연합 주장에 대한 의견 (01:01:00)

5) 자료 공개 및 이용허가서

정혜경의「한국 근현대사 관련 구술사료관리의 방향 및 실행계획 연구」
(국사편찬위원회 2003년도 연구과제)를 참조하여 작성하고, 녹취문이 완성
되는 대로 구술자의 검독을 마친 후에 받기로 하였다.

6) 시행착오에 대한 자기 성찰

한국구술사연구회에서 작성한 〈기획단계〉, 〈면담 전〉, 〈실행단계〉 체크 리스트(check list)를 중심으로 점검해 보았다. 각각 100점 만점이다.

기획 단계 : 기획자

1. (주제와 명확한 기준을 설정하기 위해) 사전에 관련 정보를 수집하고 분석하는 작업을 충실히 했는가? - 6
2. (수집 주제 및 대상을 선정하기 위해) 참고문헌, 관련 연표(인물 및 사건) 작성, 사진자료 및 영상물 수합, 선행연구 성과 분석 등 사전준비 작업을 수행했는가? - 6
3. 자문단(또는 연구단)이나 전문가를 통해 프로젝트 관련 법률적, 기술적 전문지식 을 얻었는가? - 6
4. 구술사 연구를 위한 법률적, 윤리적 규정을 검토하고 보완하였는가? - 3
5. 구술사료이용허가서를 비롯해 의뢰, 수집, 보존, 활용에 관한 각종 양식을 구비했 는가? - 8
6. 시간, 예산, 인력, 제도상 현실적인 면에서 성취 가능한 연구목표를 설정했는가? - 8
7. 구술사의 특성을 가장 잘 살릴 수 있는 주제이면서, 지역별 특성, 학문적 필요성 등을 고려한 주제를 선정했는가? - 9
8. (선행 단계를 분석하고 적절성과 가능성을 평가하여) 현실성 있는 실행계획안을 작성했는가? - 5
9. 연구 목적에 적합한 구술자 및 면담자를 선정하는가? - 8
10. 보조 면담자를 교육하고 인터뷰에 필요한 매뉴얼을 사전에 제공했는가? - 5

총점 : 64

면담 전 단계 : 면담자

1. 면담자 교육의 내용을 이해하였는가? - 8
2. 인터뷰 매뉴얼 내용을 정확히 숙지하였는가? - 5

3. 구술자에게 인터뷰의 취지 및 이용범위를 설명하고 사전 동의를 얻었는가? - 9

4. 면담주제목록(질문목록)을 적절히 설정했는가? - 7

5. 구술자의 경력과 활동내용에 대한 사전 학습은 충실히 했는가? - 7

6. 인터뷰 일정을 구술자와 상의하고 결정하였는가? - 9

7. 인터뷰 3일전에 구술자와 인터뷰 약속을 미리 확인했는가? - 9

8. 인터뷰 전에 구술자에 대한 면담자 자신의 선입관을 검토하고, 자세를 점검하는 자기 성찰 과정을 거쳤는가? - 5

9. 장비를 알맞게 준비·점검하고 사용방법을 익혔는가? - 7

10. 사전에 관련자(기획자, 보조면담자, 촬영 담당자, 녹취자)와 충분히 협의했는가? - 7

총점 : 73

실행단계

1. 약속시간을 지켰는가? - 2

2. 라포를 형성하였는가? - 3

3. 구술자가 이해하기 쉽게 구어체로 질문하였는가? - 4

4. 경청했는가? - 4

5. 적절할 때 공감을 보였는가? - 4

6. 구술자의 구술을 방해하지 않고 잘 따라갔는가? - 3

7. 주제가 바뀌는 등 구술자의 이해가 필요할 때 적절하게 설명하였는가? - 2

8. 감수성 있게 의욕적인 질문하였는가? - 1

9. 구술 내용과 상관없이 면담자의 지식으로 추론하여 구술을 진행시키지 않았는가? - 3

10. 유도적인 질문을 하지 않았는가? - 3

11. 소음을 잘 통제하였는가? - 3

12. 영상을 기획한 대로 잘 촬영하였는가? - 2

13. 장소가 적절하였는가? - 4

14. 면담자의 차림새(손톱, 화장 등 청결과 향기 포함)가 단정하였는가? - 4

15. 구술자의 도움에 감사를 표했는가? - 4

16. 보조 면담자와 협조가 긴밀히 이루어졌는가? - 4

17. 녹화, 녹음 장비를 인터뷰 장소에서 나온 다음 껐는가? - 2

18. 면담후기를 작성하였는가? - 4

19. 면담일지, 구술자신상기록카드를 작성하였는가? - 4

20. 필요한 서류 동의서 등을 받았는가? - 4

총점 : 64

64 + 73 + 64 = 201, 201 ÷ 3 = 67

평균 67점. 간신히 낙제를 면한 수준이었다.

● 실행계획안과의 비교 및 평가

먼저 가장 아쉬운 점은 심도 있는 질문을 하지 못한 것이었다. 연구 주제에 맞추어 설문 내용을 비교적 주제에 접근하여 구성하였지만 그 정도로는 심층적인 구술을 끌어낼 수 없었다. 이유가 무엇일까 하고 생각해보니 3초도 안되어 답이 나온다. 주제에 대하여 면담자의 연구가 부족하여 심도 있는 수준의 구술내용을 예상하지 못하였기 때문이다. 기본적인 개설서와 논문 몇 편 정도가 고작이었으니 말이다.

또한 설문지를 6월 1일에 메일로 보내기로 하였으나, 기초자료 탐독이 늦어져서 사실 보내지 못하였다. 인터뷰 당일, 인터뷰에 들어가기 전에 면담자의 설명과 함께 구술자가 구술 전에 미리 검토하였을 뿐이었다. 따라서 구술자가 충분히 생각하고 기억해 낼 시간적 여유가 없었다. 만약 설문지를 제때 보냈었다면 구술자에게 다른 자료도 부탁할 수 있었을 텐데 하는 아쉬움이 컸다.

매번 그렇듯이 이번에도 사실이나 의견 등에 중점을 두다보니, 구술자 개인의 감정이나 심정, 느낌, 즉 어떻게 느끼고 받아들였으며 어떻게 행동하였는가에 대한 일상사적 관점의 질문이 적었다. 살아있는 인간의 역사를 한다면서 개인의 감정과 내면화 과정 등 가장 중요한 것을 지나쳐 버리는 우(愚)를 또 범하고 말았다.

잘못한 점은 셀 수도 없겠지만 제일 두드러진 것은 10분 늦게 도착한 것이다. 처음 가보는 곳이라서 교회를 찾는 데 애를 먹었다. 구술 장소에 사전에 가보지 않았고, 꽃 선물을 위해 꽃집을 찾는 것 또한 수월치 않았다. 사전 준비 부족이 여실히 드러났다. 또한 마지막 부분에 순간적인 상황판단으로 녹음 테이프에만 의존하고 녹화를 하지 않은 것이다. 다행히 녹음이 잘 되기는 했지만 매우 위험한 일이었다.

긍정적인 면으로는 연구 내용으로 이주 동기와 이주 경로, 그리고 한인교회가 한인사회에서 중심적인 기능을 수행하였다는 사실과 한인교회의 한계와 전망을 보고자 하였는데 실제 인터뷰에서 이러한 문제에 대한 언급이 이루어졌다고 본다.

또한 설문지에 없었던 구술자의 미국의 타 지역에서의 경험에 대한 구술은 본 연구를 진행시키는 데 있어 총체적인 관점을 제시해 주었고, 한인사회의 폐쇄성을 극복할 수 있는 하나의 대안을 보여줄 수 있는 자료로서 가치가 있었다. 뜻밖의 행운의 대어를 낚았다.

구술자와의 인터뷰는 비교적 잘 진행되었다. 특히 기억 매체를 활용하여 1970년 어느 잡지에 실린 구술자의 글을 찾아서 가지고 간 것은 구술자를 감동시키기에 충분했다. 마침 구술자가 자신의 글을 지니고 있지 않아서 매우 훌륭한 선물이 되었으니 말이다.

인터뷰 시 장비들도 대체적으로 안정적이었고 배터리와 테이프 준비도 넉넉했다. 옷차림이나 자세 등도 별로 거부감을 주지 않았던 것 같았다. 후에 녹화된 테이프를 보니 면담자가 자주 손을 입으로 가지고 가거나 코로 가지고 가는 부분은 좀 신경에 거슬리는 부분으로 다음에 시정할 일이다.

6. 재미한인 역사 만들기를 마치며

글의 제목을 '재미한인 역사 만들기'로 정하고, '구술사 방법론 적용하기' 중심으로 글을 다 쓰고 나니 '과연 재미한인 역사 만들기가 제대로 되었나?' 하는 의구심이 제일 먼저 고개를 들이민다. 물론 구술사 방법론만이 재미한인 역사 연구의 유일한 방법은 아니다. 또한 구술사 방법론을 이용한 재미한인 연구만이 제대로 된 연구라고 우기는 것도 아니다. 하지만 소위 객관적, 과학적이라고 불려지는 '역사'보다는 구술사가 그 시대의 시대상과 사람들의 생각과 마음에 돋보기를 대고 더 잘 들여다 볼 수 있다는 것만은 확실하다.

구술사란 매우 흥미로운 분야다. 역사 서술에서도 사람을 중심으로, 구술자를 주체화 한다는 것뿐 아니라 연구방법에 있어서도 사람과 함께 한다는 것이 큰 매력이다. 그러나 사전의 철저한 준비와 학습이 없으면 상식적인 선에서만 구술이 이루어지게 되어 실제로 역사화하기 힘들어 진다. 이러한 점에서 실수와 실패의 고백인 '재미한인 역사 만들기'가 지금 막 구술사를 시작하거나 혹은 나와 같은 실수를 범했던 여러 연구자들에게 도움이 되기를 바란다. 이러한 과정을 통해 구술사 연구가 더욱 풍성해지며 체계화되어 역사 연구뿐 아니라 사회 문화 분야에서도 대안적 연구 방법으로 확장되기를 기대해본다.

예술사 구술채록 사업 이야기 _이호신

1. 여는 말
2. 예술사구술채록사업의 추진 배경과 목적
3. 기획과 추진 방법의 변천과정
   1) 기초설계의 기획과 추진 과정
   2) 제1단계 사업의 기획과 추진
   3) 제2단계 사업의 기획과 추진
   4) 사업 성과물에 대한 평가
4. 결과물의 활용
5. 닫는 말
참고자료

1. 여는 말

국립예술자료원이 2003년도부터 추진하고 있는 〈예술사구술채록사업〉은 예술 분야에서 구술사 연구를 본격적으로 도입하는 하나의 계기가 되었다. 국립예술자료원(당시 한국문화예술진흥원 예술자료관)이 구술사 사업을 시작하기 이전에도 삼성미술관과 한국예술종합학교에서 구술사 연구를 추진한 사례가 있었지만, 그것은 연구자들의 개인적인 관심에서 비롯된 개별적인 연구 정도에서 크게 벗어나지 못하고 있는 실정이었다. 국가적인 차원에서의 대규모 프로젝트로 구술사 연구방법이 예술분야에 본격적으로 도입이 된 것은 바로 〈예술사구술채록사업〉이었고, 이로써 예술사 연구와 서술을 위한 하나의 방법론으로서 구술사가 본격적으로 확산되는 계기가 마련되었다. 부천만화정보센터, 국립남도국악원, 인천문화재단, 전주문화재단, 대한

민국 예술원 등에서 예술인들의 생애와 예술적 체험을 구술로 채록하는 사업에 관심을 기울이기 시작하였고, 그 가운데 일부는 이미 상당한 성과를 거두고 있기도 하다.

국립예술자료원이 구술사 프로젝트를 처음 시작하던 당시만 해도 국내에 구술사 연구가 그리 활발하지 않은 상황이었기 때문에, 딱히 참고할만한 문헌이나 사례를 찾아보기도 수월하지가 않은 것이 현실이었다. 이런 까닭에 사업의 구체적인 기획과정에 상당한 애로사항이 있었다. 그렇지만 이런 열악한 현실은 오히려 사업의 기획 과정을 탄탄하게 만들어주는 방어기제로서의 역할을 하기도 하였다. 사업의 본격적인 착수에 앞서서 기초설계연구를 진행하여 사업 추진의 마스터플랜을 마련하고, 사업 수행을 위한 구체적이고 세밀한 방법론을 고민하고, 시범사업을 추진하면서 사업 추진 과정에서 발생할 수 있는 시행착오를 최소화할 수 있었다.

그 동안 국내의 구술사 연구도 광범위하게 확산되어 이제 여러 기관과 단체에서 대규모 구술사 프로젝트를 본격적으로 추진하고 있으며, 구술사 연구의 학술적 논의 심화를 위한 학회도 구성이 되었다. 또한 국립예술자료원의 〈예술사구술채록사업〉도 다양한 변화의 과정을 거치면서 그 명맥을 이어오고 있다. 초기에 시행된 사업은 3년이라는 한시적인 기간에 원로예술가 100명을 채록하는 것을 목표로 하고 있는 것이었지만 사업의 성과가 점차 확산되면서 〈예술사구술채록사업〉은 국립예술자료원의 상시사업으로 자리를 잡게 되었고, 현재 200명을 훌쩍 넘는 방대한 사료를 축적한 국립예술자료원의 대표 사업 가운데 하나로 위상을 확보하고 있다.

꽤 오랜 기간 사업이 지속되면서 사업 수행의 세부적인 방법에도 상당한 변화가 이루어졌고, 연구에 관여하는 사람들의 구체적인 면모도 상당 부분 변화가 이루어졌다. 이 글은 지난 11년 동안 국립예술자료원의 〈예술사구술채록사업〉의 추진 경과와 기획 과정을 소개하기 위한 것이다. 그 변화의 과정들을 상세하게 살펴보는 작업을 통해서 그 동안의 공과 과, 성과와 한계를 소상하게 살펴봄으로써 새롭게 구술채록을 준비하거나 기획하는 분들이 참고할 수 있는 하나의 사례를 제시하고자 한다.

2. 예술사구술채록사업의 추진 배경과 목적

구술사는 그리 오래지 않은 과거의 특정한 사건을 직접 경험한 생존자들의 기억을 탐문하여 현재로 불러내는 역사 연구의 한 방법이다. 구술사는 이야기를 하는 사람(구술자, interviewee)과 더불어 그의 기억을 환기하도록 도움을 주는 역할을 하면서 그 이야기를 기록하고 공개하는 역할을 수행하는 또 다른 사람(채록자, interviewer)이 관여하는 것을 전제로 한다(Yow, 2005 : 3~4). 이러한 구술사의 연구방법은 자신의 사상과 감정을 문자기록으로 표현할 수 있는 능력을 갖추지 못한 사람들도 역사 기술(記述)에 참여할 수 있도록 기회를 넓히고 있다는 점에서 역사의 민주화를 가져온 계기를 마련하는 것으로 평가되기도 한다(남신동, 2003 : 33~39). 구술사 작업은 기존의 문헌에서 소홀히 하고 있거나 혹은 결락된 부분을 보완하기 위한 시도로써, 또 다른 한편으로는 기존의 역사서술과는 다른 맥락의 대항담론을 형성하기 위한 시도로써 진행이 되고 있다.

일반적으로 '구술사'는 구술사료와 구술사료를 바탕으로 한 역사연구가 모두 포함이 된다(한국구술사연구회, 2005 : 18~19). 구술사는 문헌사에 대비되는 개념으로 통상적으로 인터뷰에 응하는 피면담자가 구술하는 말을 듣고 기록하는 과정을 바탕으로 이루어진다. 구술사는 녹음기술의 발달에 힘입어 역사 서술의 공백을 메울 수 있는 새로운 방법론으로 대두되기 시작하였다.

미국에서의 초기 구술사 연구는 도서관이나 아카이브의 사업의 한 영역으로 발달되기 시작하였다. 1930년대 대공황기의 서구사회의 경제 불황을 타개하기 위한 고용 진흥정책 등의 일환으로, 도서관이나 아카이브를 중심으로 하는 연구 프로젝트로 구술사 작업이 대규모로 추진되면서 그 성과를 축적하기 시작하였다. 특히 컬럼비아, 코넬, 버클리, UCLA와 같은 미국의 명문대학교에서의 구술기록 수집을 위한 프로젝트에 그 연원을 두고 있다. 이들 자료의 수집은 어떤 특정한 책을 편찬하기 위한 개별적인 프로젝트가 아니라, 보편적인 연구에 활용할 수 있는 회고담을 모으는 것에서 출발하였다. 연구의 대부분은 대학 소속의 연구진들에 의해서 이루어졌으며, 도서관이나 아카이브가 연구 수행을 위해서 필요한 공간과 서비스를 제공하고, 경우에 따라서는 연구진의 인건비를 부담하기도 하였다. 이렇게 해서 인터뷰가 이루어진 자료들은 도서관이나 아카이브에 보관이 되었고, 목록이나 또 다른 검색도구를 활용해서 다른 연구자들이 활용할 수 있도록 제공되었다. 이런 까닭으로 도서관이나 아카이브가 구술사 연구의 중심기관으로 자리를 잡게 된 것이다(Ritchie, 2003 : 155).

미국의 경우와는 달리 유럽에서의 구술사는 개인 연구자나 소규모 프로젝트에 참여하는 개인 연구자들이 중심이 되어 이루어졌다. 그렇지만 구술사를 통해서 생산된 기록은 공공의 이용에 제공하기 위해서 만들어진 것이라는 인식이 연구자들 사이에 점차 확산되면서 도서관이나 아카이브와 연결이 될 수 있었다.

국내에서 구술사 자료가 생산되기 시작한 것은 1980년대 초에 〈뿌리 깊은 나무〉의 민중자서전 시리즈가 시초이고(윤택림, 함한희, 2006 : 34), 이후 1980년대 말부터 1990년대 초까지 〈역사비평〉의 현대사증언시리즈를 통해서 일제강점기와 해방 이후 좌익 활동에 대한 증언이 게재되면서 구술사에 대한 관심이 본격적으로 대두되기 시작하였다. 이후 제주도민들의 4·3항쟁, 일제 강점하에서의 종군위안부 문제 등에 대한 구술자료의 생산으로 이어졌으며, 노동사, 여성사 등의 분야와 관련을 맺으면서 그 외연을 지속적으로 확장하고 있는 추세이다. 그렇지만 이러한 작업은 서구의 사례와는 달리 구술채록을 통해서 생산된 원자료(녹음자료/녹화자료/녹취문)에 대한 체계적인 수집과 관리를 염두에 둔 것은 아니었다. 때문에 어렵게 생산된 원자료들은 또 다른 연구를 위한 기초자료로서의 공공성을 확보하지 못한 채 그대로 소실되어 버리고 말았다. 우리나라에서 서구사회처럼 구술사 작업이 수집된 자료의 체계적인 수집과 관리를 염두에 둔 아카이브와 본격적으로 연관을 맺게 된 것은 국가적인 차원에서의 대규모 연구프로젝트로 구술사 사업이 시작된 2003년도부터이다.

국립예술자료원이 추진한 〈예술사구술채록사업〉은 이러한 맥락에서 초기부터 공공재로서 예술자료의 체계적인 수집과 관리, 활용을 염두에 둔 작업이었다. 국립예술자료원은 예술 기록과 자료를 체계적으로 수집, 정리, 보존하여 문화예술인 및 일반들이 이용할 수 있도록 제공함으로써 예술 창작과 연구 활동을 지원하기 위한 목적에서 설립된 국내 유일의 예술자료전문기구로서 사업의 출발에서부터 수집된 자료의 체계적인 관리와 활용을 고려한 것일 수밖에 없었다. 〈예술사구술채록사업〉은 예술사 연구를 위한 기초자료의 절대적인 부족을 해소하기 위한 목적에서 출발하였고, 예술자료에 관한 이러한 근원적인 부실을 해결할 제도로서의 아카이브(archives)의 설립을 염두에 두고 있는 것이었다. 따라서 수집 자료의 체계적인 관리와 활용은 사업의 초기부터 대두된 가장 중요한 화두 가운데 하나였다.

지금도 여전히 상황이 나아지지 않고 있지만, 예술 분야의 자료 빈곤은 어제, 오늘의 일이 아니다. 특히 공연예술의 경우에는 공연이 이루어지는 시간과 장소에서만 존재하는 장르적인 특성으로 말미암아 작품에 대한 흔적조차 찾아보기가 어려운 것이 현실이다. 〈예술사구술채록사업〉을 처음 시작할 당시 연구의 책임을 맡았던 이인범은 근·현대기의 예술자료 공백의 심각한 양상을 다음과 같이 지적하면서 예술분야에서의 사료수집을 위한 대규모 프로젝트와 제도로서의 아카이브의 필요성을 역설하였다.

예술사 구술채록 사업 이야기

"시간적으로 매우 가까운 거리임에도 불구하고, 근·현대기 우리의 삶의 흔적들은 안타깝게도 남아난 것이 그리 많지 않다. 예술자료라고 예외는 아니다. 우리 역사의 이러한 공백과 결핍은 서세동점의 문명사적 격동 속에 일제 식민지로 전락하고 제2차 세계대전, 해방, 남북분단과 한국전쟁, 각종 정변으로 요동쳤던 근대사의 굴곡이 드리워 놓은 어두운 그림자에 다름 아닐 것이다. '감시와 처벌', '광기'로 얼룩진 역사 속에서 우리의 삶은 적극적으로 표상해야 할 내용이기는커녕, 때로는 가리거나 은폐시키지 않으면 안 될 불온함 그 자체이기도 했으니 말이다. 그렇지만, 더 감당하기 어려운 문제는, 이 빈 자리가 지금도 여전히 이 땅의 생활세계와 예술현장을 끊임없이 공허 속으로 내밀고 있다는 사실이다. 그러니 뒤늦었지만 그 빈자리에 역사의 원풍경을 그려내고 있는 이번 원로예술인들의 구술이 지닌 가치를 새삼스레 여기서 다시 강조할 것도 없다(한국문화예술진흥원, 2003, vii)."

예술사의 온당한 서술을 위해서는 예술작품을 잉태한 사회적인 상황과 더불어 예술가 개인의 생애에 대한 총체적인 이해가 필수적이다. 하나의 예술작품에는 동시대의 사회적인 상황과 사상적인, 예술적인 지향은 물론이고 그 창작자의 내밀하고 고유한 경험이 고스란히 스며들어 있을 수밖에 없다. 따라서 작품이 탄생하게 된 사회적인 배경과 예술가의 사상적인 지향점에 대한 이해가 없이는 작품의 전모를 온전하게 읽어낼 수 없을 것이다. 또한 예술가의 내밀한 삶의 경험들에 대한 이해가 없이는 작품의 예술사적 의미를 평가하기 어려울 것이다(이호신, 2007). 그렇지만 우리 근·현대기의 자료의 심각한 공백은 예술사적 평가 자체를 어렵게 만드는 측면이 있었고, 이런 불확실한 자료에 근거해서 형성된 지배담론이 여과 없이 재생산되는 행태를 반복하고 있었다.

국립예술자료원의 〈예술사구술채록사업〉은 이러한 문제의식에서 출발하여, 기존과는 다른 관점에서 우리 근·현대 예술을 바라볼 수 있는 대항담론으로서의 자료를 생산하고, 또한 역사 서술에서 배제되었거나 결락되었던 부분을 당대를 살았던 예술가들의 목소리를 통해서 복원하려는 시도였다. 그리고 이러한 결락의 보완과 복원, 재해석의 작업을 통해서 우리 예술의 정체성을 보다 명확히 할 수 있는 원천 자료들을 확보하려는 취지에서 출발이 되었다. 또한 이러한 작업의 지속적이고 안정적인 정착을 위한 제도로서의 아카이브의 확립과 확산을 염두에 둔 것이기도 했다.

3. 기획과 추진 방법의 변천과정

〈예술사구술채록사업〉은 정부의 예산 지원과 통제를 받는 공공프로젝트의 일환으로 진행되는 사업이기 때문에, 매년 사업계획을 수립하고 연구수행기관을 모집하는 패턴을 되풀이 해 왔다. 이렇게 매년 새롭게 사업을 기획을 하고, 연구수행기관을 선정하는 과정에서 그 세부적인 진행 방식은 해마다 조금씩 변화를 겪을 수밖에 없었다.

사업이 시작된 2003년부터 2011년 현재까지 〈예술사구술채록사업〉의 진행 방식은 크게 두 차례의 커다란 변화를 겪었고, 그 과정에서 각각 기초설계 작업을 통해서 사업 추진의 마스터플랜을 수립하는 과정을 되풀이하였다. 마스터플랜을 개발하는 과정에서 가장 커다랗게 고려한 것은 바로 구술자의 장르별 안배와 구체적인 구술자 후보의 선정과 관련되는 문제였고, 이와 더불어서 채록 작업을 직접 수행할 연구진들의 전문성을 제고하고 그 저변을 확대할 수 있는 방안을 마련하는 것이었다.

이 장에서는 사업의 단계별 기획과정과 그 세세한 변화의 과정들에 대해서 상술하려고 한다. 사업의 기획 단계에서 발생되었던 문제점들을 적시하고 그에 대한 대응으로 이루어진 사업의 구체적이고 세밀한 변화의 내용을 기술하도록 한다. 사업 진행과정에서의 고민과 경험들을 보다 생생하게 기술하기 위해서 사업을 기획하고 담당했던 담당자의 관점에서 그대로 옮겨

보도록 하겠다.

1) 기초설계의 기획과 추진 과정

내가 '구술사'라는 단어를 처음 들었던 것은 2003년도 사업계획과 예산을 작성하는 과정에서였다. 2003년도부터 3개년에 걸쳐서 원로예술가 100명을 인터뷰해서 영상기록으로 남긴다는 취지의 사업이 계획된 것이다. 자료관의 사업 전체의 예산을 기획하는 입장에서 특정한 사업에 대한 아주 세밀한 이해가 필요하지는 않았기 때문에 이 과정은 그렇게 시냇물처럼 흘러 흘러서 지나갔다. 2003년에 해당 사업 예산 5억 원이 그대로 확정되면서 문제가 발생했다. 당시 자료관에는 예술사를 전공한 연구자도 없었고, 구술사에 대해서 조금이라도 알고 있는 사람이 하나도 없었기 때문에 당장 사업을 맡아서 추진할 수 있는 전문 인력이 전혀 확보되지 않은 상태였던 것이다. 사업의 성격과 난이도 등을 고려해서 부서원들 가운데에서 유일하게 석사학위를 가지고 있던 나에게 업무분장이 떨어졌고, 그때부터 나의 구술사 자료 찾기는 시작되었다. 여러 가지의 경로를 통해서 찾아보았지만, 그리 많은 자료를 찾을 수는 없었다. 국내에서 구술사와 관련해서 발간된 단행본은 『증언사 입문』[1]이란 번역서가 유일했다. 연구논문도 그리 많지 않아서 유철인·윤택림·윤형숙·함한희 등의 논문 몇 편을 찾아냈을 뿐이었다. 논문들의 원문을 출력해서 읽어보았지만, 그래도 구술사가 무엇인지 명확하게 파악하기는 어려웠고, 주로 문화인류학자들이 민초들을 대상으로 수행한 방법론을 예술가들에게 그대로 적용하기는 어려울 것이라는 생각이 들기도 했다. 그렇게 3~4개월의 시간이 흘러갔다. 시간이 지날수록 사업을 어떻게 추진해야 할 것인가에 관한 압박감은 점점 커져갔다. 당시 나와 함께 업무를 진행하던 팀장은 이 사업을 수행하는 일이 마치 안개 속을 걷고 있는 것과

---

[1] 제임스 홉스, 『증언사 입문』, 유병용 역, 한울아카데미, 1995.

같이 느껴진다고 이야기하기도 했다. 상의 끝에 우선 예술계의 여러 인사들을 모아 놓고 자문회의를 개최하기로 하였다. 두 세 차례에 걸쳐서 자문회의를 개최했지만, 그리 많은 도움을 얻을 수는 없었다. 소득이라면 소득이라고 할 수 있는 것은 그래도 이 분야에서 연구수행 경험이 있는 연구자가 아예 전무한 것은 아니라는 사실을 확인한 것 정도였다.

아무튼 사업 추진을 위한 가닥을 명확하게 잡지 못한 상태에서 5억 원이라는 막대한 금액을 함부로 집행하기는 매우 부담스러웠다. 사실 구술사 연구 방법 자체에 대한 이해의 부족도 부담스러웠지만, 실질적으로 가장 부담스러운 것은 구술후보자를 선정하는 일이었다. 100명이라는 한정된 인원을 3년이라는 한시적인 기간 동안에 채록한다고 했을 때 과연 그 면면을 어떻게 채울 것인가는 구술사 연구 방법보다도 훨씬 더 까다롭고 난해한 사항 가운데 하나였다. 말도 많고 탈도 많은 예술계의 특성을 감안할 때, 100명이라는 한정된 숫자가 제시하는 국가적인 대표라는 이미지 때문에 구술자의 선정은 보다 뚜렷한 명분과 타당성을 지니고 있을 필요가 있었다. 그리고 비슷하지만 조금은 다른 맥락으로, 문학, 미술, 음악, 연극, 무용 등 예술 전 장르에서 구술자를 어떻게 배분해야 할 것인가도 난제 가운데 하나였다. 이런 문제들을 고민하다가 내린 결론은 지금 당장 이 사업에 본격적으로 착수하기는 어렵다는 것이었다. 대규모의 사업을 충분히 준비가 안 된 상태에서 시작하기 보다는 사업 추진의 목적과 거기에 따르는 세밀한 방법론을 설계하고 구술 대상 후보자의 선정 등을 보다 체계적으로 준비할 필요가 있었다. 또한 작업의 본격적인 추진에 앞서서 소규모의 시범 작업을 통해서 사업 추진 과정에서 발생할 수 있는 여러 가지 문제점을 미리 점검하고, 시행착오를 최소화할 수 있도록 안전장치를 마련할 필요가 있었다. 이렇게 해서 시작된 것이 〈한국 근·현대 예술사 증언채록사업 기초설계연구〉이다. 기초설계연구를 통해서 사업의 목적과 방향성을 정립하고, 합리적인 방법에 의해서 구술후보자를 선정하고, 사업 추진을 위한 구체적인 매뉴얼을 개발하고, 이러한 작업을 위한 시범 채록을 추진하기로 하였다. 그리고 사업 추진 과정에서의 잡음을 최소화하기 위해서 이 사업과 관련된 예술계의 의견을 폭넓게 수렴하도록 하였다.

기초설계연구는 풍부하지는 않지만 그래도 선행연구의 경험이 있는 한국예술종합학교 한국예술연구소의 이인범 책임연구원(현 상명대 교수)이 맡아서 진행하였다. 기초설계연구가 시작되기는 하였으나, 연구팀도 구술사에 대한 이해 자체가 일천한 것은 실무진과 별반 다를 바가 없었다. 연구팀은 연구에 착수되면서 두 차례의 워크숍을 기획하였다.

첫 번째 워크숍에서는 국내에서 이미 구술사 사업을 수행한 경험이 있는 전문가를 초청해서 구술사 연구 수행을 위해서 알아야만 하는 여러 가지 사항들을 연구진들과 함께 학습하고 논의하였다.

이인범2)은 한국 근현대 예술사를 위한 또 하나의 방법으로서 구술사의 가능성을 타진하면서 구술채록사업의 방향을 제시하였고, 사업의 기본적인 전제 조건으로서 제도로서의 아카이브의 필요성을 제기하였다. 남신동3)은 구술사는 역사를 만들고 경험해온 사람들의 경험에 중심적인 지위를 되돌려 주어서 '역사의 민주화'의 가능성을 제시한다고 구술사의 철학적 방향성을 제기하였다. 아울러 '인간은 그 자체로 목적이어야 한다.'는 칸트의 말을 인용하면서 구술사 연구의 윤리적 쟁점과 내적 규율의 문제에 대해서 세밀하게 논의하였다. 정혜경4)은 구술자료의 체계적인 수집과 관리를 위해서 필요한 세부적인 프로세스와 구체적인 방법론과 사례를 소개하였다. 유철인5)은 구술자료는 구술성 혹은 서사성을 지닌 주관적인 자료라는 점을 밝

---

2) 이인범, 「구술사, 또 하나의 한국근현대예술사의 방법 : 〈한국근현대예술사 증언채록사업〉 기초설계연구의 고려사항들」, 『한국예술종합학교 논문집』 제6집, 2003, 9~30쪽.
3) 남신동, 「'역사의 민주화'와 구술사 연구의 윤리적 쟁점」, 『한국예술종합학교 논문집』 제6집, 2003, 31~58쪽.
4) 정혜경, 「구술자료의 관리방안」, 『한국예술종합학교 논문집』 제6집, 2003, 59~98쪽.
5) 유철인, 「구술자료의 채록과 해석」, 『한국예술종합학교 논문집』 제6집, 2003, 99~117쪽.

히며, 구술사는 구술자와 채록자의 상호작용의 결과물이고, 구술자료는 구술자의 과거의 경험에 대한 해석인 동시에 연구자의 구술자의 해석에 대한 재해석이라는 점을 논의하였다. 한편 김철효[6]는 국내외의 예술아카이브를 소개하고, 예술분야에서의 구술사 프로젝트의 사례를 소개하였다. 홍순철[7]은 인터뷰 영상 제작을 위한 기술적인 방법과 영상제작 실무과정에서의 주의할 사항들에 대해서 소개하였다.

워크숍에서는 구술사와 관련된 존재론적, 인식론적 문제 제기에서부터 자료의 수집과 관리를 위한 실무적이고 기술적인 사항에 이르기까지 다양한 사항들이 논의되었다. 1차 워크숍을 진행하면서 막연하게 가지고 있던 불안감이 다소 해소가 되기 시작하였고 구술사가 대략 어떤 것이라는 점에 대해서 약간의 감을 잡을 수 있었다. 특히 구술사는 사람을 대상으로 하는 것이어서 자료의 수집과 활용에 관해서 보다 조심스럽고 인간적인 접근이 필요하다는 것을 깨달을 수 있었다. 또한 주관성을 기반으로 해서 역사 서술의 새로운 가능성을 열어가는 대항담론으로서의 의미를 지니고 있다는 것을 심층적으로 이해하는 계기가 되었다. 당시 워크숍에서 논의되었던 것들은 모두 한국예술종합학교 논문집 제6집에 수록되어 있다.

두 번째 워크숍에서는 각 장르별로 구술후보자를 선정하고 각 장르별 전문가들과 그 타당성에 대해서 논의하는 자리로 마련되었다. 구술후보자의 선정은 무엇보다도 까다로운 과제였다. 3년이라는 한시적인 기간 동안에 100명을 제한적으로 채록하겠다는 취지는 구술자의 선정에 대한 부담을 가중시키는 족쇄와도 같은 것이었다. 더욱 상황을 난감하게 만드는 것은 생애사 중심의 접근이 될 수밖에 없는 이 작업을 원로예술가들은 자신들의 전기

예술사 구술채록 사업 이야기

---

6) 김철효, 「국내외 예술아카이브와 구술사프로젝트의 사례 : '한국근현대예술사 증언채록사업'의 자리매김을 위하여」, 『한국예술종합학교 논문집』 제6집, 2003, 119~138쪽.

7) 홍순철, 「인터뷰 영상 기록의 방법과 활용 방안」, 『한국예술종합학교 논문집』 제6집, 2003, 139~169쪽.

나 자서전을 작성하는 일 정도로 인식하고 있다는 점이었다. 구술자로 선정되는 것이 말하자면 국가에서 자신의 전기를 집필하고 발간하는 작업을 진행할 만큼 자신의 예술적 성취를 인정하는 것이라고 생각하는 원로예술가들이 적지 않았다. 자칫하면 100명의 예술가를 선정하는 작업이 예술계에 분란을 일으켜서 사업을 제대로 시작해보지도 못한 채 좌초돼버릴 수도 있는 위험을 내포하고 있는 작업이었다. 따라서 100명이라는 제한된 숫자가 제시하는 대표성이라는 이미지를 불식시키기 위해서는 나름의 확실한 명분이 필요했고, 그 선정 과정의 합리성과 투명성이 무엇보다 절실했다. 구술대상자 100명을 선별하는 작업이 한국을 대표하는 예술인을 선발하는 과정이 아니라는 점을 명확히 하고, 사업이 당초 취지로 하고 있는 예술 사료의 수집이라는 취지를 살려서 자료 수집이 시급한 분들에게 우선 집중한다는 목표를 세웠다. 이런 고심 끝에 마련한 기준은 예술사적으로 의미 있는 행적을 남긴 원로예술인 가운데 구술채록의 시급성을 감안해서 그 나이와 건강상태를 최우선적으로 고려하기로 결정을 하였다. 특히 1930년 이전에 출생한 예술인을 중심으로 구술채록을 진행하고, 특히 그 가운데에서도 일제강점기로부터 해방공간, 6·25를 거쳐 1950년대 전반에 걸치는 시기에 주로 예술활동을 벌인 예술인들을 중점적으로 채록하기로 하였다. 다만, 1950년대 후반 이후에 활동을 시작한 인물이라고 하더라도 건강 문제 등으로 인하여 구술채록이 시급히 요청되는 예술가들을 포함시키기로 방향을 결정하였다. 장르별로는 음악·무용·연극·전통연희 등의 공연예술 분야와 회화·조각·공예·서예·건축·사진 등 조형예술 분야, 영화와 만화 등 대중예술, 그리고 문학에 이르기까지 예술 전 장르에 걸쳐서 그 폭을 열어두었다. 단 국립국악원, 문화재청 등에서 다른 법령에 의거하여 추진되는 원형 보존영역을 제외하여 다른 사업과의 중복을 피하기로 하였다.[8] 이 작업은 목수

---

8) 한국문화예술위원회, 『한국근현대예술사 증언채록사업 기초 설계 연구 보고서』, 2003, 14~16쪽.

현 · 백현미 · 김성수 · 전정임 · 박선욱 · 우동선 · 이영미 등 각 분야별 전문
가들이 예술계 전문가 60명의 자문을 구하면서 이루어져 선정과정에서의
공정성과 신뢰성에 대한 문제 제기에 대비하였다.

이와 더불어서 구술채록의 세부적인 진행 방법을 구체화하고 현장에서
직접 활용할 수 있는 매뉴얼 개발 작업에 돌입하였다. 매뉴얼의 작성을 위
해서는 무엇보다 현장 경험이 필요했기 때문에 공연예술 분야에서 전방위
적으로 활동을 해온 박용구 선생을 모시고 샘플 채록을 실시하였다. 실제
채록 작업을 통해서 현장에서 발생할 수 있는 여러 가지 사항들을 꼼꼼하게
점검하면서 매뉴얼을 마련하였다.

이런 과정을 통해서 확립된 사업추진의 방향과 구술자 후보, 매뉴얼 등을
가지고 공개세미나를 개최하였다. 공개세미나는 크게 두 가지의 목적으로
개최되었다. 첫째, 예술사구술채록사업에 대한 예술계 내부에서의 인식 확
산과 사업에 대한 홍보, 둘째, 기초설계 연구를 통해서 마련한 여러 가지 기
준과 원칙들에 대한 의견의 수렴과 공론의 장 마련. 이런 두 가지 목적으로
세미나가 개최되었고, 이런 과정을 통해서 몇 가지 사업 기본 방향과 원칙
을 정립할 수 있었다. 그 대강을 소개하면 다음과 같다.

예술사 구술채록 사업 이야기

1. 연장자 우선 원칙은 구술자 선정에서 우선적인 고려사항이다. 다만, 보
   다 나은 사료적 가치의 확보를 위해서 구술자의 건강, 기억력 등은 중
   요한 참고사항이다. 또한 분야별로 균형을 잡고자 노력한다.

2. 각 구술채록 작업 역시 가능한 한 구술자의 생애나 활동분야에 밝은
   연구자들이 맡도록 한다. 또한 구술사가 결코 만만치 않은 숙련이 요
   구된다는 사실을 고려하야 경험을 축적한 연구자로 하여금 우선 담당
   하도록 한다.

3. 구술자의 생애나 기존의 연구 성과 등에 관한 철저한 조사 연구를 거

처 작성된 연구계획에 따라 채록 작업에 착수한다. 착수 이전에 2회 이상에 걸친 연구자 워크숍을 열어 학술적 엄정성을 확보하도록 하는 것도 그 때문이다.

4. 채록 회수와 시간은 1구술자당 5회씩 10시간을 기준으로 한다. 다만, 구술자의 건강, 기억력 등에 따라 줄이거나 늘려 시행한다.

5. 사료적 가치가 훼손되지 않도록 자기 검열이나 온갖 외부의 억압장치로부터 벗어나 구술자들이 자유롭고 진솔하게 역사적 사실에 대한 기억을 구술할 수 있도록 다양한 노력을 기울인다. 결과물에 대한 비공개조치나 공개를 일정기간 유예시키는 방안을 적극적으로 채택하는 것도 그 때문이다.

6. 다만, 좌담이 완료된 이후에라도 구술자가 검토 결과 삭제를 요청하였을 경우는 이에 철저히 따른다. 구술자의 자발적 의사를 존중하는 것이야말로 사업의 성과 이전에 이 사업이 담보해야 할 최소한의 윤리적 가치라는 판단에서이다.

7. 일단 획득된 음성, 영상자료의 사료적 가치는 가능한 한 가감 없이 1차적인 자료로서 보존·활용될 수 있도록 하며, 구술자료의 원본성이 훼손되는 것은 가능한 한 피한다.

8. 개별 채록작업은 각각의 채록연구자의 책임 아래 진행한다. 특히 채록문이 사전 연구에 의한 질문을 통해 이미 실행된 채록 내용을 수동적으로 반영할 수밖에 없는 것이긴 하지만, 각주 작업이나 후기 등 연구자로서의 학술적 관심사나 입장이 최대한 반영될 수 있도록 한다.[9]

〈기초설계연구〉를 통해서 막연하기만 하던 사업추진의 방향이나 방법에

---

[9] 위 보고서 참조.

대해서 하나하나 희미하게나마 가닥을 잡을 수 있게 되었다. 구술자료가 가지는 특성으로서 구술성(orality), 주관성과 개인성, 서술성(narrativity), 공동작업[10]으로서의 성격을 이해할 수 있게 되었다. 이제 본격적으로 사업을 추진하는 과정에서 활용할 수 있는 나침반을 하나 확보하게 된 셈이었다. 그렇지만 기초설계연구의 추진은 당초 계획에는 없었던 것이었기 때문에 사업 추진 일정을 지연시키는 원인이 되었고, 향후 4년 동안 계속해서 해당 사업을 회계연도를 넘기고 이월해서 추진할 수밖에 없도록 만들었다. 때문에 이후 진행되는 사업에서 지속적으로 일정을 압박하는 계기로 작용하게 되었다.

2) 제1단계 사업의 기획과 추진

기초설계 연구의 추진으로 사업 추진의 방향과 세부적인 지침이 마련되었지만, 이는 사업 실행을 위한 준비단계에 지나지 않았다. 이제 본격적으로 구술채록 작업을 추진해야 하는 시점이 되었다. 구술채록작업의 추진을 위해서는 연구팀의 구성이 필요했는데, 내부에 연구진을 갖추지 못하고 있는 사정을 감안하여 연구수행에 관한 부분은 외부 연구용역 작업으로 추진하기로 결정하였다.

사업 추진 여부가 불투명한 상태에서 연구를 준비하는 측에서 구술자를 미리 섭외하고 확정할 수는 없는 형편이었기 때문에 연구팀을 선정하는 단계에서는 사업 추진의 방향성을 얼마나 잘 이해하고 있고, 유사한 연구 경험을 확보하고 있는가를 중심으로 연구기관을 선정할 수밖에 없었다. 따라서 구술자 섭외와 구술자에 대한 사전 조사와 연구는 연구 수행이 확정된 이후에 진행될 수밖에 없었다. 어떤 분들을 채록하겠다는 구체적인 사항이

---

[10] 윤택림 · 함한희, 『새로운 역사 쓰기를 위한 구술사 연구방법론』, 서울 : 아르케. 2006, 50~56쪽.

하나도 확정되지 않은 채, 유사한 연구 경력을 확보하고 있고, 이 사업에 대한 이해도가 높은 연구기관을 선별하는 과정이다보니 아무래도 기초설계를 추진한 연구팀에게 유리할 수밖에 없는 것이 현실이었다. 이렇게 해서 제1차년도 사업수행기관으로 기초설계연구를 진행했던 한국예술종합학교 한국예술연구소가 다시 연구수행기관으로 선정이 되었다.

연구팀이 확정되면서 구술자에 대한 섭외 작업에 착수했고, 섭외와 동시에 예비면담과 사전 조사·연구 작업이 이루어지기 시작하였다. 구술자의 섭외도 생각보다 간단하지 않았다. 구술자의 건강 상태에 심각한 문제가 있어서 구술에 응하기 어려운 경우도 있었고, 한국문화예술진흥원에 대한 반감 등으로 구술에 선뜻 응해주지 않는 분들도 더러 있었다. 여러 우여곡절 끝에 첫해 사업으로 32명의 원로예술인들의 구술채록을 마칠 수 있었다. 문학 부문에서는 어효선·이기형·정완영·황금찬·정진숙(출판), 공연예술분야에서는 이혜구·이은관·성경린·임윤수·김동진·제갈삼·김동원·이원경·김석출·손석우·유현목·한운사·송범·김천흥 등 공연예술계 원로, 그리고 조형예술과 건축분야에서는 김흥수·백태원·송혜수·이경성·이명동·이형록·전혁림·정점식·진홍섭·황수영·엄덕문·장기인·김기율 이렇게 총 32명의 원로예술가들에 대한 채록을 수행하였다. 당초 구술자당 5회 10시간의 채록을 하는 것을 표준으로 설정했지만, 구술자의 상황에 따라서 7~8회를 수행한 경우도 있었고, 또 2~3회로 채록을 마친 경우도 발생하였다. 이런 경우는 연구기관과 협의하여 가능한 유연성 있게 상황에 대처하도록 하였다.

기초설계 연구를 수행하면서 자연스럽게 사업기간이 이월이 되어서 그다음 해 6월이 되어서야 첫해 사업을 모두 끝낼 수 있었다. 9개월 동안에 구술자 섭외, 사전면담, 사전조사와 연구, 워크숍, 현장 채록, 녹취문 작성이 모두 이루어져야 했기 때문에 사업추진 일정에 상당한 압박이 따를 수밖에 없었다.

첫해 사업이 마무리되고 연구팀으로부터 녹음자료·녹화자료·녹취문을 모두 넘겨받아서 평가와 검수하는 작업을 진행하면서 당초에 예상하지 못했던 문제점들이 발견되기 시작했다. 연구팀에서 직접 제작한 녹음과 녹화 자료의 품질에 이상이 발견된 것이다. 녹화는 한국예술종합학교 영상원의 대학원생들에 의해서 이루어졌는데, 예컨대 화면을 구성하면서 구술 현장에 있던 불필요한 소품들을 여과 없이 그대로 화면에 담아 화면의 집중도를 흐리게 하는 부분들이 발견되었고, 광선에 대한 고려 없이 영상이 제작되면서 구술자나 채록자의 얼굴이 빛에 가려져서 보이지 않는 부분들도 간혹 발견되었다. 또한 단 하나의 마이크만을 사용해서 녹음이 이루어져서 채록자의 이야기를 제대로 알아듣기 어려운 경우도 상당수 발견이 되었다. 그렇지만 이미 이루어진 채록을 다시 되돌릴 방법은 없었다. 원로예술인들에게 '화면 구성이 잘못되었으니 다시 채록을 진행하자'라고 이야기를 할 수는 없는 노릇이었다. 일단 제작이 완료된 자료는 화면과 음질에 문제가 발견되어도 그것을 다시 되돌리고 보완할 방법은 없었다.

2차년도 사업에서 영상제작을 별도의 외부 전문 업체에게 맡기기로 결정을 한 것은 이런 사정 때문이었다. 아무래도 연구팀이 보유하고 있는 인력과 장비만으로는 이런 문제들을 해결할 방법은 없어 보였다. 더욱이 2003년도 사업을 수행했던 연구팀이 다음 해에도 다시 연구를 진행할 수 있다고 보장되는 것도 아니었기 때문에 새로운 연구팀에서도 이런 시행착오를 되풀이하지 않으리라는 보장도 없었다. 일정한 수준 이상의 영상을 제작하기 위해서는 영상제작을 전문 업체에 의뢰하는 편이 합당할 것이라는 생각이 들었다. 물론 연구진과는 아무런 친분이 없는 제3의 인물을 채록 현장에 함께 투입하는 것이 상당히 조심스럽고 부담스럽기도 했지만, 그래도 영상과 음성의 품질을 위해서는 아무래도 영상제작에 관한 전문가를 투입하는 것이 보다 안정적일 수 있다는 판단이었다.

2004년 사업에서 영상제작을 외부 전문 업체에게 외주로 제작하도록 한 것과 더불어 또 한 가지 달라진 점은 문학 부문의 연구팀을 별도로 구성하게 된 것이었다. 문학부문을 별도의 연구팀으로 구성한 것은 채록연구진을 보다 다양하게 하고, 구술채록 전문가 그룹을 보다 다양하게 확장하려는 의도에서 비롯된 것이었다. 문학의 경우에는 다른 예술장르와는 달리 매우 두터운 연구자 층을 형성하고 있었고, 문학사 연구를 위한 문헌자료도 이미 차고 넘칠 만큼 많았기 때문에 다른 예술 장르와는 차별화된 연구 방법을 필요로 했다. 특히 생각과 감정을 문자로 표현하는 것에 훨씬 익숙한 문학 부문에서의 구술사 확산은 다른 예술 장르와는 또 다른 어렵고 복잡한 문제들이 도사리고 있었다. 예컨대 소리 그대로를 글자로 옮긴 녹취문을 원로문인들은 무척이나 견디기 힘들어했고, 깔끔한 문장으로 다듬고자 하는 욕구에 시달렸다. 이런 문제들에 대한 보다 유연한 대응과 문학계 내부로의 구술사에 대한 관심 확산 그리고 기존의 문학사와는 차별화된 구술채록 작업을 진행하기 위해서 문학 부문을 다른 예술 부문과 구분하여 별도로 연구팀을 구성하기로 결정한 것이다.

이런 결정을 내린 내막에는 구술채록 연구를 하나의 연구기관이 도맡아 진행하는 독점적인 구조가 고착화되는 것을 예방하기 위한 정책적인 판단도 함께 작용한 것이었다. 비록 서로 다른 장르에서의 작업이기는 해도 채록 연구수행기관을 복수화 하면서 서로간의 경쟁구도를 마련하고, 이를 통해서 생산되는 연구 결과물의 질적 수준을 제고하기 위한 하나의 방편이었다.

또한 외부 연구에만 의존하는 것을 지양하기 위해서 자체적인 사업 추진을 위한 자체 연구 인력을 충원하였고, 시범적인 사업으로 외부연구용역과는 별도로 내부 연구원과 외부전문가의 공동 작업으로 자체적으로 구술채록을 실시하였다. 사업의 안정적인 추진을 위해서 연구원을 충원하기는 하였지만, 사업에 대한 경험이나 이론적인 수준에서 아직까지 독립적인 연구를 수행하기에는 미비하다는 판단에서 일단 첫해에는 외부 전문가와 더불어 공동 연구로 구술채록을 진행하고, 그 경험을 바탕으로 향후에는 독자적으로 연구를 추진하려는 계획이었다. 이 과정을 통해서 구술자 섭외, 사전

면담, 현장 채록, 녹취문의 작성과 교정, 교열, 공개허가서의 작성과 구술자의 검독 등 구술채록 작업의 전 과정에 걸쳐서 내부에서의 실질적인 경험을 축적하도록 하였고, 이를 통해서 연구진과의 의사소통을 강화할 수 있도록 하였다.

2004년도 사업에서는 전년도에 비해 예산의 규모가 다소 축소되어서 구술자의 규모를 상당히 축소해야만 했다. 문학 부문은 민족문학사연구소에서 연구를 수행하게 되었고, 예술 부문의 경우에는 역시 한국예술종합학교 한국예술연구소가 연구를 수행하게 되었다. 문학은 김규동 · 남정현 · 조경희, 예술부문에서는 공연예술에 안일승 · 한용희 · 장민호 · 양소운 · 차범석 · 반야월 · 신출 · 황정순 · 김수황 · 전황 조형예술분야에서 김학수 · 박을복 · 변시지 · 이대원 · 이광노 이렇게 총 18명에 대한 구술채록작업이 진행되었다.

2005년도에는 사업수행 주체를 보다 세분화해서 공연예술, 조형예술, 문학 이렇게 세 개의 연구팀을 구성하는 것으로 사업이 기획되었다. 그렇지만 예술 분야 연구자들 가운데 구술채록으로 별도의 연구팀을 구성할만한 역량을 갖춘 곳이 따로 존재하지 않았는지 공연예술과 조형예술 부문 모두를 한 개의 연구팀에서 도맡아서 진행하는 구조를 바꾸지는 못했다. 2005년도의 사업에서는 연구수행 주체에 약간의 변화가 이루어졌다. 숙명여대 한국어문화연구소가 새로운 연구 수행자로 추가가 되었고, 기존에 한국예술종합학교 한국예술연구소의 연구팀이 유영국미술문화재단으로 자리를 옮겨서 연구를 진행하였고, 2004년도에는 외부전문가와 공동으로 진행하였던 자체 구술채록을 독립적인 단독 연구로 진행하였다.

당초 목표대로라면 2005년도는 100명의 구술채록을 마치고, 사업이 종료되는 시점이었지만, 예산 사정 과정에서 관련 사업 예산이 조정되면서 2004년에는 채록 인원이 대폭 축소되었고, 2005년도에도 전년도 수준과 비슷한 20명을 채록하는 데 그쳤다. 2005년에는 문학 부문에서 김광림 · 김우종 · 송병수 · 박순녀 · 한말숙, 공연예술 부문에서 이성재 · 김순제 · 이두현 · 여석기 ·

유호 · 이형표 · 묵계월 · 이매방 · 조동화 · 김문숙, 조형예술 부문에서 안동숙 · 윤영자 · 배만실 · 허동화 · 박춘명 이렇게 20명의 채록 작업을 마무리하였다. 당초 예정했던 100명을 채우기 위해서는 아직 30명에 대한 작업이 더 진행될 필요가 있었다.

2006년도에도 전년도와 동일한 방식으로 사업이 진행되었다. 2006년도에는 사업 추진과 관련해서는 아무런 달라진 점이 없었고, 2005년도와 동일한 연구기관들이 각각 구술채록 작업을 실시하였다. 문학부문에서는 김녹촌 · 김종길 · 김남조 · 송원희, 공연예술 분야에서는 이인영 · 조념 · 백성희 · 진랑 · 이병복 · 최창봉 · 최은희 · 김덕명 · 문장원, 조형예술 분야에는 장리석 · 김종하 · 송민구 · 유희경 · 권옥연 · 황종례 총 19명에 대한 채록이 추진되었다.

채록이 반복적으로 수행되면서 현장 구술 채록의 방법론은 안정적인 궤도에 오른 것으로 판단되었다. 그렇지만 문제는 매번 동일한 연구자들이 연구를 수행하게 되면서 연구진들은 차츰 매너리즘에 빠지게 되었고, 연구자들의 외연을 전혀 확대하지 못하고 있다는 점이었다. 연구자들의 외연이 확대가 되지 않는 것은 해당 장르 내에 구술사 자체가 흡입력 있게 파고들지 못한다는 것을 의미했고, 유능한 연구자들의 유입을 그만큼 어렵게 만드는 요인이라고 생각되었다. 또한 현장에서의 작업이 주로 외부 연구진에 의해서 이루어지다보니 그 진행 과정에서 발생하는 소소한 사항들을 매뉴얼에 즉각 반영하기 어려운 측면도 있었다.

또한 유명인들을 대상으로 하는 채록이 어떻게 하면 기존의 문헌자료에 나와 있는 것들과는 구별이 되는 새로운 기록물로서 생산될 수 있을 것인가는 여전한 화두 가운데 하나였다. 이런 한계를 극복하기 위해서는 100명이라는 인물 중심의 패러다임을 깨뜨릴 필요가 있었고, 지금까지 연구수행 결과에 대한 체계적이고 종합적인 반성과 점검이 필요했다.

마침 2007년도는 당초 사업이 목표로 했던 100명의 구술채록이 완료되는 시점이었고, 이제 사업의 지속적인 추진을 위해서는 새로운 사업의 틀거리를 마련할 필요가 있는 지점이기도 했다. 우선 100명의 구술채록을 완료하기 위해서 원로예술인에 대한 구술채록을 전년도와 유사한 패턴으로 진행하고, 그와 동시에 주제사에 대한 구술채록을 추진하기로 하였다. 그와 동시에 이전까지의 연구 성과에 대한 전반적인 평가와 더불어 앞으로의 추진 방향에 대한 제2단계 사업 기초설계 작업을 다시 추진하기 시작한 것이다.

원로 예술가 개인에 초점을 맞춘 생애사의 경우에는 유명 예술인들을 중심으로 이루어지는 경향을 탈피하기 어려운 측면이 있어, 기존의 문헌에서 이미 다루고 있던 부분을 구술로 다시 되풀이하는 과정에 지나지 않는 경우들도 많이 있었다. 기존의 예술계 내부에서의 지배담론을 구술이라는 명목으로 재생산하고 공고히 하는 역할을 수행하는 측면이 있어서 구술사가 지향하는 역사의 민주화와 대항담론의 형성이라는 측면을 온전히 구현하지 못한다는 비판이 있어온 것이 사실이었다. 주제사는 이런 부분을 보완하기 위한 시도로써 마련이 된 것이었다. 주제사를 통해서 기존의 인물 중심의 채록에서 벗어나서 보다 자유롭게 다양한 예술계 인사들의 구술을 채록하는 계기를 마련해 보고자 시도한 것이다.

주제사 연구수행을 위한 해당 주제의 선정과 연구기관 공모 방식도 고민스러운 사항 가운데 하나였다. 주제를 지정해서 연구기관을 공모할 것인지 아니면 개방된 주제로 연구기관들이 주제를 선택하도록 하고 연구 주제로서의 가치나 타당성을 심사과정에서 선별하는 방식이 있을 수 있었다. 고심 끝에 연구 주제를 지정하지 않고, 연구기관이 연구주제를 제안하는 방식을 선택하기로 하였다. 아무래도 직접적인 연구 수행주체가 아닌 입장에서 주제를 제시하는 것보다는 연구자들이 평소 자신이 관심 있는 주제를 연구할 수 있도록 하는 것이 연구 성과물의 질적인 측면에서 보다 바람직할 것이라는 판단이 들었기 때문이었다. 공모를 통해서 '자유부인 논쟁', '대한민국 예술원의 탄생', '문화공간으로서 1950년대 명동의 다방과 술집' 이렇게 세 가지 주제가 제시되었다.

'자유부인 논쟁'은 문학 부문에 한정되어 있는 주제라는 측면과 당시 논쟁의 중심에 있던 사람들이 모두 사망하였기 때문에 의미 있는 채록이 이루어지기 어렵다는 것이 심사위원들의 판단이었다. 그에 반해 '대한민국 예술원의 탄생'과 '1950년대 명동의 다방과 술집'은 예술 전 장르에 걸치고 있는 부분이었고, 현장을 체험한 사람들이 아직까지 생존하고 있다는 측면에서 긍정적인 평가를 받았다. 이렇게 해서 주제사 연구도 유영국미술문화재단이 수행하기로 결정이 되었다. 심사위원들은 두 가지 주제 가운데 하나를 주최 측과 연구기관이 협의해서 진행할 것을 권고했다. 연구수행기관으로 선정된 유영국미술문화재단과 연구수행주제를 협의하는 과정에서 '대한민국 예술원의 탄생'은 예술원을 바라보는 여러 가지 다양한 시각으로 인해서 상당히 민감한 부분들이 포함될 수 있으리라는 점과 짧은 기간 동안 구술채록을 하기에는 지나치게 주제의 범위가 크다는 것으로 의견이 모아졌다. 반면에 〈1950년대 명동의 다방과 술집〉은 우선 주제 자체가 가볍고 명동이라는 특정한 지역이 가지는 문화사를 되살려내는 것으로서도 나름 의미 있는 시도가 될 수 있으리라는 판단이었다. 명동은 일제 강점기에 일본인 정주자의 증가로 신시가지로 형성되면서 다양한 근대 문화예술의 명소로서 역할을 수행하였지만, 문헌중심의 역사 기술방식으로는 쉽게 접근할 수 없는 영역이었기 때문에 미시사적인 접근을 필요로 하는 이 사업의 취지에 부합되는 것이었다. 그렇지만 명동을 주제로 다룬다 하더라도 1920년대부터 1960년대에 이르는 시기를 모두 포괄하기에는 사업 일정이나 예산상에 문제가 있었기 때문에, 그 범위를 축소하여 한국전쟁 직후 1950년대의 문화예술 생산의 메카이자 거점공간으로서 명동의 다방과 술집에 초점을 맞추기로 결정하였다. 구술을 통해서 1950년대 명동의 다방과 술집의 분포와 인문지리적 환경을 되살려내고, 그 안에서 벌어진 예술사적 사건들과 에피소드를 수집하기로 하였다.11)

구술채록은 이인범 · 이영미 · 김성수 · 김주원이 맡아서 진행하였으며, 총 11명의 구술자에 대하여 25시간의 구술채록을 실시하였다. 연구에 돌입하면서 가장 어려운 점은 당시 명동의 모습을 생생하게 채록해줄 구술자를 섭외하는 일이었다. 백영수 · 이형표 · 이원경 · 한묵 · 이구열 · 최창봉 · 강민 · 권옥연 · 윤항기 · 김형주 · 조동화 선생이 구술채록에 응해주었으며, 기억의 생생한 환기를 위해서 명동 현장을 직접 답사하면서 채록이 이루어지기도 하였다.

주제사와는 별도로 생애사에 관한 부분도 지속적으로 진행되어 숙명여대 한국어문화연구소 · 민족문학사연구소 · 유영국미술문화재단이 각각 구술채록 연구를 수행하였다. 문학부문에 이정호 · 신지식 · 김윤성 · 김종길, 공연예술부문에서는 고향미 · 박해일 · 백설희 · 정병호 · 정진우, 조형예술부문에서는 권영우 · 백문기 · 백영수 · 전상수 · 조수호 이렇게 총 14명에 대한 구술채록 작업이 이루어졌다.

한편 채록 연구작업과는 별도로 그동안의 사업 성과와 한계에 대한 점검, 향후 사업 추진 방안과 새로운 구술 후보자의 선정 등을 위해서 제2단계 기초설계연구를 수행하였다. 기초설계연구의 기획과 진행과정 등에 대해서는 다음 절에서 상세히 소개하도록 하겠다.

3) 제2단계 사업의 기획과 추진

2007년도 사업 수행으로 예술사구술채록사업은 당초 목표로 하였던 100명에 대한 작업을 완료하게 되었다. 그렇지만 예술계 일각에서는 이 사업을 지속해야할 필요성을 꾸준히 제기하였고, 또한 문화관광부로부터도 사업 추진의 확대를 권고받았다.12) 당초 사업 출범 초기에 기초설계 과정에서 세

11) 유영국미술문화재단, 『한국근현대예술사구술채록사업 사건사시범채록 연구계획서』 (미발간), 2007, 13쪽.

웠던 목표 가운데 하나인 예술정보관의 상시 사업으로의 안착은 이제는 기정사실처럼 되었고, 사업 추진을 위한 새로운 틀거리를 갖출 필요가 있었다.

첫 사업을 시작한 이래로 다섯 해가 경과되면서 구술후보자들 가운데 상당수의 채록을 끝마쳤고, 미처 채록을 못한 분들 가운데에서도 꽤 여러분이 이미 세상을 떠나버리셨기 때문에 무엇보다도 새로운 구술후보자와 주제를 선별하는 작업이 다시 필요했다. 그리고 지난 5년 동안의 사업에 대한 엄정한 평가와 반성을 통해서 예술사구술채록사업의 현재 상황에 대한 정확한 진단이 필요했다. 이렇게 해서「예술사구술채록사업 제2단계 기초설계연구」가 시작되었다. 구술채록사업을 처음 시작할 때에 비해서 이제는 구술사라는 연구 방법에 대해서 내부적으로도 많은 노하우와 역량이 갖추어져 있는 상태였고, 외부 연구용역으로 추진하기에는 관련 예산이 상당히 부족했기 때문에 자체적으로 연구를 기획하고 외부전문가들의 의견을 수렴하는 방식으로 기초설계 작업이 진행되었다. 연구팀은 기존의 성과에 대한 평가를 담당할 평가분과 6인과 앞으로의 사업진행 방향을 설계할 기초설계분과 10인 (내부 3인 및 외부전문가 7인)이 구성되어 수차례의 워크숍과 회의를 거쳐서 「제2단계 예술사구술채록사업 기초 설계 연구보고서」를 작성하였다. 기초설계 작업은 이인범·윤택림·권미현·김성수·박선애·민경찬·이영미·최해리 등 각 분야별로 구술채록 연구 수행 경험을 풍부하게 갖춘 인사들로 구성되었고, 내부의 실무자들도 함께 연구진으로 참여해서 이루어졌다.

연구는 2003년부터 2006년까지의 사업 성과물에 대한 장르별 전문가의 평가, 사업추진체계 및 매뉴얼에 대한 점검, 구술자료의 관리와 활용방안과 저작권문제, 각 장르별 구술채록 후보자 및 세부 주제 선정 등의 내용으로 이루어졌다.

---

12) 문화관광부, 문화예술진흥기금평가단,「2006년도 문예진흥기금사업 평가보고서」, 서울 : 문화관광부, 2007, 425쪽. 이 보고서에서는 구술채록사업을 매년 20명 규모로 시행하는 것을 대폭 확장하여 40명 수준으로 확대할 것을 권고하고 있다.

　각 장르별로 이루어진 평가에서 채록연구자의 전문성 향상 방안을 마련할 필요성이 제기되었고, 단순한 구술채록을 넘어서는 후속 연구프로젝트나 성과물의 활용과 확산을 위한 방안을 마련할 것이 제안되었다. 한편 사업 추진 체계와 관련해서는 지금까지 너무나 제한적인 연구자 그룹들과만 사업이 이루어지고 있으며, 동일한 연구단체가 지속적으로 사업을 수행하면서 일종의 매너리즘에 빠지고 있다는 점이 지적되었다. 이런 것들을 극복하기 위해서는 기존의 연구용역방식의 사업수행체계를 탈피하고, 유능한 젊은 연구자들이 채록연구자로 합류할 수 있는 방안을 마련할 필요가 있음이 제기된 것이다.[13]

　이전의 기초설계연구에서 구술후보자 선정은 100명이라는 한정된 인원의 구술채록이라는 점에서 상당히 조심스러운 접근이 이루어졌다. 그렇지만 제2단계 사업은 제1단계 사업과는 달리 아르코예술정보관의 항시 사업으로서 구술사 이념과 예술계에서 필요한 사료의 수집과 생산이라는 관점을 보다 충실하게 구현할 수 있는 방향으로 조정이 이루어졌다. 그렇지만 다양한 의견을 수렴하는 절차 등을 거치지 않았기 때문에 다분히 개인적인 의견의 제시나 권고사항 정도로 그 의미가 많이 퇴색되어 버리기는 했다.

　이렇게 해서 제2단계 사업의 기초설계를 마치고, 2008년을 맞이하게 되었다. 2008년에는 사업수행체제에 관해서 전면적인 개편이 이루어졌다. 기존에 연구수행기관을 공모하던 방식에서 벗어나 분야별로 객원연구원을 선임하고, 그 객원연구원의 주도 하에 구술자와 채록연구자를 섭외하고, 개별적인 채록작업에 대한 연구계획을 수립하는 방식으로 사업수행체제가 완전히 개편되었다. 사업수행체제를 전면적으로 개편하면서 가장 고민했던 것은 지금까지 전 장르에 걸쳐 고르게 안배하면서 채록이 진행되었는데, 과연 이런 부분을 어떻게 해소할 수 있을 것인가에 관한 문제였다. 내부에서 연구

예술사 구술채록 사업 이야기

---

[13] 「예술사구술채록사업 제2단계 기초설계 연구」(한국문화예술위원회, 서울 : 한국문화예술위원회, 2007) 63~81쪽 참조.

를 직접 수행할 인력을 확보하고 있지 못했기 때문에, 실제적인 연구는 외부 전문가들에게 의존하는 구조를 벗어날 수는 없었다. 때문에 장르별로 객원연구원을 모두 확보하여 연구를 진행하기는 실질적으로 불가능했다. 고심 끝에 결정을 내린 것은 문학, 조형예술, 공연예술의 큰 틀을 유지하되, 세부적인 장르의 구성에 있어서는 매년 구체적인 사업을 수행할 때 조정하는 방식을 선택하기로 하였다. 그래서 2008년에는 문학, 조형예술, 무용, 이렇게 세 가지 장르에 걸쳐서 채록을 수행하기로 하였고, 음악이나 연극의 경우에는 다음 기회로 미루기로 결정하였다. 미술 분야에서는 삼성미술관에서 오랜 동안 구술채록작업을 진행해온 김철효 선생이 수석 객원연구원으로 참여하였고, 문학 부문에서는 숙명여대 한국어문화연구소의 박선애 선생, 무용 분야에서는 한국무용기록학회의 최해리 선생이 각각 객원연구원으로 참여하게 되었다.

사업수행체제를 개편한 것의 장점은 연구용역공모라는 번거로운 과정과 요식행위를 생략하고 곧바로 실제 연구계획에 착수할 수 있었다는 점과 이전까지는 연구수행단체에서 진행하던 연구의 실질적인 기획 과정에 아르코예술정보관이 비로소 실제로 참여하면서 경험을 축적할 수 있게 되었다는 점이었다. 연구에 착수 초기에는 매주 연구진과 함께 연구계획을 협의하면서 구술주제와 구술후보자, 채록연구자를 선정하는 작업을 진행하였다.

수차례의 논의 끝에 미술 분야는 "한국 서화 전통의 변모와 현대화"라는 대주제를 2개년에 걸쳐서 채록하기로 결정이 되었다. 그 가운데에서도 2008년도에는 대한제국과 일제강점기를 거치며 서화전통이 어떻게 계승되어 왔고, 해방 이후 전통계승과 일본색 탈피는 어떤 식으로 교육이 이루어졌고, 1950년대 이후 한국화의 현대화 과정은 어떻게 진행이 되었는가에 초점을 맞추어서 구술채록을 진행하기로 하였다. 채록은 이전의 생애사 방식이 아닌 주제사로 접근하기로 해서 이전의 문헌사에서는 결코 포함할 수 없었던 사람도 구술자의 범주에 포함시킬 수 있도록 설계되었다. 대표적인 사례로 이야기할 수 있는 것은 표구상 관계자를 구술자에 포함시켜서 미술작품의 유통과 관련해서 이면에서 벌어진 일들에 대해서 소상한 이야기가 수집될 수 있도록 한 것이다. 다음은 당시 연구계획서에 작성된 주요 내용의 일부를 발췌한 것이다.

- 이 작업은 조선시대 이래 조형예술의 주류였던 서화전통이 20세기 동안 변모해온 과정을 주요 현안 중심으로 조명하고 정리하는 작업이다. 한국화의 현안은 다음 세 가지로 정리되는 데, 첫째는 서화전통이 어떻게 계승되어 일제강점기를 거쳐 왔는가, 둘째, 해방 이후 일본색의 탈피를 어떤 식으로 주장하고 교육해왔는가, 그리고 셋째는 1950년대 후반기부터 대두된 한국화의 현대화과정은 어떻게 진행되어 왔는가이다.

- 각 문제들은 기법 및 주제적인 차원(전통서화, 일본색, 수묵담채화/채색화, 현대화 과정 등)과 개념적이고 미학적인 차원(서화개념에서 미술개념으로 변화, 서화, 동양화, 한국화, 회화 등) 등 포괄적인 관점에서 접근될 것이다.

- 현재 생존하는 원로화가 가운데 해방이전의 대가인 이당 김은호와 청전 이상범을 사사한 두세 분, 지방화단 특히 전라도 지역의 원로 한 분, 그리고 해방 직후 서울미대 / 홍대 / 이대 미대의 전통서화 교육현장의 모습을 구술할 수 있는 초기의 수학자 몇 분, 현대화운동을 위한 주요 그룹운동이었던 백양회, 묵림회, 청토회, 신수회 등 소속화가 몇 분이 구술자로 결정되었다. 또한 전통초상화 영정제작자, 표구사 운영자 등을 구술자에 포함시켜 각 연구주제 해석의 폭을 넓히도록 계획하였다.

- 단, 출생연도가 1930년 이전이며 본 주제를 위해 중요하지만 이미 몇몇 기관에서 구술채록을 진행한 바 있는 몇 분(김학수, 안동숙, 권영우, 박노수, 김옥진, 김흥종, 서세옥 등)은 제외하였다. 그 외 출생연도가 1930년대 후반 이후의 작가는 가급적 다음 기회로 미루었다.[14]

채록연구진으로는 강민기·권행가·문정희·박계리·신수경·왕신연·이 정은 이렇게 총 7명으로 구성되었으며, 이들은 모두 한국미술사를 전공한 젊은 학자들이었고, 대부분은 구술사 연구 수행에 상당한 경험을 가지고 있는 이들이었고, 상당수가 2008년에 처음으로 이 사업에 합류한 사람들이었다.

무용 분야의 경우에는 논의를 거듭한 끝에 주제사와 생애사를 병행하여 연구를 추진하기로 결정이 되었다. "해방 이후 한국 근현대 무용교육과 무용 창작"이라는 주제로 전통적인 도제식 교육이 근대식 대학교육으로 전이되는 무용교육사에 천착하고, 전통춤과 신무용으로부터 한국식 현대무용 및 발레, 한국 창작춤으로 분화해 가는 무용창작의 방향과 개념들을 고찰하고, 이러한 문제의식을 공유한 채로 육완순·김백봉·강선영·김진홍의 생애사를 병행15)해서 추진하기로 하였다. 채록연구는 최해리·유시현·유미희·손선숙·윤지현·최찬열·박선욱·민현주가 담당을 하였고, 도제식 전통교육이 근대식 대학교육으로 전이되는 과정과 전통의 춤과 서구식 안무 개념이 융합되는 과정, 총체적 예술 공연에서 독립적인 무용공연으로의 변화의 흐름을 추적하였다.

한편 문학의 경우에는 기존의 연구 수행 패턴을 그대로 유지하면서, 신동한·김시철·성찬경·최승범·박완서·추은희 이렇게 6명의 문인에 대한 생애사를 진행하기로 하였다. 한국문학사 안에서 체험한 문학적인 경험과 문학사적인 사건이 어떻게 삶에 투영되었으며, 자신의 삶과 가치관에 영향을 미치게 되었는지를 구술생애사적인 방법론을 적용하여 서술하고, 개인의 경험과 기억에 투영된 문학사적 사건을 미시적 수준에서 들여다봄으로써 문학 전체사에 매몰된 개인들이 아니라 행위의 주체로서의 개인의 다양

14) 한국문화예술위원회, 「2008년도 예술사구술채록사업 시각예술분야 연구계획서」 (미발간 내부자료), 2008, 2쪽.
15) 한국문화예술위원회, 「2008년도 예술사구술채록사업 무용부문 연구계획서」(미발간 내부자료), 2008.

한 문화적 체험을 이해할 수 있도록 하는 데에 초점을 맞추었다. 다른 장르
와는 달리 문학의 경우에는 이전부터 아르코예술정보관의 구술사 작업에
직 · 간접적으로 관여했던 사람들로 연구진이 구성이 되었기 때문에 사업에
대한 이해도의 측면에서 다른 장르와는 구별이 되었다. 김성수 · 이봉범 · 한
진일 · 박선애 · 장미영 · 송경란이 채록연구자로 함께 2008년도의 작업에 참
가하게 되었다. 그렇지만 전년도 사업에 참여했던 연구원들만으로 이루어
진 연구진 구성은 연구주제의 변화나 수행체계의 변화를 이끌어내는 데 적
지 않은 걸림돌로 작용했다. 이런 까닭에 문학은 전년도 진행 방식과 매우
유사한 패턴으로 구술채록 작업이 진행될 수밖에 없었다. 연구자들에 대한
관리가 별도의 연구기관을 통해서 이루어지는 것이 아니라 아르코예술정보
관을 통해서 직접 이루어진다는 점이 문학 분야의 구술채록에서 유일하게
달라진 점이었다.

　연구수행을 외부연구기관에 위탁하는 방식이 아닌 객원연구원을 중심으
로 하는 자체 진행 방식으로 바꾸면서 가장 크게 달라진 점은 구술주제와
구술자, 채록연구자를 모두 선정한 이후에도 내부에서 추진해야 할 일들이
여전히 산적해 있다는 것이었다. 채록연구자가 결정되고, 구술자 섭외와 사
전면담 등을 통해서 현장 채록을 위한 준비가 진행되는 동안에, 각 장르별
채록연구자들과 함께 워크숍을 진행했다. 워크숍은 개별채록에 대한 세부
연구 계획서가 제대로 작성되었는지 장르별 연구자들이 공동으로 검토하는
자리였고, 또한 구술사 연구에 처음 입문하는 초심 연구자들에 대한 교육으
로서의 의미도 함께 지니고 있는 것이었다. 구술사의 학문적, 이론적 지향
점에 대한 교육과 더불어 구술사업 매뉴얼에 대한 숙지를 위한 워크숍이 이
어지면서 선행 연구의 경험이 있는 연구자들의 경험이 초보 연구자들에게
전달되었고, 그 과정에서 여러 가지 질의와 응답을 통해서 궁금한 부분들을
함께 해소할 수 있었다. 특히 장르별 워크숍을 통해서 장르별 특수성을 고
려하지 못한 채로 만들어진 매뉴얼의 장르별 특성화에 대한 의견이 모아지

기도 하였고, 이번 구술사 사업을 통해서 각각의 장르별로 별도의 매뉴얼을
마련해보자는 데 의견을 같이하기도 하였다.

워크숍은 채록 작업 이전에 사전 연구의 단계에서만 이루어진 것은 아니
고, 중간 점검을 위한 과정에서도 마련이 되었다. 중간 점검 워크숍은 각자
의 구술채록 경험에 대해서 보고하고, 자신의 작업에 대한 반성과 더불어서
동료에게서 조언을 듣는 방식으로 이루어졌다. 미술 부문 중간점검 워크숍
에서 이루어진 이야기들과 고민의 세세한 내용들은 『문화예술』 2008년 가
을호에 수록되어 있다.

한편 구술채록 작업과는 별개로 예술구술사 작업의 특수성을 담아내는
이론적인 논의의 심화와 활성화를 위해서 국제 워크숍을 별도로 마련하였다.
미국 샌프란시스코 공연 및 디자인박물관(Museum of Performance and Design)
의 리거시(Legacy) 프로그램을 진행한 제프 프리드먼(Jeff Friedmann)을 초청

그림 3. 2008년도 예술사구술채록사업 미술부문 중간점검 워크숍

하여 샌프란시스코 지역에서의 공연예술가들에 대한 구술채록의 경험을 공유한 것이다.

또한 구술사에 대한 학계의 논의 활성화를 위하여 관련 학회와 연계하여, 구술사 연구 결과물을 활용한 학술세미나를 기획하는 작업도 함께 병행하였다. 학술세미나의 진행을 위해서는 발표자들의 관련 경험에 대한 축적과 연구 수행을 위한 충분한 시간의 확보가 필수적인 것이었기 때문에 당해연도 사업으로 추진할 수는 없었다. 한국무용예술학회와 2009년도 학술세미나를 공동으로 개최하는 방안에 대해서 협의하였고, 2008년도 사업에 참여하고 있는 연구자들의 경험을 다음 해 개최되는 학술대회를 통해서 정리하기로 합의가 이루어졌다.

내가 예술사구술채록사업을 직접적으로 담당한 것은 여기까지이다. 2009년도가 되면서 나는 한국문화예술위원회의 다른 부서로 발령이 났다. 2008년도에 야심차게 진행한 사업 수행 체제의 변화는 어느 정도 성공적으로 정착이 된 것처럼 느껴졌지만, 당초 사업을 시작하면서 장르별 특성을 반영한 매뉴얼을 개발하겠다는 계획은 이후 진행되지 못하였고, 아직까지도 무성하게 논의들만 오고가고 있을 뿐이다. 미술의 경우에는 이야기의 중간 중간에 그림이나 작품에 관한 이야기가 오고 가기 때문에 구술 내용에 대한 심층적인 이해를 위해서는 관련 이미지의 확보가 절실한 형편이었다. 무용의 경우에는 구술 중간 중간에 자연스럽게 터져 나오는 무용의 동작들을 채록의 정형화된 틀 속에 어떻게 반영할 수 있을 것인가에 대해서 고유한 방법론을 마련할 필요가 있었지만, 이후 더 이상 진전을 시키지 못한 채로 다른 사람들에게 사업의 진행을 넘겨 줄 수밖에 없었다. 그 이후로 나는 예술사구술채록사업의 기획에 직접적으로 참여하지는 않게 되었다. 다만 사업 수행 경험이 많은 선배 직원의 한 사람으로서 담당자들의 질문에 대해서 답변을 해주고, 사업의 진행 방향에 대해서 조언을 하는 정도의 역할 정도에 머무르고 있기 때문에, 이후의 사업 진행 경과에서는 나의 구체적인 고민이

예술사 구술채록 사업 이야기

담겨 있지는 않았다. 따라서 후술하는 내용은 2009년도 이후 사업의 주요한 변화의 내용을 개략적으로 정리하는 방식으로 진행하기로 한다.

2009년도에 이루어진 예술사구술채록사업은 전반적으로 2008년도의 작업과 동일한 수준에서 이루어졌다. 2009년도에는 문학부문이 제외가 되고 그 자리를 연극이 대신하게 되었다. 문학은 지속적인 사업으로 다른 장르와 비교했을 때 이미 상당 부분의 자료가 축적이 되었기도 하거니와, 사료 수집의 긴박성이 상대적으로 낮은 분야였기 때문에 2009년도에는 문학 부문을 제외하고, 연극 부문이 그 자리를 대신하게 되었다. 무용과 미술 분야에서는 2008년도에 진행하던 주제를 지속적으로 진행하였고, 전년도와는 달리 주제사를 중심으로 채록이 이루어졌다. 연극부문에서는 생애사와 주제사가 병행되어 진행되었다. 주제사로 "조선 창극단과 김연수 창극단, 동일창극단 그리고 국립 창극단의 초창기 역사", 그리고 생애사로 박현숙 · 임영웅 · 하유상의 구술채록이 이루어졌다.

한편 2008년도에 한국무용예술학회와 논의되었던 학술세미나를 개최하여 "한국 무용구술사의 현 단계"라는 제목으로 그 동안의 연구 성과를 관련 학계에 보고하는 자리를 마련하였다. 김철효는 사업 전체를 기획하는 수석 객원연구원으로 아르코예술정보관의 예술사구술채록사업을 소개하였고, 손선숙은 "춤을 만든 사람들의 살아있는 역사"라는 제목으로 구술채록사업을 통해서 발굴한 무용사에서의 성과와 가능성에 대해서 발표하였다. 윤지현은 "무용구술채록과 새로운 무용사"라는 제목으로 무용가들의 구술채록의 의의를 비주류의 역사, 제도보다는 사람의 역사라고 정리하면서 구술사 연구에서 여전히 남아 있는 문헌사적 독해 방식과 윤리적인 이슈들에 대해서 문제를 제기하였다. 최해리는 "살아 숨쉬는 춤역사 만들기 : 무용구술채록문의 활용방안에 대하여"라는 제목으로 무용가들의 구술채록 결과물의 다양한 활용방안을 제시하였다.

2010년이 되면서 예술사구술채록사업은 또 하나의 새로운 전기를 맞이하

게 되었다. 아르코예술정보관이 한국문화예술위원회로부터 분리되어, 국립
예술자료원으로 새롭게 출범하게 되면서 사업 추진에 커다란 변화를 맞이
하게 된 것이다. 국립예술자료원의 내부 사정으로 인하여 구술채록사업은
그 중요성에도 불구하고 사업의 규모가 대폭 축소되어 이제는 겨우 명맥만
을 유지하고 있는 형편이 되었다.

2010년에는 연극 부문에서 박조열, 노경식, 권성덕의 생애사, 무용 부문에
서 국수호, 메리조 프레슬리의 생애사, 음악 부문에서 최영섭의 생애사, 미
술 부문에서 엄정윤, 신금례, 유근준의 생애사가 이루어졌다.

2010년도에 주목할 만한 변화는 구술채록을 전담할 연구원을 양성할 수
있는 인력 양성 사업이 개발된 것이다. 그동안 구술채록을 위한 인력의 양
성은 공식적이고 체계적인 교육 없이 연구 수행을 위해서 진행되는 워크숍
을 통해서만 이루어졌다. 현장에서의 직접적인 필드 경험과 워크숍에서 간
헐적으로 다루어지는 이론적인 논의를 통해서 구술사에 대한 이해를 심화
시켜 나갈 수 있었지만, 그 접근 방법이 체계적이지 못하다는 단점이 있었
고, 다양한 수준을 가진 연구자들이 함께 워크숍에 참여할 수밖에 없는 형
편이었기 때문에 논의의 수준을 확장하는 데에는 아무래도 어려움이 있었
다. 2010년도에 새롭게 개설된 〈예술사구술채록 연구원 양성과정〉은 구술
사를 처음 접해 보는 연구자들에게 연구방법론의 처음부터 끝까지를, 사업
의 기획에서 수집된 자료의 활용까지를 체계적으로 이해할 수 있도록 마련
된 프로그램이다. 국립예술자료원은 새로운 연구자를 발굴할 수 있는 경로
로 이 사업을 활용할 수 있게 되었으며, 국립예술자료원의 사업과 직접적으
로 관련이 되지 않는다고 하더라도 자발적인 연구자들에 의해서 구술사 연
구가 이루어질 수 있는 기반을 마련한 것은 무엇보다 커다란 성과라고 할
수 있을 것이다.

한편 2010년에 이루어진 주요한 변화 가운데 또 하나는 그동안의 사업이
자료 수집에만 치중하던 경향에서 탈피해서 축적된 연구성과물 가운데 일

예술사 구술채록 사업 이야기

부를 단행본으로 제작하여 발간하게 되었다는 점이다. 단행본의 발간과 관련되는 이야기는 다음 장의 자료 활용과 관련되는 부분에서 다시 상세하게 언급하도록 한다.

2011년도의 사업은 2010년도와 거의 대동소이한 수준에서 진행이 이루어졌다. 2011년도에는 그동안의 미술 부문에서 진행한 구술 결과물을 활용해서 한국근현대미술사학회와 〈화가의 기억, 문헌의 기록 : 1950-60년 한국화가들의 구술을 통해 본 미술사〉이란 제목으로 학술대회를 공동으로 개최하였다. 김경연은 "한국화에 대한 기억 : 이숙자 구술을 중심으로", 신수경은 "수묵산수화의 현대화 과정 엿보기 : 조평휘 구술을 중심으로", 박계리는 "김학수의 기억, 역사, 풍속화", 김철효는 "묵림회 화가들이 말하는 묵림회"라는 제목으로 각각 예술사구술채록사업을 통해서 수집된 결과물과 그에 대한 학술적인 해석이 담긴 발표를 하였다.

당초 3년이라는 한시적인 기간에 100명의 원로예술가를 구술채록하는 것을 목표로 시작한 예술사구술채록사업은 이제 당초의 목표를 훨씬 뛰어넘어 거의 10년에 이르는 연륜을 쌓아왔다.

그 동안의 가장 커다란 성과는 구술사를 예술사 연구의 하나의 방법론으로서 학술적으로 안착시킨 점일 것이다. 예술사구술채록사업에서 채용한 방법론을 활용해서 국립남도국악원에서는 원로국악인에 대한 구술채록작업을 진행하여 이미 몇 권의 단행본을 발간한 바 있으며, 한국만화영상진흥원(구 부천만화정보센터)에서도 만화가들의 구술채록작업을 지속적으로 수행하고 있으며 그 결과물을 출판물로 발간하고 있기도 하다. 그렇지만 이 사업으로 수행한 모든 결과물들이 만족할만한 수준과 성과를 내고 있는 것이라고 단언하기는 어렵다. 그 동안 진행되어온 사업 수행체계의 크고 작은 변화들은 바로 그 성과물들의 수준을 제고하기 위한 나름의 고민에서 이루어진 것이고, 성과물의 수준제고는 바로 채록연구자들의 구술채록에 있어서의 전문성을 향상시키고, 채록 작업에 대한 열정에 불을 지피는 작업과

정확하게 궤를 같이하는 지점에 자리를 잡고 있었다.

4) 사업 성과물에 대한 평가

　구술자료를 생산하고 수집하는 사업 주체의 입장에서 가장 많이 고민하게 되는 것은 어떻게 하면 사업의 결과물의 품질을 높일 수 있을 것인가이다. 자료의 품질은 녹음자료의 음질이나 녹화자료의 화질과 녹음상태와 같은 기술적인 사항들을 포함하는 것이기도 하지만 무엇보다도 중요한 것은 얼마나 역사적인 가치와 의미를 담고 있는 자료를 생산하고 있는가이다. 구술자료는 구술자와 채록자의 공동저작물이기 때문에 두 사람이 얼마만큼 호흡을 맞추면서 합심해서 이야기들을 잘 풀어내고 있는가에 따라서 그 질적 수준이 매우 달라질 수 있다. 이 과정에는 무엇보다 채록자의 역량과 사전준비가 중요한 요소로 작용하게 된다. 따라서 보다 의미 있고, 가치 있는 자료를 확보하기 위해서 가장 중요한 것은 구술작업에 얼마나 유능한 채록자를 투입하는가와 투입된 채록자가 얼마만큼의 열의와 정성을 가지고 구술작업에 임하는가 일 것이다. 구술사업의 성과에 대한 평가는 우수한 연구자를 가려내고, 지속적인 피드백을 통해서 역사적인 가치와 의미를 지닌 구술자료를 생산하려는 시도에 다름 아니다.

　국립예술자료원은 〈예술사구술채록사업〉을 추진하면서 다양한 방식의 평가를 도입하여 사업의 성과를 제고하기 위하여 노력하였다. 평가는 사업의 수행 단계마다 그 형식과 내용을 달리하면서 이루어졌고, 구술작업에 대한 반성적인 성찰과 더불어서 경험의 공유를 통한 채록자들의 교육적인 효과까지를 기대하는 것이기도 했다. 한편 사업 결과에 대한 피드백을 통하여 우수한 연구자를 가려내고, 향후 진행될 사업에 반영하기 위한 공식적인 절차이기도 하다.

　가장 먼저 이루어지는 평가는 연구계획에 대한 장르별 연구진의 평가이

다. 사실 이 과정은 평가라기보다는 연구계획을 함께 공유하면서 구술자와
의 이야기에서 보다 주안점을 두어야 하는 사항들에 대해서 다른 연구진들
과 공동으로 점검하는 절차로서의 성격이 강하다. 채록연구자는 이 과정을
통해서 자신의 연구계획서 상에서 부족했던 부분을 발견하게 되고, 연구계
획서를 보완할 수 있는 기회를 가지게 된다. 연구계획이 상세하게 작성이
되고, 사전 연구가 치밀하게 이루어지게 되면 현장에서의 그만큼 융통성 있
고, 깊이 있는 접근과 대응이 이루어질 수 있으리라는 판단에서 이런 과정
들을 연구의 절차에 포함시키고 있는 것이다.

그 다음으로 이루어지는 평가는 구술채록 작업에 대한 채록연구자의 자
체적인 평가이다. 자체적인 평가는 특정한 요식행위나 결과물로써 강제되
는 것이기보다는 채록연구를 수행하는 연구자의 내적인 반성의 기록으로서
보다 의미가 있는 것이다. 자체평가는 채록연구자가 인터뷰를 끝낸 직후에
그날의 인터뷰 상황을 기록한 면담일지를 작성하는 과정을 통해서 이루어
진다. 면담일지에 구술자의 상황이나 구술면담에서의 특이한 사항들, 채록
진행과정에서의 구술자와 채록자의 상호작용, 면담진행과정에서의 실수나
참고할 만한 사항들을 세밀하게 기록하도록 함으로써 현장에서의 경험에
대한 채록연구자의 반성적인 성찰을 권유하는 것이다. 이 과정을 충실하게
수행하게 되면 이후 현장 작업에서 되풀이 될 수 있는 실수를 줄여갈 수 있
으며, 현장감 있는 작업을 통해서 향후 사업 수행 매뉴얼을 보완하는 훌륭
한 기초자료로서 역할 할 수 있으리라 기대하기 때문이기도 하다. 한편 면
담일지와는 별도로 녹취문 작성을 완료한 연후에 면담후기를 작성하여 면
담과정에 있어서 기록으로 남겨야 할 사항들이나 구술채록을 통해서 이룩
한 학문적 성과와 한계 등을 반성할 수 있도록 하고 있다.

현장에서의 채록작업이 어느 정도 진행된 시점에서 연구진들과 함께 중
간평가 성격의 워크숍을 개최하여, 구술채록을 하면서 겪게 되는 여러 가지
문제점들에 대해서 고민을 함께 나누고, 풍부한 경험을 가진 연구자들의 조

언을 듣는 과정을 포함하기도 한다. 그리고 연구가 종료되는 시점에서는 당해년도 구술채록의 성과와 한계에 관한 부분을 관련 연구자들과 더불어 공개적으로 논의하고 평가하는 체제를 유지하고 있다.

이런 과정들은 공식적인 평가의 과정이라기보다는 구술채록 결과물의 질적인 수준 유지를 위해서 마련된 일종의 연구 프로세스의 일환이라고 보는 편이 합당할 것이다. 각각의 과정에서 연구자는 자신의 계획과 실행에 대해서 반성적으로 성찰하면서, 향후 이루어질 과정들에 대비하도록 하는 교육적인 차원에서의 의미를 더 강하게 지니고 있는 것이다.

한편 이런 연구프로세스의 일환으로서 진행되는 평가와는 별개로 외부 전문가들에게 구술채록 결과물의 학문적인 성과를 공식적으로 평가받는 프로세스도 별도로 진행이 된다. 이 과정은 공공사업에서 요청되는 공식적인 평가 과정의 일환으로서 요식적으로 진행되는 측면이 강하며, 사실 몇 가지 문제점을 안고 있기도 하다.

가장 큰 문제점은 예술 부문에서의 구술사 연구진의 외연이 충분히 확보되어 있지 않은 상황이기 때문에 평가위원 가운데 구술사에 대한 이해도가 없는 사람들이 참여하는 경우가 더러 있다는 점이다. 이 경우 구술사에 대한 이해가 결여된 심사는 구술사의 지향점과는 무관하게 수집된 이야기의 사실관계에만 지나치게 집착을 보이는 경향으로 이어지기도 한다.

또 한 가지 문제는 객관성을 지향하는 평가라는 절차가 실제로 객관성을 담아내기 어렵다는 점이다. 구술채록작업에서는 방대한 양의 자료들이 수집되고 이에 대한 평가를 위해서는 관련 장르의 전문가들의 참여가 필수적이지만, 이들에게 방대한 분량의 구술결과물을 모두 검토하토록 요청하기는 사실상 매우 어렵다. 때문에 구술결과물 1편당 1~2명의 평가자에게 구술자료 전체가 아니라 녹취문만을 검토하게 하는 패턴으로 성과물에 대한 평가가 이루어지고 있다. 그런데 이런 평가는 평가자의 성향에 따라서 평가점수에 편차가 발생하게 되기도 한다. 이러한 개인적인 편향을 최소화하려면 동일한 결과물에 대해서 여러 사람이 평가한 결과를 합산하는 방식으로 평가작업이 이루어져야만 한다. 그렇지만 평가에 소요되는 비용이나 시간의 측면에서 평가자의 수를 무턱대고 확대하기도 어려운 형편이기 때문에 그 실효성에 대한 점검이 앞으로 반드시 이루어져야 하리라고 생각이 된다.

평가의 과정에서 발생하는 또 하나의 어려운 점은 〈예술사구술채록사업〉의 특성에 합당한 합리적인 평가지표를 만들어내기가 무척 어렵다는 점이다. 구술사에 대한 평가의 가이드라인으로 참고할 만한 것으로는 미국 구술사협회가 제시하는 구술사평가가이드라인(Oral History Evaluation Guideline)이 있기는 하지만 이것은 구술사 사업 전체의 기획에서 진행과정, 자료 관리 및 활용에 관한 전반적인 사항을 담고 있는 것이고, 예술사 분야에서의 성과물의 내용적인 평가에 그대로 적용하기는 실질적으로 매우 어려운 것이다. 이런 까닭에 2007년도에는 평가기준을 보다 명확하게 하겠다는 맥락으로 자체적으로 평가기준표를 마련하였다. 〈표 1〉은 2007년에 마련한 평가표를 수정해서 현재 사용하고 있는 국립예술자료원의 구술채록결과물 평가기준표이다. 다행스러운 것은 2011년에 새로운 평가 작업을 진행하면서, 평가 결과에 따른 추가 채록 실시 항목이 새롭게 추가된 것이다. 이 부분이 활성화된다면 평가 작업이 공공사업으로서의 단순한 요식 행위를 넘어서 채록 결과물의 학술적 가치를 높이는 수단으로도 활용이 될 수 있으리라 기대할 수 있다.

표 1. 구술채록결과물 평가기준표

I. 평 가 표

평가항목	평가 지표	평가점수(점수로 표기)			
		A (10)	B (9~8)	C (7~6)	D (5점 이하)
학문적 기여도 (50)	· 한국근현대예술사 구술채록사업의 목적에 부합한 결과물인가?(10점)				
	· 당초의 연구 계획대로 충실하게 이행했는가? (10점)				
	· 관련 주제를 충실하고 심도 깊게 다루고 있으며, 관련 사실에 대한 세밀하고 풍부한 정보를 제공하는가?(10점)				
	· 새로운 관점이나 사실을 제시하고, 기존 기록에서 누락된 부분을 보완하고 있는가?(10점)				
	· 구술 내용이 타당성, 신뢰성, 독자적 완결성을 갖추고 있는가?(10점)				
채록자의 기여도 (20)	· 충실한 사전 준비로 내용을 풍부하게 하고, 적절한 개입과 질문으로 이야기의 흐름을 잘 이끌었는가?(10점)				
	· 적절한 각주와 보완작업이 이루어졌는가?(10점)				
채록의 숙련도 (20)	· 구술자에 대한 적절한 배려와 이해가 동반되었는가?(10점)				
	· 채록의 진행이 원만하고, 구술자와 상호작용을 잘 이루었는가?(10점)				
형식적 완결성 (10)	· 구술채록 작성 매뉴얼에 입각하여 정확하고 적절하게 편집이 되었는가?(10점)				
	합 계		총 점		

평가점수 A : 매우 우수, B : 우수, C : 보통, D : 미흡

예술사 구술채록 사업 이야기

Ⅱ. 종합의견(분량 자유)

(긍정적인 점/ 개선할 점/ 수정할 점/ 보완할 점을 포함하여 결과물에 대한
 전반적 평가)

※ 추가 채록 실시 여부(해당하는 경우만 표기)

추가로 채록해야 할 부분이 있다면, 어떤 부분을 어떤 이유로 추가로 채록해야 하는지 구체적으로 명시해 주세요. 구술 채록 내용의 완성도와 학술적 가치를 제고하기 위하여 다음과 같은 경우에 한하여 추가 채록을 실시하고자 합니다. 단, 예산의 문제로 영상촬영자는 동행하지 않고, 녹음만 실시하게 됩니다.

1) 학술적, 예술사적으로 반드시 채록되었어야 할 인물, 사건, 작품 등의 기록이 누락된 경우
2) 일부 구술이 진행되긴 하였으나 내용의 중요성을 고려해 반드시 추가로 채록이 필요한 부분

※ 기존 기록을 참고해 보완할 수 있는 부분은 추가 채록 대상에서 제외함.

구분	추가채록 요청부분(페이지 수)	요청사유
1		
2		
3		
4		
5		

2011년도 〈예술사 구술채록사업〉 연구 성과물에 대한 평가를 위와 같이 실시하였음을 확인합니다.

2011년   11월   일
성명   (인)

예술사 구술채록 사업 이야기

4. 결과물의 활용

　예술사구술채록사업의 수행은 처음부터 자료의 활용을 염두에 둔 작업이었다. 특히나 초기 사업에서 초점을 맞춘 것은 구술채록사업의 지속사업으로의 안착을 염두에 두고 있는 것이었기 때문에 사업의 성과로 제시할 수 있는 자료의 활용에 관한 부분에 신경을 쓸 수밖에 없었다. 그렇지만 구술자료에는 다른 사람들이 알아서는 곤란한 개인의 내밀한 사항들이 포함되기도 하고, 타인에 대한 비방이나 명예훼손적인 요소들도 포함이 되어 있었고, 경우에 따라서는 정치적으로 매우 민감한 사항들이 포함이 되기도 하였다. 이런 까닭에 자료의 활용은 매우 조심스럽게 접근할 필요가 있는 사항 가운데 하나임에 틀림이 없었다. 자료의 섣부른 활용은 자칫하면 사업의 존폐를 뒤흔드는 커다란 사건으로 번질 수 있는 위협요소로 작용할 여지를 포함하고 있는 사항이었기 때문에, 자료의 공개와 활용에 관해서는 내부에서도 상당히 엇갈리는 의견들이 제시되었다.

　2003년도 사업을 모두 종료한 시점에서 관장은 결과물의 인터넷 서비스를 개시할 것을 천명하였다. 기초설계연구 진행 과정에서 윤리적인 문제와 관련된 워크숍의 논의를 고려했을 때, 자료의 공개는 여러 가지 발생할 수 있는 문제점들에 대한 심층적인 검토 후에 이루어지는 것이 바람직하다는 것이 나의 생각이었다. 단기간의 성과에 집착해서 결과물을 섣부르게 공개했을 때 발생할 수 있는 예기치 못한 파장에 대한 염려였다. 이런 나의 생각은 당시 채록 작업을 직접 수행했던 연구진들의 생각과도 일치하는 것이었지만, 관장은 요지부동이었다. 곧바로 채록결과물을 온라인으로 서비스할 수 있는 시스템을 구축하는 작업에 착수했고, 2005년도 초반에 첫해 사업의 결과물들 가운데 녹취문과 녹음자료를 연계한 온라인 서비스 시스템이 완성되었다. 시스템은 녹취문과 녹음자료, 그리고 영상자료 가운데 하이라이트를 서비스할 수 있게 구성이 이루어졌고, 구술자별로 라이브러리를 구성

하여 구술자 연보와 녹취문, 녹음자료, 녹화자료, 그리고 관련 사진을 열람
할 수 있는 체계로 구성이 되었다. 그렇지만 충분한 설계 기간을 거쳐서 자
료의 디지털 아카이빙이나 향후 이루어질 자료관리에 관한 사항들을 염두
에 두고 시스템이 만들어진 것은 아니었고, 데이터를 업로드해서 온라인 서
비스할 수 있는 정도의 아주 간단한 시스템이었다.

홈페이지의 이름을 '구술로 만나는 한국예술사(http://oralhistory.knaa.or.kr)'
(그림 4)라고 짓고, 서비스를 개시하기에 앞서서 자료를 어떤 사람들을 대상
으로 서비스를 할 것인지에 대해서 다각적인 검토가 이루어졌다. 아무래도
이 자료는 일반 대중이 그대로 보기에는 상당히 전문적인 내용들을 담고 있
으며, 가독성도 현저하게 떨어지기 때문에 독자층을 연구자나 자료에 접근
할 목적이 분명한 사람들로 제한할 필요가 있었다. 불특정 다수에게 자료를
아무런 여과장치 없이 자료를 공개했을 때 발생할 수 있는 예기치 못한 사

그림 4. 구술로 만나는 한국예술사 홈페이지

태를 예방하기 위한 나름의 방법이었다. 이렇게 연구목적으로 자료를 열람할 필요가 있는 사람들을 엄선하고, 그 목적성에 대해서 심사를 하기 위해서 회원 가입에 대한 승인제도가 마련되었다. 회원 가입을 하고 나서 관리자의 승인이 이루어진 연후에야 비로소 녹취문이나 녹음자료를 열람할 수 있도록 서비스 정책을 마련하였다.

온라인서비스가 개시되고 나서 얼마 지나지 않아서 2004년도 사업의 성과와 한계를 결산하는 학술세미나가 개최되었다. 그런데 그 자리에서 채록연구자들의 항의가 빗발치듯이 이어졌다. 문제는 온라인서비스를 하면서 녹취문의 열람과 동시에 녹취문이 자동으로 구동되도록 시스템이 설계되었는데, 이 녹음 내용을 여과 없이 공개하는 것에 대한 채록연구자들의 우려였다. 자신들이 이야기하고 있는 부분들이 그대로 공개되면서 구술채록을 진행하면서 일어났던 서투른 대응이나 미숙한 진행이 숨김없이 공개되는 것에 대한 부담감 때문이었다. 채록의 전반적인 진행 상황을 눈으로 볼 수 없는 상태에서 목소리가 여과 없이 공개되면서 채록연구자들이 몹시 당황했던 것이다. 이후 프로그램을 수정하면서 채록자들의 주장을 수용해서 녹취문의 열람과 동시에 녹음자료가 동시에 로딩되는 방식을 수정할 수밖에 없었다.

홈페이지 디자인 개편 작업이 한 번 진행되기는 하였지만, 전반적인 틀은 그대로 유지되고 있는 형편이다. 최근에 진행되고 있는 다른 구술사 프로젝트의 경우에는 구술자료의 온라인 서비스를 디지털아카이브와 연계하여 수집하는 경우들이 대부분인데, 〈구술로 만나는 한국예술사〉의 경우에는 초기 시스템 개발 당시 디지털아카이브 기술이 충분히 발달하지 않은 상태였고, 또한 관련 사업 추진을 위한 충분한 예산을 확보하지 못한 상태에서 작업이 이루어졌기 때문에 자료관리와는 별도의 온라인 서비스를 위한 시스템으로 구성이 될 수밖에 없었던 한계를 지니고 있다. 때문에 현재 서비스되고 있는 자료는 녹취문을 작성하는 과정에서 만들어진 상세목록 등을 충분히 활용하지 못하고 있는 실정이며, 자료의 메타데이터만으로도 활용가치가 있는 콘텐츠로서의 부가가치를 만들어내지는 못하고 있다. 이는 당시 온라인서비스를 통한 성과의 급속한 창출을 위해서 충분한 사업 예산을 확보하지 못한 채로 사업이 수행된 까닭이며, 이후에도 구술채록 자체에만 관련 예산을 집중적으로 투입했지 디지털아카이빙이나 온라인 서비스를 위해서는 충분한 사업 기획이 이루어지지 못한 까닭이기도 하다.

구술채록을 통해서 수집된 자료는 온라인서비스 프로그램과는 별도의 목록시스템을 통하여 등록하여 관리하고 있다. 〈그림 5〉는 국립예술자료원의 구술자료 관리를 위한 입력화면이다. 수집된 자료는 원칙적으로 국립예술자료원의 다른 소장자료들과 동일하게 국립예술자료원 소장자료 관리시스템에 등록이 되어 관리된다. 이런 까닭에 구술자료의 특성을 충분히 살린 메타데이터 체계를 확보하기가 매우 어려운 부분이 있다. 실제 실물 자료의 경우에는 중성지 상자에 구술자별로 수집된 결과물들을 모아 놓는 상태로

예술사 구술채록 사업 이야기

그림 5. 국립예술자료원의 구술채록 결과물 등록 화면

정리가 이루어지고 있다. 그런데 현재 자료 입력과 검색 체계에는 이런 집합적인 기술(description)을 위한 장치가 마련되어 있지 않고, 기술의 수준(description level)에 따른 차별화된 기술방법이 마련되어 있지 않다는 단점이 있다. 향후 구술자료의 특성에 합당한 자료 정리 방식을 별도로 마련할 필요가 있는 부분이고, 이렇게 이원화된 체계로 자료를 관리할 것이 아니라 온라인과 오프라인 자료의 관리가 하나의 동일한 시스템을 통하여 일원화되어 관리가 될 필요가 있는 영역이라고 생각이 된다. 향후 관련 시스템을 개편하게 될 때에는 반드시 이런 부분들이 고려가 되면서 시스템에 대한 개편작업이 이루어져야 할 것이고, 자료 수집에만 예산을 투입하는 관행에서 이제는 벗어나 수집자료의 체계적인 관리와 아카이빙에 대해서도 예산을 확대해서 투입할 필요성이 있다.

자료의 활용 과정에서는 연구수행 단계에서 채록연구자가 제출한 자료공개허가서에 기초하여 공개의 수준이 결정된다. 구술자료의 공개가 가져올 수 있는 구술자에 대한 예기치 못한 피해에 대비하기 위해서 완성된 구술자료는 반드시 구술자의 검독을 거쳐서 공개의 범위를 결정한다. 또한 구술자가 공개해도 무방하다고 주장하는 부분이라도 제3자의 시각에서 문제가 있을 여지가 있는 부분을 걸러내기 위해서, 채록자에게도 연구자로서, 제3자의 입장에서 구술된 내용의 공개 여부에 대한 검토의견을 제출하도록 의무화하고 있다.

수집된 자료 가운데 비공개부분을 포함하지 않은 자료는 오프라인상의 열람을 전면적으로 허용하고 있다. 한편 비공개부분을 포함하고 있는 자료의 경우에는 녹음자료와 녹화자료는 외부에 공개하고 있지 않으며, 녹취문의 경우에는 해당 부분에 마스킹 테잎을 부착하여 관련 내용을 열람하지 못하도록 조치를 취한 후 공개하기도 하였다. 2009년도 이후부터는 비공개 부분이 제외된 편집본이 별도로 제작되어 외부 열람자를 위한 공개용 자료로 제공되고 있다.

구술자 검독확인서

2011년 국립예술자료원에서 시행한

본인 _____ 의 구술채록 녹취문을

최종 검토하였음을 확인합니다.

2011년   월   일

(서명)

그림 6. 구술자 검독확인서

이렇게 수집된 자료를 일반에 공개하고 활용할 수 있도록 서비스를 제공하고 있기는 했지만, 구술현장에서 이루어진 대화 그 자체를 옮겨 놓은 녹취문은 아무래도 가독성 면에서 현저하게 떨어지는 부분들이 있었고, 연구자 이외의 일반인들이 쉽게 접근하기 어려운 부분이 있는 것이 사실이었다. 때문에 2010년도에 국립예술자료원의 출범과 더불어 그 동안의 연구성과물 가운데 일부를 선별하여 단행본을 제작하게 되었다. 첫해에는 전혁림, 박용구, 장민호 선생의 구술채록 결과물을 단행본으로 발간하였으며, 채록의 과정에서 세심하게 수집하지 못했던 사진자료와 현장 채록에서 미진했던 부분을 보완하였다. 단행본의 발간 과정은 녹취문 발간과정과는 완전히 다른 새로운 작업으로 새로운 결과물을 창작하는 작업이었으며, 녹취문의 가독성을 높이기 위해서는 전면적인 윤문 작업이 필요했다. 단행본 발간작업은 구술채록 작업과는 완전히 분리된 새로운 창작 작업으로 구술자료를 바탕으로 대중들이 친숙하게 접근할 수 있는 새로운 콘텐츠를 제작하는 과정이며, 구술자료를 새롭게 해석하는 작업이었다.

첫해 단행본을 제작하는 과정에서 저지른 실수 가운데 하나는 구술자료가 가지는 공동저작물로서의 성격에 관한 부분을 간과한 것이다. 유명 예술가의 구술이라는 작업의 성격을 지나치게 강조하다 보니 당시 구술채록 작업을 위해서 현장에서 고민했던 연구자들의 노고가 지나치게 가볍게 다루어진 것이다. 이런 까닭에 2010년에 발간된 단행본 3권에는 구술자의 이름만 표기되어 있고, 채록연구자의 저자로서의 지위를 확인하기는 어려운 실정이다. 앞으로 단행본 발간이 지속적으로 이루어진다면 이 부분은 반드시 보완이 이루어져야 할 사항이라고 생각된다. 또한 이미 발간된 자료의 재판을 제작하게 될 때에는 이런 부분을 충분히 고민한 연후에 작업이 이루어져야 할 것이라고 생각된다.

5. 닫는 말

이 글은 초기에 사업을 처음으로 만들고, 기획했던 담당자의 입장에서, 이후 사업의 진행 경과를 애정을 가지고 지켜본 개인의 입장에서 사업의 진행경과를 살펴본 것이다. 따라서 이 사업에 대한 객관적이고 엄정한 학술적인 평가나 진단과는 상당히 거리가 있는 것임을 분명하게 밝혀둔다.

〈예술사구술채록사업〉을 시작한 지 어느 덧 12년째를 맞이하고 있다. 10년이면 강산도 변한다는 옛말처럼 그동안 정말 많은 변화가 일어났다. 이제 구술사는 더 이상 우리에게 낯선 연구방법론이 아니다. 구술사 연구자들이 한국구술사학회를 결성하여 구술사연구와 관련된 이론적 논의를 확대하고 있으며, 국내 유관기관들에서 다양한 구술사 사업을 앞다투어 진행하고 있기도 하다. 〈예술사구술채록사업〉도 이제 200명이 넘는 원로예술가들의 생애를 채록하였고, 구술사 연구의 주요 사례 가운데 하나로 거명이 되고 있기도 하다. 당초 목표로 했던 것처럼 이제는 상시사업으로 안착이 되고, 더 나아가서는 국립예술자료원의 대표사업 가운데 하나라고 지칭이 되고 있지만 이 사업이 앞으로 넘어야 할 과제들은 또한 만만해 보이지는 않는다. 구술사라는 낯선 이름의 연구방법론을 어떻게 공공프로젝트에 적용해야 하는 것인가에 관한 초보적인 질문에서는 이제 한껏 자유로워졌지만, 10년을 넘게 거듭한 사업으로서의 연륜과 묵직한 성과를 확보해야 한다는 부담은 날이 갈수록 커져갈 것으로 생각이 된다. 그동안 사업을 시행하는 과정에서 시행착오가 결코 작지만은 않았던 것처럼 앞으로도 또 이와 유사하지만 또 다른 시행착오 속에서 묵직한 성과들을 일구어 나가야 하는 커다란 과제를 눈앞에 두고 있는 것이다. 무엇보다 중요한 것은 이런 시행착오의 과정에서 이루어지는 사업의 기획자와 채록연구자의 진지한 고민과 성찰만이 사업을 올바른 궤도 속으로 진전시켜 나갈 수 있는 근원적인 힘이 될 수 있다는 점이 아닐까 생각해 본다.

지난 10년을 구술사와 함께 하면서 나에게도 많은 변화가 이루어졌다. 구술사에 관한 온전하게 문외한이었던 내게 구술사는 이제 내 주요한 연구 테마이자 방법론의 하나로 자리를 잡았다. 구술사를 통해서 실증주의적인 지배담론을 뛰어넘는 인간의 주관적인 구술이 가지는 힘을 발견하고, 그 해석이 가지는 정치적인 함의와 가능성에 대해서 깨닫게 되었다는 점은 구술사와 함께 한 지난 10년이 내게 준 가장 값진 선물이라고 생각이 된다.

아무쪼록 예술사구술채록사업이 앞으로 보다 예술사적으로 가치 있고, 의미 있는 구술자료들을 확보해서 예술사 서술을 위한 결락을 보완하는 것을 넘어서 예술사를 민주화하고, 새로운 역사 서술을 위한 대항담론으로써 무궁히 성장해 갈 수 있기를 바라는 마음이다. 그리고 당초 이 사업이 궁극적으로 지향했던 항구적인 제도로써의 예술아카이브의 역할을 실질적으로 강화하는 기폭제가 되었으면 하는 마음 간절하다.

예술사 구술채록 사업 이야기

참고자료

김철효,「국내외 예술아카이브와 구술사프로젝트의 사례 : '한국근현대예술사 증
언채록사업'의 자리매김을 위하여」,『한국예술종합학교 논문집』 제6집,
2003.

남신동,「'역사의 민주화'와 구술사 연구의 윤리적 쟁점」,『한국예술종합학교 논문
집』 제6집, 2003.

문화관광부, 문화예술진흥기금평가단,「2006년도 문예진흥기금사업 평가보고서」,
서울 : 문화관광부, 2007.

유영국미술문화재단,『한국근현대예술사구술채록사업 사건사시범채록 연구계획
서』(미발간), 2007.

유철인,「구술자료의 채록과 해석」,『한국예술종합학교 논문집』 제6집, 2003.

윤택림 · 함한희,『새로운 역사 쓰기를 위한 구술사 연구방법론』, 서울 : 아르케.
2006.

이인범,「구술사, 또 하나의 한국근현대예술사의 방법 : 〈한국근현대예술사 증언
채록사업〉 기초설계연구의 고려사항들」,『한국예술종합학교 논문집』 제6
집, 2003.

정혜경,「구술자료의 관리방안」,『한국예술종합학교 논문집』 제6집, 2003.

한국문화예술위원회,『한국근현대예술사 증언채록사업 기초 설계 연구 보고서』,
2003.

한국문화예술위원회,「예술사구술채록사업 제2단계 기초설계 연구」, 서울 : 한국
문화예술위원회, 2007.

한국문화예술위원회,「2008년도 예술사구술채록사업 무용부문 연구계획서」(미발
간 내부자료), 2008.

한국문화예술위원회,「2008년도 예술사구술채록사업 시각예술분야 연구계획서」
(미발간 내부자료), 2008.

홍순철,「인터뷰 영상 기록의 방법과 활용 방안」,『한국예술종합학교 논문집』 제6
집, 2003.

제4부
부 록

부록1 : 구술자료 양식 예시

1. **구술 자료 개요** : 한국학중앙연구원 현대한국구술자료관
2. **구술자 신상 기록부** : 한국학중앙연구원 현대한국구술자료관, 일제강제동원 &평화연구회
3. **면담자 신상 기록부** : 한국학중앙연구원 현대한국구술자료관, 일제강제동원& 평화연구회
4. **예비 질문지** : 한국학중앙연구원 현대한국구술자료관, 일제강제동원&평화 연구회
5. **면담일지** : 한국학중앙연구원 현대한국구술자료관, 일제강제동원&평화 연구회, 국립예술자료원
6. **채록후기** : 국립예술자료원
7. **구술자료 상세목록** : 한국학중앙연구원 현대한국구술자료관
8. **구술동의서** : 한국학중앙연구원 현대한국구술자료관, 국립예술자료원
9. **구술자료 활용 및 공개동의서** : 한국학중앙연구원 현대한국구술자료관, 일제강제동원&평화연구회
10. **공개허가서(구술자료 기증서)** : 국립예술자료원
11. **구술자료 검독확인서** : 한국학중앙연구원 현대한국구술자료관, 국립예술 자료원
12. **구술자료 비공개 내역서** : 한국학중앙연구원 현대한국구술자료관, 국립 예술자료원
13. **공개여부 검토 의견서** : 국립예술자료원
14. **예비 구술자 명단** : 한국학중앙연구원 현대한국구술자료관
15. **시청각(사진, 동영상, 녹음 등) 자료 서식** : 한국학중앙연구원 현대한국 구술자료관
16. **자료기증 약정서** : 국립예술자료원
17. **실물자료 수증목록**

〈양식 예시 1 : **구술 자료 개요**〉　　(한국학중앙연구원 현대한국구술자료관)

○○○ 구술 자료 개요

과제명					
자료 번호					
파일명				자료 생산일	
구술자명		성별		면담 일시	
면담자		검독자		총 횟수	
				총 시간	
공개여부	□ 전체 공개　　　□ 전체 비공개　　　□ 부분 공개				
활용동의	□ 동의함　　　□ 동의 안함　　　□ 조건부 동의				
구술 자료 수집지역			면담 장소		
구술 사업 개요					
구술 녹취 개요					
특기사항					

〈양식 예시 2 : 구술자 신상 기록부〉(한국학중앙연구원 현대한국구술자료관)

구술자 신상 기록부

과제명			면 담 자	
			면담일시	
이름	(한글)	(한자)	생년월일	(음력/양력)
현주소			출생지(고향)	
연락처	(자 택)　　(직장) (핸드폰) (이메일)		종 교	
			성 별	
교 육	최종 학력		기타 교육 경험	
관련분야				
가족상황	본인 형제자매 상황		직계 가족 상황 및 연락처	
주요 약력 및 활동상황	시기	활동 내용		

* 연구에 도움이 될 인물 소개(이름, 연락처 등)

* 면담자 기록사항 :

(일제강제동원&평화연구회)

구술자 신상 기록 카드

프로젝트 주제					
성명	(한글)	(한자)	(영문)	성별	
주소	자택 :		전화번호		
	직장 :		전화번호		
이메일/ 누리집			sns 주소		
생년월일/ 연령		출생지	혼인 여부	종교	

가족	관계	성명	출생년도	직업	비고 (현재 동거 여부)

학력	
주요약력	

작성자 (소속)		작성일	
면담자 (소속)			
보조 면담자 (소속)			

일제강제동원&평화연구회

〈양식 예시 3 : 면담자 신상 기록부〉 (한국학중앙연구원 현대한국구술자료관)

면담자 신상 기록부

과제명			구술자명	
이름	한글)	한자)	생년월일	(음력/양력)
현주소			성 별	
연락처	(자　택)　　　　　　　(직장) (핸드폰) (이메일)			
전공관련 분야			현재 소속 (직위)	
학력/ 약력, 활동 상황	연도	내　용		

* 연구에 도움이 될 인물 소개(이름, 연락처 등)

* 면담자 기록사항 :

(일제강제동원&평화연구회)

면담자 신상 기록 카드

프로젝트 주제					
성명	한글	한자	영문	성별	
주소	자택 :		전화번호		
	직장 :		전화번호		
이메일/누리집			sns 주소		
학력					
주요 약력					
주요 연구성과					
구술 인터뷰 참여 경력					
작성자(소속)			작성일		
구술자(소속)					
보조면담자(소속)					

일제강제동원&평화연구회

〈양식 예시 4 : 예비 질문지〉 (한국학중앙연구원 현대한국구술자료관)

예비 질문지

과제명		구술자명	
구 분	질문 내용		
유년기			
가족 사항			
추가 사항 기입			
추가 사항 기입			
추가 사항 기입			
추가 사항 기입			
남기고 싶은 말			

(일제강제동원&평화연구회)

〈 질문목록 〉

1) 출생시 정보
   - 출생연도, 출생지 및 거주지
   - 가족 및 친족관계, 생계방식, 계층, 사회적 지위

2) 사회화 과정
   - 유년기, 청소년기의 가정교육·제도권 교육, 지역사회 교육
   - 학교 교육 : (<u>해당되는 경우에 한함</u>)

3) 직업 : (<u>해당되는 경우에 한함</u>)

4) 결혼
   - 결혼 동기, 결혼생활 내용, 임신 및 출산 등

5) 강제동원 관련 내용 : 배우자(피동원자)
   - 배우자(피동원자) 인적 정보
   - 송출 전 생활 상태
   - 송출 배경 및 과정
   - 동원 이후 소식 인지 여부

6) 해방 전 생활
   - 배우자 송출 이후 생활

7) 해방 후 생활
   - 배우자의 미귀환으로 인해 달라진 가족 구성 및 생활
   - 자녀 양육 과정
   - 생활 상 경험했던 여러 어려움 : 특히, 사할린 유족으로서 어려움

8) 강제동원 진상규명 이후
   - 배우자 소식을 알게 된 과정
   - 이후 활동 내용 : (해당되는 경우에 한함)

9) 현재 일상생활
   - 현재 동거 가족 및 생활 상태
   - 활동 반경, 하루 일과 등 노년의 삶에 대한 질문
   - 현재 생활상 어려움

10) 정부와 사회에 바라는 내용

11) 구술자 자신의 삶에 대한 의미 부여 및 기타 특정한 구술자의 경험 등

〈양식 예시 5 : 면담일지〉 　　　　　　(한국학중앙연구원 현대한국구술자료관)

면 담 일 지

과제명				
구술자			면담자	
면담 참여인	성명 :		직위 및 소속 :	

면담 일시/ 장소	회차	일 시	장 소

면담일지 공개여부	☐ 공개　　　　☐ 비공개　　　　☐ 연구자들에만 한하여 공개
면담 내용	
면담 후기	
면담 주제 (주요어)	
수집 자료	
특기 사항	

(일제강제동원&평화연구회)

면담 일지 (작성자 :)			
구술자		일시	
구술 차수		장소	
주 면담자		공동 참여자	촬영 :
내용	* 내용(주제), 면담상황, 촬영, 녹음 순으로 작성 1. 내용 (1) 진행일정 ※ 진행 순서를 시간대별로 작성 〈사례〉 - 오전 10시 20분 서울 서초동 사무실에서 승용차로 출발 - 12시 구파발에서 안**(녹화), 김**(녹음)과 만나서 동승 - 오후 2시 30분 **면 **리, 김** 선생 자택 도착 - 30분간 진행 준비, 14시-16시 40분(휴식 포함, 160분간) 진행 2. 면담상황 〈사례〉 (1) 김** 선생 관련사항 - 83세의 고령으로 3년 전부터 부인과 단 둘이 이곳 **면 **리에서 기거 - 건강상태는 비교적 양호한 편 (2) 기타 - 채록 작업 시작 전, 작업의 중요성을 사전 설명을 드림. - 김** 선생 부인 김**여사(73세)도 채록 사업에 공감하여 적극 협조함. (3) 촬영 : 안**(순조롭게 진행) (4) 녹음 : 김**(순조롭게 진행)		
기타	* 면담자의 소회를 자유롭게 기술 〈사례〉 김**선생은 북한의 북청군에서 월남한 실향민. 소식지 '남대천'을 혼자서 취재편집 발행(월간)하는 등 왕성하게 활동하고 있었으며, 건강은 아주 양호한 편이었음. 그러나 증언 채록 이틀 전, 승용차를 타고 가다 허리를 삐끗함. 거동에는 별 다른 지장이 없었으나 허리에 무리를 주지 않기 위해 의자에 앉아서 채록을 진행함.		
일제강제동원&평화연구회			

(국립예술자료원)

면담일지

2012년도 사업명	국립예술자료원 한국 근현대예술사 구술채록사업		구술자/ 구술차수	구술자 : ○○○ 1 차
일 시	2012.○○.○○(○) 00:00~00:00 날씨 :		장소/ 연락처	T./H.P.
연구원			공동 참여자	연구보조원 : ○○○ 촬영자 : ○○○ 기타 :
면담주제				
진 행	1. 일정진행 　면담장소 도착 : 　녹화 시작과 종료 : 2. 면담상황 　구술자의 상황 : 　기타 진행상황 : 3. 촬영 : 4. 녹음 :			
구술내용	1) 2) 3) ※ 핵심주제어			
특기사항	- - - ※ 다음 면담 예정일			

〈양식 예시 6 : 채록후기〉   (국립예술자료원)

(채록연구후기 제목)

- (부제) -

■ 최초의 의도

■ 구술채록 진행과정

■ 면담의 성과와 한계

■ 남은 생각들

※ 위의 항목을 압축하거나 전혀 다른 제목을 달아 써주셔도 좋습니다.
  단, 전체적인 내용은 위의 항목을 포괄해주셨으면 합니다.

2008년 12월 홍길동

(국립예술자료원)

채 록 후 기

■ 구술자 : ○○○(0000-   )

■ 연구원 : ○○○

■ 면담일 : 2010. 00. 00. 수 (예비방문) / 2010. 00. 00. 금 (1차) /
　　　　　 2010. 00. 00. 월 (2차) / 2010. 00. 00. 목 (3차) /

■ 최초의 의도

■ 진행 및 성과

■ ○○○ 구술의 의미

■ 남은 문제점들

〈양식 예시 7 : 구술자료 상세목록〉(한국학중앙연구원 현대한국구술자료관)

구술자료 상세목록

과제명						
구술자명			면담자			
검독자	이름 :		직위 및 소속 :			
면담 일시			회차		시간	
자료번호						
구술 개요						
주요 색인어						
주요 인물						

구술 상세목록 내용	시간	파일명

〈양식 예시 8 : 구술동의서〉　　　　(한국학중앙연구원 현대한국구술자료관)

구 술 동 의 서

　　한국학중앙연구원 현대한국연구소는 한국학중앙연구원 내 한국학 진흥사업단의 현대한국구술사연구 작업의 일환으로 격동의 현대사를 살아오신 다양한 분들의 경험을 구술로 채록 정리하는 작업을 수행하고 있습니다. 이 사업은 구술을 통해 현대사와 관련된 기존 문헌자료의 한계와 공백을 보완하고, 더 나아가 현대사와 관련된 기존 문헌자료를 체계적으로 생산 정리하고자 기획되었습니다. 선생님의 구술은 학계의 연구자뿐만 아니라 일반 시민들의 현대사에 대한 이해를 높일 수 있는 소중한 자료로 활용될 것입니다.

이러한 목적과 취지로 선생님께 구술을 청하오니 승낙해 주시기 바랍니다.

　　한국중앙연구원 현대한국연구소의 구술 요청을 승낙합니다.

　　　　　　　　　　년　　　　　월　　　　　일

　　　　과제명 : _____

　　　　구술자 : _____ (서명)

(국립예술자료원)

면담 수락서

1. 사업명 : 2012년도 예술사구술채록사업

2. 수락내용
   - 내 용 : ○○○ 구술채록
   - 기 간 :

본인은 (재)국립예술자료원이 추진하는 2012년도 예술사구술
채록사업 면담 및 자료수집업무에 협조할 것을 수락합니다. 본인
은 또한 예술사구술채록사업의 특성을 충분히 이해하고 면담내용
을 기록한 채록문에 본인의 구술언어가 가감 없이 그대로 기재됨
에 동의합니다.

2012년   월   일

성   명 :   (서명)
주민등록번호 :
주   소 :

(재)국립예술자료원 귀중

〈양식 예시 9 : 구술자료 활용 및 공개동의서〉

(한국학중앙연구원 현대한국구술자료관)

구술자료 활용 및 공개동의서

본인은 ○○○○기관의 구술 자료 수집 사업의 취지를 이해하고 아래의 내용에 동의합니다.

1. 구술자료를 각종 콘텐츠로 만든다.
(녹음·녹화 테이프 혹은 파일, 녹취록 및 파일을 '구술자료'로 통칭한다)

2. ○○○○기관과 한국학중앙연구원 현대한국구술자료관에게 구술 자료의 보존·관리, 연구·출판·교육·아카이브 구축 등의 목적을 위해 이를 활용·공개할 권한을 부여한다.

3. 특기 사항 :

년   월   일

과제명 :

구술자 성명 :   (인)

면담자 성명 :   (인)

○○○○ 기관 귀중

(일제강제동원&평화연구회)

구술기록 공개 및 이용 허가서	
프로젝트 주제	
구술기록 공개 및 이용허가서	본인은 본인이 구술한 기록(음향, 영상, 사진) 및 제공 기록(기타 기록)의 공개 및 이용에 관해 다음 사항을 동의하고 허가합니다. 201 년 월 일 구술자 본인 (서명)
허가 대상 기록물	1. 구술관련기록(음향, 영상, 사진) - 전부 : - 일부 : 2. 구술자 제공 기록 :
동의 내용	1. 위 기록물은 일제강제동원&평화연구회와 사할린강제동원국내유족회가 공동 소장하고, 관리 주체는 일제강제동원&평화연구회로 한다. 2. 위 기록물은 학술 연구, 강제동원 피해 진상규명, 피해자 구제, 시민 교육 및 소장처와 구술자(또는 유족)가 합의한 사항 등에 사용한다. - 소장처가 별도로 출판이나 영상물 제작 등을 하고자 할 경우에는, 구술자(또는 가족)의 허가를 구해야 한다. 3. 관리 주체(일제강제동원&평화연구회)는 구술자(또는 가족)가 요청할 경우, 열람 및 이용자의 인적사항을 제공한다. 4. 구술자(또는 가족)는 공개 및 이용에 제한이 필요하다고 판단하는 기록물 및 기록의 내용에 대해서는 언제든지 제한을 요구할 수 있다.
공개 및 이용 제한사항	1. 제한조건 2. 제한내용 3. 제한부분
면담자	
일제강제동원&평화연구회	

〈양식 예시 10 : 공개허가서〉　　　　　　　　　　　(국립예술자료원)

공개허가서 (구술자료 기증서)

　　본인은 아래 구술 자료(녹음, 촬영 테이프 및 녹취문)를 (재)국립예술자료원에 기증하며, (재)국립예술자료원이 필요하다고 판단할 경우 연구, 교육, 출판, 방송 목적으로 자료를 공개할 권한을 부여합니다.

2010년　　월　　일

성명＿＿＿＿＿＿＿(인)

〈아　래〉

구술 자료 내역	자료 종류 및 형식	영상 촬영 테입	마이크로테이프　　개　(　분용)
		음성 녹음	
		녹취문	
		기타	
	자료 내용		
	자료 수집일시		
구술자	성명		주소	☎ C.P
채록 연구자	성명		주소	☎
	성명		주소	☎
제한 사항				

(재)국립예술자료원 귀중

〈양식 예시 11 : 구술자료 검독확인서〉

(한국학중앙연구원 현대한국구술자료관)

구술자료 검독 확인서

1. 본인은 (지원기관명) 의 지원으로 진행되는 (사업명) 구술사 연구사업의 (관련 주제) 관련 주요 인물 구술채록사업의 결과물인 구술자료(녹음·녹화 테이프 및 녹취록 등)에 대하여 구술자 검독 및 확인을 마쳤음을 확인한다.

2. 본인은 구술자료의 영구보존·아카이브 구축 및 연구·출판·동영상의 서비스 등 공익 목적을 위하여 이를 활용 공개할 권한을 (사업기관명) 에 위임하는 것에 동의 한다.

3. 본인은 (사업기관명) 이 요청하는 경우 구술자료의 전체 또는 일부 내용에 대하여 (사업기관명) 과 협의 하에 일정기간 비공개 할 수 있음에 동의한다.

2011년   ○월   ○일

과   제   명 :

구술자(대리인) :   (서명)

제한 사항	□ 전체 공개		□ 전체 비공개		□ 부분 공개	
검독 내역	형식 및 분량	총2회 00:00:00 시간 분령의 구술 영상자료 및 녹취록				
	면담일시 및 장소	구분	일시	장소		
		제1차	2011.9.17	서울시 ○○○ 구술자 자택		
		제2차	2011.9.26	서울시 ○○○ 구술자 자택		
		제3차				
		제4차				

(국립예술자료원)

구술자 검독확인서

2012년 국립예술자료원에서 시행한

본인_____의 구술채록문을

최종 검토하였음을 확인합니다.

2012년   월   일

(서명)

〈양식 예시 12 : 구술자료 비공개 내역서〉

(한국학중앙연구원 현대한국구술자료관)

○○○ 구술자료 비공개 내역서

과제명					구술자	
순번	영상(원본)			사유		비공개 기간
	파일명	시작 (시:분:초)	마침 (시:분:초)			
1						
2						
3						
4						
5						
6						
7						
8						
9						

※ 녹취록의 비공개 부분은 동영상 및 음성자료 비공개 부분에 준한다.

(국립예술자료원)

구술자 비공개 요청서

본인의 구술채록 결과 중 공개가 보류되었으면 하는 내용은 아래
와 같습니다.

2012년 월 일

구술자 (서명)

비공개 요청 내역

요청 기간	영구 비공개	제한적 비공개	이유	
		기간 명시		
순번	DVD원본 시간 00:00:00~00:00:00	처음 말	끝 말	비고
1				
2				
3				
4				
5				
6				
7				

(재)국립예술자료원 귀중

〈양식 예시 13 : 공개여부 검토 의견서〉 　　　(국립예술자료원)

공개여부 검토 의견서

_____님의 구술채록 결과 중 공개가 보류되었으면 하는 내용은
아래와 같습니다.

2010년 　　월 　　일

채록연구원 　　　　　　(서명)

검토의견

순번	채록문집		내용 개요	비고
	시작 쪽·행	마감 쪽·행		
1	쪽　　행까지	쪽　　행까지		
2				
3				
4				
5				
6				

(재)국립예술자료원 귀중

(국립예술자료원)

연구자 공개여부 검토 의견서

_____님의 구술채록 결과 중 공개가 보류되었으면 하는 내용
은 아래와 같습니다.

2012년   월   일

채록연구원   (서명)

검토의견

순번	DVD원본 시간 00:00:00~00:00:00	처음 말	끝 말	내용 개요 및 사유
1				
2				
3				
4				
5				
6				
7				
8				

(재)국립예술자료원 귀중

〈양식 예시 14 : 예비 구술자 명단〉 (한국학중앙연구원 현대한국구술자료관)

예비 구술자 명단

* 수집기관 :
* 과제명 :

번호	1	2	3
성명			
생년월일			
직업			
주요 약력			
주소			
연락처			
선정 사유			

〈양식 예시 15 : 시청각 자료 서식〉 (한국학중앙연구원 현대한국구술자료관)

시청각(사진, 동영상, 녹음 등) 자료 서식

과제명						
구술자명			면담일시			
면담자						
특기사항 (관련자료 및 참고사항)						
주요 색인어						
주요 인물						
시청각 자료1 (사진)	자료 번호					
	파일명					
	촬영일자	입수일자	입수 경위	자료 형태	열람조건 (공개 여부)	
	사진 내용 :					
시청각 자료 2	자료 번호					
	파일명					
	촬영일자	입수일자	입수 경위	자료 형태	열람조건 (공개 여부)	
	사진 내용 :					

〈양식 16 : 자료기증 약정서〉　　　　　　　　　　　　　(국립예술자료원)

자료 기증 약정서

아래 기증 자료에 대해 ○○○님과 (재)국립예술자료원은 다음과 같이 약정한다.

1. (재)국립예술자료원은 자료를 기증하신 ○○○님께 감사드리며 이 자료를 소중히 보존할 것과 ○○○님의 명예에 해가 가지 않도록 자료를 활용할 것을 약속한다.

2. (재)국립예술자료원은 비영리기관으로서 자료기증자의 뜻을 받들어 한국문화예술의 학술적 발전을 꾀하고 나아가 국민들에게 문화예술정보를 폭넓게 제공하기 위하여 기증 자료를 일반인에게 열람시키거나 전시, 출판, 인터넷 게재 등 (재)국립예술자료원 활동에 활용할 수 있다.

3. (재)국립예술자료원은 기증자료를 활용할 경우 자료의 출처를 필히 표기하기로 약속하며 타기관에서 활용할 경우에도 같은 기준을 적용하게 한다.
   예) 자료제공 : (재)국립예술자료원 (기증자 ○○○)

4. 기증자 ○○○님은 본인의 의사에 따라 아래 기증 자료를 조건 없이 (재)국립예술자료원에 기증한다. 또한 ○○○님은 기증 당시 아래 자료가 본인의 소유임을 확인하며 기증 후 기증 자료의 반환요구 등을 하지 않을 것을 약속한다.

■ 기증자료 내역
- 구술자료 (녹음/동영상, 채록문 등)
-
-
-

※ 상세 기증 목록 별첨.

2012년　　월　　일

기증자　　　　　　　　　　　　**수증단체　(재)국립예술자료원**
주소　　　　　　　　　　　　　　주소　서울시 서초구 서초동 700
　　　　　　　　　　　　　　　　　　　예술의전당 디자인미술관 3층
연락처　　　　　　　　　　　　　연락처　02-524-9413

_____(인)　　　　　**국립예술자료원장(직인)**

〈양식 17 : 실물자료 수증목록〉

■실물자료 수증목록

기증자명 : ○○○

임 수 처 : (재)국립예술자료원

임수일자 : 2012년   월 ~ 월

(국립예술자료원)

(표 내 부호 "-"는 미상 혹은 없음)

	분류 유형/원본 여부	자료명 (서명, 기사명, 전시명, 사진명, 기타)	생산자 (저자, 필자, 촬영자, 기타)	세부내용 (전시정보, 사진정보, 도서정보-출판사, 게재지/게재면, 규격 기타)	생산연도	수량
1	전시출품목록/원본	제3회 전국극중하생미술 전람회 출품목록	국립서울대학교 예술대학미술부, 중앙하도호국단	전시정보 : 경복궁미술관. 전시기간 : 1950. 06. 11 ~ 6. 30	1950	2
2	전시도록/원본	제3회 이중섭미술상 수상기념전 : 최정민한	조선일보사	전시정보 : 조선일보미술관. 전시기간 : 1992. 11. 10 ~ 11,24	1992	1
3	사진/복사본	제3회 제도경미술협회전 기념사진		앞줄 왼쪽 두 번째부터 박상욱, 송혜수, 김종하, 한 사람 건너 진환, 이쾌대, 김만형, 홍일표, 김인승 / 뒷줄 왼쪽 두 번째부터 이유태, 김두환, 조병덕, 심형구, 김하근, 주경, 윤자선, 임완규, 황헌영, 이팔찬, 정온녀, 김하수	1940. 09	1
4	조매장/원본	김종하 아트-실물 조매장	김종하	미수를 맞아 작가의 집(보문동 김종하 아트-실물)에서 갖는 모임에 조매. 김종하가 김종효에게 보냄 (명함 포함)	2005. 11. 23	1

(국립예술자료원)

■ 디지털이미지 자료 수증(대여)목록

기증(대여)자명 : ○○○

인 수 처 : (재)국립예술자료원

디지털자료 생산연도 : 2012년   월 일~ 일

(표 내 부호 "-"는 미상 혹은 없음)

일련번호	파일-낱자료 번호	디지털자료 유형/생산방식/생산자	원자료 유형/원자료 원본여부	원자료명 (서명, 기사명, 전시명, 사진명, 기타)	원자료 생산자 (저자, 필자, 촬영자, 기타)	원자료 세부내용 (전시정보, 사진정보, 도서정보-출판사, 게재지/게재면, 규격 기타)	원자료 생산연도
1		CD/ 스캔/ 김○이	기사스크랩/ 원본	최정한 기사스크랩	최정한	최정한 관련 신문, 잡지 기사 모음	1950~2000년대
2		"	전취자료/ 원본	작품 도판 〈律〉	대한민국예술원	한국예술총집 미술편 IV, (2003. 6월 발간), 73쪽	2003년
3		"	"	작품 도판 〈풍진〉	"	한국예술총집 미술편 IV, (2003. 6월 발간), 00쪽	"
4		DVD/ 촬영/이철수	사진/ 원본	증명사진	-	박수근님국민학교 6학년 때 찍은 사진으로 중학교 학생증에도 동일한 오른날 찍은 사진을 붙였음	1944년 겨울
5		"	"	개인전 기념촬영	-	2000.00.00 개인전 오픈날 찍은 사진. 인물명: 원쪽부터 최정한, ……	2000년 00월
6		"	사진/ 복사본	피난시절의 서울미대	최정한	피난시절 부산 송도, 서울미대 가교사 앞 교수와 학생들 단체사진. 인물명: 앞줄 원쪽부터 장발, ……	1953년
7		"	스케치 낱장/ 원본	스케치 작품	최정한	사용한 재료는 4B연필, 스케치 장소는 ……	1970년대
8		"	전시리플렛/ 원본	제1회 양가주양 창립전	양가주양	중앙공보관화랑, 1961. 09. 23~09.29, 양가주양 창립전 출품작가 : 최정한, 김태, ……	1961년

■ 면담 시 사진자료 목록

구술자명 : ○○○

입 수 처 : (재)국립예술자료원

입수일자 : 2012년 월 ~ 월

	자료유형	자료명	촬영자	세부내용 (등장인물, 장소, 상황 기타)	촬영연도	촬영컷수
1	CD	김홍도 면담상황 사진	김순이 (자원봉사자)	구술자와 면담연구원, 구술자의 작업실, 면담 상황	2007. 07. 16	400점
2	〃	김홍도 면담장소 촬영사진	박영이 (연구원)	구술자 자택 외부 및 작업실 세부	2007. 10. 05	20점

부록2 : 사업진행 서류 양식

1. 청구 및 영수증

2. 연구비 지급 정산서

3. 진행경비 사용 증빙서

4. 진행경비 청구 및 영수증

5. 지방채록 진행경비 신청서

6. 지방채록 국내여비 규정

〈양식 예시 1 : 청구 및 영수증〉

청구 및 영수증

1. 금액 :　　　　　원(₩　　　　　)

2. 내용 : 2012년도 예술사구술채록사업 구술자 사례비

　　※ 채록 1회당 400,000원 지급

　　　지급액에 대한 원천세 공제 내역

(단위 : 원)

지급액	원천세			차인지급액
	소득세	주민세	계	
400,000	12,000	1,200	13,200	386,800

3. 회수별 채록 일시

회수	일 시	비 고
1		
2		
3		

4. 청구 및 영수자 정보

성 명(실명)	
주민등록번호	
주 소	
계좌번호	
은 행	

(재)국립예술자료원 귀중

위 금액을 청구 및 영수합니다.

2012년　　월　　일

청구 및 영수자 :　　　　　　(인)

〈양식 예시 2 : 연구비 지급 정산서〉

2012년도 국립예술자료원
예술사 구술채록사업 연구비 정산서

분야 및 채록연구자 : ___분야___ , ___성명___ *(채록연구자/연구보조원)*(서명)
o 채록연구비 지급액 : _____원

o 채록연구비 지급내역

구술자	구술회수	채록연구자사례비 (회당 800,000원)	연구보조원 녹취문작성비 (회당 300,000원)	계 (단위 : 원)

o 연구원 정보

성명(실명)	
주민등록번호	
주 소	
은행 /계좌번호	
연락처	

(재)국립예술자료원 귀중

〈양식 예시 3 : 진행경비 사용 증빙서〉

진행경비 사용 증빙서

사용일자	사용금액	상호명	사용내역	사용자
4/16	50,000원	산내음	구술채록 사업설명 및 승낙추진 (홍길동, 김홍도, 유관순)	○○○
6/26	10,000원	카피앤카피	구술채록 관련 자료 복사비	○○○
			영수증 부착. 금액과 상호명이 나오도록 부착.	

※ 사용자 : 연구책임자 혹은 보조연구자.

※ 진행경비 사용 지침

─ < 공 통 지 침 > ─

○ 진행경비를 집행하고자 하는 경우에는 집행목적 · 일시 · 장소 · 집행대상 등을
  증빙서류에 기재하여 사용용도를 명확히 하여야 한다.

○ 진행경비의 적정한 사용을 위해 **"채록연구원(보조연구원 포함) 명의로
  발급된 카드나 채록연구원이 사용했음이 드러나는 현금영수증"**을 활용
  하여야 한다.
  ※ 의무적 제한업종
    - 유흥업종(룸싸롱, 유흥주점, 단란주점, 나이트클럽, 칵테일바, 주류
             판매점, 캬바레, 요정)
      **=) 상가명에 비어, 소주 등 주류 이름이 들어간 곳에서 비록 음주를
      하지 않고 간담회를 하였다고 하여도 이는 인정할 수 없음.**
    - 위생업종(이 · 미용실, 피부미용실, 사우나, 안마시술소, 발마사지, 스포
             츠마사지, 네일아트, 지압원 등 대인 서비스)
    - 레저업종(골프장, 골프연습장, 스크린골프장, 노래방, 사교춤, 전화방,
             비디오방, 당구장, 헬스클럽, PC방, 스키장)
    - 사행업종(카지노, 복권방, 오락실)
    - 기타업종(성인용품점, 총포류 판매)

● 회의진행비(음료, 다과 등)

참석인원	단 가	비 고
5명 이내	20,000원	
5~9명	30,000원	
10~14명	40,000원	
15명 이상	50,000원	

● 간담회비

구 분	단 가	비 고
외부인사 포함 시	30,000원	
내부	20,000원	1인 기준

〈양식 예시 4 : 진행경비 청구 및 영수증〉

진행경비 청구 및 영수증

1. 금액 :
2. 내용 : 구술채록을 위한 진행경비 사용액

위 금액을 청구 및 영수합니다.

2012년   월   일

(인)

3. 청구 및 영수자 정보

성 명	
주민등록번호	
주 소	
은행 및 계좌번호	

(재)국립예술자료원 귀중

〈양식 예시 5 : 지방채록 진행경비 신청서〉

지방채록 진행경비 신청서

소속		직명 (역할)		성명	

1. 출장자 :

2. 출장지 :

3. 출장기간 :

4. 출장목적 :

5. 출장내용 :

6. 신청액 :

7. 은행명 :   예금주 :   입금계좌 :

상기와 같이 신청하오니 지급하여 주시기 바랍니다.

2011.   .

신청자 :   (인)
확인자 :   (인)

〈양식 예시 6 : 지방채록 국내여비 규정〉

국내여비 정액대비표 :「여비 규정」 별표 제1호

(단위 : 원)

구 분 직급별	철 도 운 임	선 박 운 임	항 공 운 임	자동차 운 임	현 지 교통비 (1일당)	숙박료 (1야당)	식 비 (1일당)	현 지 활동비 (1일당)
임원	1등급	1등정액	정액	정액	15,000	실비	25,000	10,000
사무국장	〃	〃	〃	〃	15,000	60,000 (상한액)	23,000	10,000
팀장급	2등급	〃	〃	〃	10,000	45,000 (상한액)	20,000	10,000
그 외 일반직원	3등급	2등정액	〃	〃	10,000	40,000 (상한액)	18,000	10,000

※ 공통: 교통비(KTX, 버스, 항공 등. 특실과 비즈니스석 제외)와 숙박료(1박 40,000원 이내)는 실비 지급 및 정산. **식비를 위와 같이 지급.(단, 진행경비와 중복 사용 불가)**

※ 채록연구원 : 현지교통비 및 현지활동비 지급하지 않음.(진행경비로 사용)

※ 보조연구원, 영상기록담당자 : 현지교통비 및 현지활동비를 위와 같이 지급함.

부록3 : 체크 리스트

1. 기획자 및 면담자 체크 리스트

2. 실행단계 체크 리스트

3. 구술기록 관리 체크 리스트

기획자 및 면담자 체크 리스트

〈기획 단계 : 기획자〉

1. (주제 설정과 프로젝트의 임무에 대한 명확한 기준을 설정하기 위해) 사전에 관련 정보를 수집하고 분석하는 작업을 충실히 했는가?

2. (수집 주제 및 대상을 선정하기 위해) 참고문헌, 관련 연표(인물 및 사건) 작성, 사진자료 및 영상물 수합, 선행연구 성과 분석 등 사전준비 작업을 수행했는가?

3. 자문단(또는 연구단)이나 전문가를 통해 프로젝트 관련 법률적, 기술적 전문지식을 얻었는가?

4. 구술사 프로젝트 수행을 위한 내부규정을 검토하고 보완하였는가?

5. 구술사료이용허가서를 비롯해 의뢰, 수집, 보존, 활용에 관한 각종 양식을 구비했는가?

6. 시간, 예산, 인력, 제도상 현실적인 면에서 성취 가능한 사업목표를 설정했는가?

7. 구술사의 특성을 가장 잘 살릴 수 있는 주제이면서, 지역별 특성, 학문적 필요성 등을 고려한 주제를 선정했는가?

8. (선행 단계를 분석하고 적절성과 가능성을 평가하여) 현실성 있는 실행 계획안을 작성했는가?

9. 사업목표에 적합한 구술자 및 면담자를 선정했는가?

10. 면담자를 교육하고 인터뷰에 필요한 매뉴얼을 사전에 제공했는가?

〈 면담 전 단계 : 면담자 〉

1. 면담자 교육의 내용을 이해하였는가?

2. 사전에 제공받은 매뉴얼 내용을 정확히 숙지하였는가?

3. 구술자에게 인터뷰의 취지 및 이용범위를 설명하고 사전 동의를 얻었는가?

4. 면담주제목록(질문목록)을 적절히 설정했는가?

5. 구술자의 경력과 활동내용에 대한 사전 학습은 충실히 했는가?

6. 인터뷰 일정을 구술자와 상의하고 결정하였는가?

7. 인터뷰 3일전에 구술자와 인터뷰 약속을 미리 확인했는가?

8. 인터뷰 전에 구술자에 대한 면담자 자신의 선입관을 검토하고, 자세를 점검하는 자기 성찰 과정을 거쳤는가?

9. 장비를 알맞게 준비·점검하고 사용방법을 익혔는가?

10. 사전에 관련자(기획자, 보조면담자, 촬영 담당자, 녹취자)와 충분히 협의했는가?

* 항목별 10점씩
* 위 항목은 사용자에 따라 항목 내용을 변경할 수 있음

(작성 : 정혜경

한국구술사연구회 www.oralhistory.or.kr)

실행단계 체크 리스트

1. 약속시간을 지켰는가?

2. 라포를 형성하였는가?

3. 구술자가 이해하기 쉽게 구어체로 질문하였는가?

4. 경청했는가?

5. 적절할 때 공감을 보였는가?

6. 구술자의 구술을 방해하지 않고 잘 따라갔는가?

7. 주제가 바뀌는 등 구술자의 이해가 필요할 때 적절하게 설명하였는가?

8. 감수성 있게 의욕적인 질문하였는가?

9. 구술 내용과 상관없이 면담자의 지식으로 추론하여 구술을 진행시키지 않았는가?

10. 유도적인 질문을 하지 않았는가?

11. 소음을 잘 통제하였는가?

12. 영상을 기획한 대로 잘 촬영하였는가?

13. 장소가 적절하였는가?

14. 면담자의 차림새(손톱, 화장 등 청결과 향기 포함)가 단정하였는가?

15. 구술자의 도움에 감사를 표했는가?

16. 보조 면담자와 협조가 긴밀히 이루어졌는가?

17. 녹화, 녹음 장비를 인터뷰 장소에서 나온 다음 껐는가?

18. 면담후기를 작성하였는가?

19. 면담일지, 구술자신상기록카드를 작성하였는가?

20. 필요한 서류 동의서 등을 받았는가?

* 항목별 5점씩

* 위 항목은 사용자에 따라 항목 내용을 변경할 수 있음

(작성 : 김선정

한국구술사연구회 www.oralhistory.or.kr)

구술기록 관리 체크 리스트

〈기관차원〉

1. 구술기록 관리과정 전체를 제어할 규정을 마련했는가?

2. 구술기록 관리를 위한 전문가를 신규 배치했는가? 그렇지 않다면 기존 인력에 대한 교육을 실시했는가?

3. 구술기록 관리를 위한 예산은 충분히 확보되어 있는가?

4. 구술기록 관리를 위한 공간(서고 등)은 확보되어 있는가?

5. 구술기록 관리를 위한 매체 및 포맷을 확정하였는가?

6. 매체가 확정되었다면 매체변환을 완료하였는가?

7. 구술기록 분류체계를 마련하였는가?

8. 구술기록 기풀규칙을 마련하였는가? 마련한 규칙은 기록관리 관련 다른 규칙과 어떠한 관계를 가지는가?

9. 구술기록을 관리하는 시스템이 존재하는가?
   - 없다면 어떠한 방식으로 관리하는가?

10. 구술기록의 이용정책은 마련했는가?

〈개인차원〉

1. 구술기록을 관리하고자 하는 목적은 명확한가?

2. 구술기록을 관리한 공간은 확보되어 있는가?

3. 구술기록을 담을 상자, 캐비넷 등은 확보하였는가?

4. 구술기록의 목록은 입력하고, 관리하고 있는가?

5. 구술기록 매체별 라벨링은 했는가?

6. 구술기록 내용 등 정보기입은 완료했는가?

7. 구술기록 매체전환은 완료하였는가?

8. 매체변환을 하지 않은 원본 자기 매체의 되감기 주기를 확인하고 실시 하였는가?

9. 구술기록이 담긴 상자에서 원하는 정보를 가진 구술기록을 찾아낼 수 있는가?

10. 관리하고 있는 구술기록이 차후 재이용될 가능성은 있는가?

* 항목별 10점씩
* 위 항목은 사용자에 따라 항목 내용을 변경할 수 있음

(작성: 권미현

한국구술사연구회 www.oralhistory.or.kr)

찾아보기

숫자 · 영문

1950년대 명동의 다방과 술집　254
2차 기록　150
6mm 테이프 보관법　184
AVI　199
check list　227
DB화　85
MP3 플레이어　182
MPEG　199, 200
MPEG-4　198
OHA　24
PCM 레코더　182
SMI 파일　83
Stielow　23
Vegas　200
WMV　198

ㄱ

가족사진 보기　122
각종 양식 수집 및 작성　25
각주 작업 요령　92
강요된 질문　138
개인성　247
개인작업 사례　26
건국 60년　77
건축분야　248
검독 방법　82
검독 작업　170

검색　85
검수　84
검수작업　88
결과물　267
결과물 제출 지침　92
경청　131
고성능 장비　179
곤란한 질문　138
공개　274, 276
공개구분　82
공개세미나　245
공개여부 검토의견서　152, 154
공개 · 이용 동의서　66
공공재　237
공동작업　41, 247
공동저작물　280
공모　41, 55
공연예술　251, 255
공연예술분야　248
관련자료　149
관리 시스템　78
관리규정　53
교육　83
구술기록관리　99
구술기록 생산 장비　183
구술로 만나는 한국예술사　275
구술사　235, 243
구술사 교육　86
구술사료선집　50
구술사 아카이브　17

구술사 프로젝트   17
구술사에 관한 성찰적 접근과 연구 전망
　　86
구술사협회(Oral History Association; OHA)
　　24
구술생애사   36
구술성   247
구술 아카이브 구축   149
구술 영상 생산   185
구술 영상 생산의 특성   185
구술 영상촬영 절차   186
구술자료 관리규정   82, 87, 92
구술자료 수집 프로세스   51
구술자료 수집 현황   56
구술자료의 평가   84
구술자료 제작 지침서   82, 87, 92
구술자별 연구기획   68
구술자 선정   60, 68, 102, 215
구술자 신상기록카드 작성   148
구술자에 대한 보상   156
구술자 예비접촉   188
구술자의 권리   76
구술자의 동의   102, 105, 152
구술자의 몰입   131
구술자의 자격   42
구술증언   142
구술증언사   36
구술채록   67
구술채록 매뉴얼   92
구술채록의 대상   67
구술채록프로젝트   69
구술후보자   241
국립예술자료원   47, 48, 66, 90, 91, 93,
　　233

국사편찬위원회   47, 48, 49
군사문화와 일상   81
권력관계   90
금지사항   116
기관별 구술사 프로젝트   89
기관별 사례   89
기관 소장 기록물   21
기다림   130
기본정보 녹음하기   123
기술서식   149
기술서식항목   149
기억력에 대한 불신   116
기억 매체   218
기억 매체의 활용   128
기억 재생   36
기자재 끄는 시점   139
기초설계연구   67, 234, 241, 247
기획   17, 18, 89, 240
기획단계   18, 19, 51, 79, 99
기획사례   93
기획연구   80
기획위원회   80
김대중도서관   47, 48, 56, 90
김대중평화연구소   56
김철효   243, 258, 264

ㄴ

남신동   242
내부 촬영   189
네이밍 룰(naming rule)   82
네트워크   78, 87
노즈 룸   193

녹음 224
녹음·녹화자료 정리 147
녹취문 120, 220
녹취문 작성 64, 150
녹취문 작성 요령 171
녹취문 작성하기 170
녹화 224
녹화 비중 124
녹화기기 110
눈높이 136

ㄷ

다수의 구술자 142
다수의 동석자(참관자) 142
다운로드 75
다카하시 기쿠에 161
다큐멘터리 74
단계별 목표 78
단계별 프로세스 22
단행본 280
닫힌 질문 135
대상 선정 26
대응 135
대한민국 예술원의 탄생 254
데일 트릴레븐(Dale Treleven) 157
동영상 83
디지털 구술기록 176
디지털 구술 영상 175, 176
디지털 아카이브 88, 149
디지털 아카이빙 85, 275
디지털 장비 176
디지털저작권관리시스템(DRM) 76
딸림자료 149

ㄹ

라벨 197
라포(Rapport, 친화감) 36, 108, 122

ㅁ

만화 74
말꼬리 137
매뉴얼 92, 245, 263
매체 82
메모 126
메모도구 127
면담실행 54, 89
면담일정 54
면담일지 71, 145, 221
면담일지 작성 145
면담자간 대화 132
면담자 교육 101
면담자 선정 62, 89
면담자 역할 89
면담자의 선정 방법 41
면담자의 자기 성찰 115
면담자의 자세 219
면담 전 준비 69
면담 주제목록 35, 109
면담 주제목록 작성 69
면담 주제목록(질문목록) 점검 106
면담준비 53, 89
면담 직후 71
면담 진행 70
면담후기 219, 222
면담 후 작업 54

명망가   65
명예훼손   75
모니터링   196
목록   53
목록 작성의 tip   36
무용   260, 263
문제점   33
문학   250, 251, 254, 255, 260, 261, 264
문학 부문   248
문헌기록   20
문화콘텐츠   59, 149
물질적 보상   156
미술   258, 263, 266
미안해요 베트남   131
미에(三重)현   118
민족문학사연구소   67

ㅂ

방문동의   103
방해   129
배경 녹화하기   123
배터리 보관법   184
법적·윤리적 문제   74
보고서 작성 요령   92
보급형 핸디캠   178
보조면담자   133
보조 장비   180
부속품   112
분류   20
분석   33
비공개부분   278

ㅅ

사료의 수집 및 보존 등에 관한 법률   49
사명문   58
사실(事實, fact)   20
사안별 분류   61
사업계획   239
사업형식   51
사와이 리에   26
사용자 유형   82
사전준비   100, 217
산출물   91, 197
산출물 관리   63
산출물 정리   64, 83
삼각대   180
삼각대의 설치   181
상세목록   120, 224
상세목록 사례   161, 163, 167
상세목록 작성   148
상황 개입   133
생각거리   72, 74, 87, 89
생산기관   86
생애사   67, 243
서류양식   53
서면동의   103
서명   153
서비스   74
서술성   247
서식   82
선입관   115
선정과정   245
선행연구   54
설계   35
설비 마련   25

세미나   50, 87
세부 실행계획   68
세부주제   52
소모품   112, 113
손선숙   264
수집   20
수집계획   56
수집방안   99
수집의 조화   72
수집정책   22, 23, 58
수집 프로세스   57, 78
수집현황   52, 66, 76
숙명여대 한국어문화연구소   67
스스로 역사쓰기   90
스스로의 검열   65
스틸 컷   194
시각적인 내용을 명확히 하기   135
시간과 장소   108
시간 약속 엄수   121
시민강좌   78, 86
시행착오   155, 227
신뢰   132
신뢰 유지   121
실무담당자 교육   87
실무위원회   80
실무자 회의   83
실행계획안   35, 210
실행계획안 초안   35
실행(수집) 단계   79, 101
실행단계 체크 리스트   159
실행보고서   220
심층면담(인터뷰)   101
심층면담(인터뷰) 기초조사카드   155
심층면담(인터뷰) 직후 작업   145

심층면담(인터뷰) 진행   120

ㅇ

아날로그 테이프 레코더   182
아래로부터의 역사쓰기   81
아르코예술정보관   18, 66
아카이브   87
약속 확인   114
약탈적·공격적 수집   116, 120
엄마의 게이죠, 나의 서울   26
업무분장   21
역사 쓰기   25
역사의 민주화   235
역할(면담자와 촬영자의)   187
연구내용   214
연구방법   212
연구자 공모   92
연구주제   81, 211
연극   264, 265
연장자   245
열람   278
열린 질문   36, 135
열린 형태   106
영상제작   67, 249
영상채록   91
영상촬영   176, 177
영상촬영 장비   178
예비구술자   102
예비면담 계획   69
예비접촉   108
예산   21, 53
예산 내역   25

예술   251
예술사   69, 238
예술사 구술채록사업   91, 233, 256
예시   82
온라인 서비스   88, 276
온라인 서비스 시스템   78
운영위원회   80
워크숍   50, 86, 87, 261, 262, 269
원로예술가   244
원로예술인   67, 68
원사료   149, 150
원자료   237
원폭 피해자 구술자료   81
유도형 질문   138
유영국미술문화재단   67, 254
유철인   242
윤리적 가치   246
윤리적인 문제   153
음성채록 장비   181
의뢰   41
이용자 중심의 화면   125
이인범   242
이주민   215
인원   21
인코딩   198
인터뷰   101
인터뷰 실행   64
인터뷰 준비   58
인터뷰 준비하기   217
일원화   278

ㅈ

자료의 소장·공개   153
자료이용공개 허가서   152
자료집   74, 151
자료총서   87
자료화   197
자료화 과정   78
자리 배치   191
자문위원회   26, 80
자문회의   241
자유부인 논쟁   254
작성방식   82
잘 듣기   128
장기적인 안목   92
장비   217
장비 보관 방법   185
장비 설치 및 관리   124
장비의 관리   184
장비의 설치   192
장비점검   111
재미한인   205, 208
재미한인 구술자료   81
저작권법   75
전략계획   213
전문가 과정   78
전환배치(이중징용)   163
정리   20, 89
정리 단계   83
정리 및 분류단계   79
정리작업   64
정보수집과 분석   24
정신적 치유과정   130
정혜경   242

제한조건   152
조명   190
조직 운영   80
조형예술   248, 251, 255
종합 예정표   35, 38
종합적 연구   77
주관성   247
주면담자   133
주제공모   55, 92
주제구분   60
주제별 수집   142
주제별 수집기록   50
주제사   253
주제 선정   59
주제 설정   25
중간자   210, 211
중복 수집   78
중장기 계획   38, 74
증언사 입문   240
진정성   42, 132
질문구사법   106
질문목록 점검   106
질문전략   106
질문지 작성   63
질문하기   133
집단 면담   140

충서 발간   87
촬영   193
촬영기획   188
촬영의 실행   189
촬영일지   195
촬영장소   189
촬영전담자   126
촬영주체   63
촬영환경   189
촬영환경 점검   188
최종단계   41
최종보고서   84
최해리   258, 264
추가 질문   63
추임새   131
출력   75
취지문   58
친화감   108, 111

ㅋ

카메라의 위치   192
카타르시스   117, 120, 130
캠코더   178
컬렉션   86
코드정의서   82, 87, 92
콘텐츠   86

ㅊ

차림새   218
참여자   23
채록후기   71
체크 리스트   155, 227

ㅌ

테이프 교체   196
트라우마   117

ㅍ

파월기술자   81
파일럿 프로젝트   93
파일 첫머리   123
편견   116
편안한 분위기 조성   122
평가   40, 64, 268
평가표   271
표준화   78, 82, 87, 92
프로세스   68
프로젝트   17, 22, 50
피해야 하는 질문   137
핀 마이크   180

ㅎ

하드디스크   181
한국구술사연구회   155
한국근현대 예술사 증언채록사업   18

한국문화예술위원회   18
한국문화예술진흥원   66
한국예술연구소   18, 19
한국예술종합학교   67
한국예술종합학교 한국예술연구소   67
한국정신문화연구원   110
한국학중앙연구원   76
한국학중앙연구원 현대한국구술자료관
        47, 48, 76
한국화   259
한인교회   209, 212
헤드 룸   193
현실성   21
홍순철   243
화가의 기억   266
확신 심어주기   122
확인질문   134
활용   74, 274
활용 방향   20
활용 범위   153